智慧型经济

Ноономика

[俄]谢尔盖·博德鲁诺夫（Сергей Бодрунов） 著

中国人民大学重阳金融研究院 译

中国金融出版社

责任编辑：张怡姮
责任校对：孙　蕊
责任印制：陈晓川

图书在版编目（CIP）数据

智慧型经济 /（俄罗斯）谢尔盖·博德鲁诺夫著；中国人民大学重阳金融研究院译. —北京：中国金融出版社，2023.3

ISBN 978 – 7 – 5220 – 1924 – 6

Ⅰ．①智…　Ⅱ．①谢…　②中…　Ⅲ．①社会经济形态—研究

Ⅳ．① F014.1

中国国家版本馆 CIP 数据核字（2023）第 039471 号

智慧型经济
ZHIHUIXING JINGJI

出版
发行　**中国金融出版社**

社址　北京市丰台区益泽路 2 号
市场开发部　（010）66024766，63805472，63439533（传真）
网 上 书 店　www.cfph.cn
　　　　　　（010）66024766，63372837（传真）
读者服务部　（010）66070833，62568380
邮编　100071
经销　新华书店
印刷　河北松源印刷有限公司
尺寸　169 毫米 ×239 毫米
印张　14.25
字数　218 千
版次　2023 年 3 月第 1 版
印次　2023 年 3 月第 1 次印刷
定价　68.00 元
ISBN 978 – 7 – 5220 – 1924 – 6
如出现印装错误本社负责调换　联系电话（010）63263947

PREFACE

英文版前言

《智慧型经济》首版于 2018 年出版，本书是其最新修订版的英译本。新增的 S.Y. 维特新型工业发展研究院（INID）学术研讨会资料很好地充实和拓展了笔者在第一版中提出的观点（M.: Kul'turnaia Revoliutsiia，2018 年）。此外，本版收录摘自《新型工业社会的到来：重新装载》（第二版，SPb: S.Y.Witte INID，2016 年）的若干片段，它们详尽阐述了俄罗斯迈向新社会形态的第一步——在以尖端技术为基础的再工业化领域所面临的挑战。

《智慧型经济》的出版立即吸引了广大俄罗斯国内外专家的注意。因此，作者认为有必要英译其作品，为英语读者阅读本书提供方便。鉴于智慧型经济及相关问题研究尚未完成，谢尔盖·博德鲁诺夫及其领导的研究院（圣彼得堡 S.Y. 维特新型工业发展研究院）仍在进行这方面的探索，本次翻译的《智慧型经济》版本经过了数次重大修改。本书现新添了作者理论观点付诸实施的实际应用。

INTRODUCTION

20 世纪末及 21 世纪初发生的一系列危机均表明世界发生了重大变化。某些国家社会制度严重不稳定、全球金融动荡以及世界经济结构性变化初露端倪均预示着我们的文明正在不可避免地进入一种新的社会形态,而用传统的经济与哲学观念以及现有的社会与经济模式难以对其进行描述。

那么,驱动当前变化的主要动力是什么? 我们正在去向何处?

很久以前,卡尔·马克思将当时的社会称为"必然王国",而其所憧憬的则是"自由王国":

就像野蛮人必须与大自然搏斗以满足其需要……文明人也同样如此……无论其处在何种社会形态和拥有何种生产方式。随着人类的发展,物质性的必然王国也随着其需要而扩张,同时,满足其需要的生产力也在提高。[1]

人类的需要促使人类进行旨在满足其需要的有意识的活动。自古以来,人类就依靠着创造各种物质产品以满足其需要,而制造各种物质产品则有赖于被称为物质生产的活动。从某种程度上说,人类历史可视为以满足不断增长的社会需求为宗旨的物质生产的发展史,或马克思所说的"生产力的发展史",[2]这里所说的生产力是指人类赖以满足其需求的物质生产能力。

再者,物质生产力的发展阶段决定着社会的经济结构和生产方式,而生产方式总是与一定的历史时期相对应的。当今科技的发展使我们日益接近马克思所说的"自由王国",即免于匮乏的自由,不再像过去那样将大量的时间、

---

① 卡尔·马克思.资本论(第 3 卷)[M].纽约:国际出版社,1998.

② 同①。

资源和精力用于物质产品的生产。同时，科技发展自然地向人们提出了下列问题：是什么决定着物质生产状态的变化？这些变化是怎样发生的以及为什么会发生？物质生产的发展受到哪些趋势的支配？

社会生产研究旨在回答这些问题。一方面，它是某些根本性问题的交汇点，这里所说的根本性问题是指物质生产与服务业的平衡，物质基础发展中的经济结构与趋势，工业与后工业倾向的相关性等。另一方面，它将我们的注意力引向实际问题，包括再工业化、进口替代、高科技生产的复兴/融合、科教产业政策等。

本书所关切的并非只是通过尖端技术实现再工业化的迫切性。它批判后工业主义观点，强调发展物质生产的重要性。然而，作者并不仅仅是重述约翰·肯尼斯·加尔布雷斯关于新工业社会的观点，而是进行了更为深刻地叙述。它包含了对加尔布雷斯 50 年前所描述的新型工业社会的"否定之否定"。第一，它提倡将现代科技成就与生产管理解决方案，在新技术基础上以及新的经济与制度形式下有机结合起来。第二，它包含了对后工业趋势的辩证的否定，即保留其核心成就（如人在生产过程中起着更为突出的作用，更为注重生产的环境和社会方面，提高公共生产的知识密集度），清除其不道德因素。对于社会正不可避免地向新的发展阶段过渡的探讨是必需的，作者将这种新的发展阶段称为新型工业社会第二阶段，或 NIS.2。

然而，对社会发展趋势的研究并未止步于此。NIS.2 是社会演进的新阶段，构成了向以非经济方法满足人类需求为基础的新型社会发展阶段过渡的前提条件，而这种新型社会发展阶段就是本书所指的智慧型经济。作者特意选择这一术语作为书名，以强调他对人类发展前景所持的立场。

人类文明正处于危险的十字路口。我们面前有两个选择：一是选择继续无节制地利用新科技追求无谓的消费增长，破坏环境，戕害人性；二是动用基于人道主义文化标准的人类智慧来掌控科技的发展。

后者要求：（a）抛弃那种只要能提高利润率就放纵生产规模肆意膨胀的经济理性标准；（b）转而采取合理满足具体需要的标准。作者在本书中介绍了"智慧型经济"这一术语，以体现基于以下特点的非经济性管理方法：人类退出直接生产活动，重在通过创造性活动促进个人发展，将颇为独立的技术圈发展置于人类文化标准的制约下。

一旦人类退出直接生产活动，管理方法就不再由人际生产关系（因为人类退出生产活动后，这种关系就过时了）调控，而是由人类社会与相对独立的技术圈之间的关系调控。关于技术圈，人类负责设定目标，并管控认知结果的技术应用与使用范围。

无论从术语还是语义角度看，"智慧型经济"与"智慧圈"的概念是相呼应的。

"智慧圈"的概念最初是由埃德沃德·勒·罗伊（1870—1954年）、皮埃尔·泰亚尔·德·夏尔丹（1881—1955年）和弗拉基米尔·沃尔纳德斯基（1863—1945年）提出的。观念最初的形成是在沃尔纳德斯基1922—1923年在索邦大学开设的地球化学课堂上，当时勒·罗伊和泰亚尔·德·夏尔丹是其学生。勒·罗伊率先将"智慧圈"概念带入了学术探讨。[①] 泰亚尔·德·夏尔丹和沃尔纳德斯基在20世纪30年代末对该概念进行了具体详尽地阐释和分析。

泰亚尔·德·夏尔丹将智慧圈视为创造了全球精神的思想意识集聚质变达到的新状态。这里所说的全球精神是指各种思考相互联系而形成的全球性网络。他认为全球规模的思想意识聚集与人类共同精神的融合密切相关，而其进一步演化导致"地球同胞精神"的出现[②]。

维尔纳茨基对智慧圈的认知更近于自然科学视角。他强调指出，人类的理性活动正逐渐成为彻底改变地球生物圈和地壳（生物—岩石圈）的主要力量。[③]

但在我们看来，这些概念与其说是科学理论，倒不如说是对无可争议的事实的解释，即人类生活以及以人类的理性行为为主要特征的人类社会运作日益成为影响地球（至少在其表面）状况及其演变的主要因素和主宰人类自身命运的决定性因素。

人类超凡的智力优势不可避免地引发了其发展问题和当务之急。它向我们提出了这样一个问题：什么样的社会秩序能够保障人类智力这种强有力工具的合理运用，同时确保其不仅是一种被现代文明扭曲的动物本能的有效工具？智慧圈的概念并没有回答这个问题。

---

① 爱德华·勒罗伊. 理想主义的要求和进化的事实［M］. 巴黎：Boivin & Cie，1927.

② Novikov, Iu.Iu. 和 B.G.Rezhabek. Vklad E.Le Rua 和 P.Teiara de Shardena 对智慧圈概念发展的贡献［EB/OL］. URL: http://www.nffedorov.ru/w/images/3/36/Lerua.pdf.

③ 沃尔纳德斯基. V.I. 科学思想是一种行星现象［M］. 莫斯科：Nauka，1991.

答案在向智慧型社会秩序过渡的构想中得到，我们称之为智慧型社会。智慧型经济则是智慧型社会的基本要素，是组织人类活动和满足人类需求的全球性"法则"（原则、结构、秩序……），这种"法则"强调的是文化需要性而非经济理性。

"智慧型经济"这一术语的英文"noonomy"源自希腊语单词"noos"（νους – 智力）和"nomos"（νομός – 法律或秩序）。智慧型经济被定义为一种生产活动的组织模式，因此也可以说它与希腊语单词"oikos"（οἶκος – 家或家庭）有渊源。但在现代科学传统下，源于"oikos"的术语被用来表示经济现实，而我们则力图避免将智慧型经济与经济性社会秩序联系起来。

我们并不是简单地将"智慧圈"和"经济"这两个词拼接在一起，而是选用"noos"中"拥有永恒价值并视作真理的智慧"这一层意义，创造了一个富有新内涵的词"noonomy"。

将"智慧型经济"理解为智慧型社会中组织人类活动的一种非经济性方法，这能使我们避免依旧从资本主义角度理解未来。在智慧型社会中，衡量人类活动的经济标准和经济关系已经过时，资本主义经济的所有权关系和一切相关特征也将随之失效。同时，"智慧型经济"理论认为，经济性和资本主义性特征将逐渐消退，但这并不是由于革命性的社会变化和财产剥夺，而是由于社会冲突的逐渐演变和化解。这正是所有权制度和收入分配制度（即便没有完全消失，也已经不再重要）不是智慧型经济主要特征的原因。智慧型经济将基于文化需要的新型管理标准置于优先地位。

然而，我们的目的不是揣测或预见未来，而是希望在全球背景下考量文明发展的前景，以期帮助包括俄罗斯在内的现代文明找到一条道路，以实现更智能、更友善、更自由、各方面更配得上"文明"标签的美好未来。

未来本来就是充满不确定性的。我们不去探讨既定要素和不确定要素相对比例的问题，而是假设在文明发展的每个阶段，未来都有多种可能性（符合宇宙定律）。因此，未来取决于我们每一位。有人可能认为我们探讨的问题太虚无缥缈，应当关注许多更迫切更值得讨论的问题。毋庸置疑，作者的确是用很大篇幅讨论这些看似无用的问题。但是，如果仅关注迫在眉睫的现实问题，我们很有可能会失去战略性眼光，反而忽略能引领我们走出现实问题迷宫的捷径，反而无法搭建跨越峡谷、洞穴、泥沼和溪涧的通往美好未来的桥梁。如果希望桥梁成为现实，我们现在就必须用双手亲自架设，无论桥梁彼端的未来是多么遥远和缥缈。如果当下不行动，我们就可能根本见不到彼端，或使这一目标更难以实现。

中国有一句古话，"千里之行，始于足下"。本着这样的精神，我决定再"迈出一步"，在以往所做的大量工作的基础上再前进一步，将本书呈送给亲爱的读者，留请大家评析。

第一部分"方法论"讨论了本书所用研究方法的基本原则。起关键作用的物质生产构成了阐释社会发展过程方法的基本原则。公共生产结构的变化取决于其生产要素的变化，即技术、劳动、生产管理及其产品。同时，作者强调了知识在生产技术发展中越发重要，知识的关键作用是通过技术模式的变化而发生的，且伴随制成品结构的变化以及人类需求饱和程度和结构水平的演变。

第二部分"智慧型生产：准备"评估了促进正在形成的智慧型生产所做的努力。从技术的角度看，我们仍处于工业社会状态。尽管后工业主义已在通过证明经济去工业化的合理性从而影响经济政策，但后工业社会依旧尚未形成。这就是为什么科技进步能促成工业进步的原因，而以向第六技术模式转变为基础的新技术革命也将会是一场工业革命。约翰·肯尼斯·加尔布雷斯描述的新型工业国家将进入新型工业社会第二阶段（NIS.2）。NIS.2 的特征是新型物质生产，即制造知识密集型产品的知识密集型物质生产。

第三部分"智慧型生产：挑战人类和社会的新技术"研究了与不受控制的新科技发展相关风险。这些新技术扩大了满足人类需要的机会，但生产增长也加剧了环境压力。尽管新技术降低了与生产有关的物质成本，但由于一味追求市场而引发需求的非理性扩张和伪需求的不断增长等现象导致对自然资源的消耗越来越大。我们观察到新技术风险可能扰乱人性和让技术圈演进方向失控。许多人被挤出直接生产领域，这引发了夕阳产业工作者如何寻求新职业的问题。这些问题的解决取决于生产目标是否会在人类理智的控制下转移。这种转移有助于放弃刺激性消费、减少环境压力并消除轻率破坏人性的相关风险。以个人发展和创造潜力为导向的生产将使创造性活动、科学和文化成为主要的就业领域。

第四部分"奔向智慧型经济"专门探讨了人类与自然界分离的相关问题。这种分离不是因人类与自然界的对立，而是因人类去除了其动物本性的一面而造成的。真正有智慧的人会合理控制他们与自然界的关系。人类一旦退出直接生产领域，自己也就会脱离技术圈，不再是技术圈的组成或附属部分。这就终结了技术圈的自发演变，使其向着人类希望的方向发展。但为了实现这一结果，我们需要从着眼于提高产量和销售量的经济理性转向基于人类知识发展的新理性，而人类退出直接生产领域和经济关系的消失则为这种转向奠定了基础。从此，人类社会的知识和文化准则成为生产活动的主宰。这正是智慧型经济在发挥作用，因为它是对独立的技术圈生产活动加以管控的非经济性方法，根据个人发展需要把控技术圈生产活动的发展方向。

第五部分"俄罗斯能否消除差距以成为领导者？"将从向 NIS.2 社会和智慧型经济过渡的角度探讨俄罗斯经济问题。当前，俄罗斯正面临深度去工业化行动带来的重大挑战。如果无法实行再工业化，俄罗斯经济就无法占据领先地位。追赶式的发展不可能解决这些问题，唯一的解决办法是至少在某些技术领域过渡到加速发展的轨道。即将到来的技术革命将为此创造机会。为发挥其技术、研究和教育潜力，俄罗斯需要一种能确保加强创新活动和加快生产领域技术升级的过渡性经济体制。这需要积极的工业政策和促进出口导向型生产的战略规划。该政策要求明确科技发展重点，以及确保生产、科学和教育在宏观和微观层面上重新一体化。

讨论的结果强调了下列问题：从现行社会秩序向智慧型经济转变的方法必须与人类从动物性法则向真正人性化法则转变的相呼应，而且必须拥有建设性而非破坏性的内核。

作者在此向其同事们致谢，感谢他们支持和参与在 S.Y. 维特新型工业发展研究院举行的诸多谈话会、研讨会和专题讨论会[①]。如果没有他们热情友好的参与，作者就不可能撰写《智慧型经济》。作者特此向下列人士致谢：教授亚历山大·V. 布兹加林博士（我们在 S.Y. 新型工业发展研究院组织的专题讨论会和研讨会上各抒己见，彼此启迪）、莫斯科国立罗蒙诺索夫大学教授安德雷·I. 科尔加诺夫博士（他花了很多时间审阅原文，并提出了一些宝贵意见）、大学教授弗拉基米尔·A. 普洛特尼科夫博士、得克萨斯大学奥斯汀分校教授詹姆斯·K. 加尔布雷斯（我的好朋友，我们合撰过两本书）、剑桥大学大卫·雷恩和比特·诺兰、（加拿大温尼伯）曼尼托巴大学教授拉迪卡·德塞、伦敦都市大学教授艾伦·弗里曼、"促进政治经济学国际倡议"组织的领导人之一阿尔·坎普贝尔、世界政治经济学学会会长程恩富教授。作者的许多同事

---

① 一些谈话会和研讨会的链接见新型工业发展研究院网站：https://inir.ru/。

广泛参与了讨论，包括多年来在 S.Y. 维特新型工业发展研究院组织的会议和研讨会上进行的讨论（有的赞同我关于文明发展"形象化"某些方面的观点，因此我们合撰并发表了一些文章），作者在此向他们表示特别感谢：俄罗斯科学院院士谢尔盖·Y. 格拉谢夫、俄罗斯科学院院士罗伯特·I. 尼格马图林、教授奥列格·N. 斯莫林博士、俄罗斯科学院副院士拉斯兰·S. 格林伯格、俄罗斯科学院副院士迪米特里·E. 索罗金、教授柳德米拉·A. 布拉夫卡博士、第三世界论坛主席萨米尔·阿明、教授维克多·T. 梁赞诺夫博士、教授埃列纳·A. 特卡琴科博士、教授格奥尔基·N. 察戈洛夫博士、思维特拉纳·S. 博德罗诺娃博士、俄罗斯科学院经济研究所教授米哈伊尔·I. 沃耶伊科夫博士、俄罗斯科学院经济研究所教授叶甫根尼·A. 戈罗德斯基博士，以及为本书提供了宝贵意见的许多同事。

另外，新型工业发展研究院的相关人员以其勤勉和才干帮助解决了筹备有关研讨会和会议过程中发生的许多组织和技术问题，作者在此向他们致谢，尤其是：新工业发展研究院执行董事亚历山大·A. 佐洛塔廖夫博士、娜塔莉亚·G. 雅科夫列娃博士、爱丽娜·S. 奥西彭科博士、娜塔莉亚·D. 李、伊丽娜·S. 别雷赫以及莫斯科国立大学研究生格列布·A. 马斯洛夫。

作者向俄罗斯自由经济协会和国际经济学家联合会以及它们各自的董事会、主席团和参事会成员（特别是俄罗斯科学院院士亚历山大·A. 邓金、俄罗斯科学院院士维克托·A. 伊万特尔、俄罗斯科学院院士鲍里斯·N. 波尔菲里耶夫、教授谢尔盖·V. 卡拉什尼科夫博士、教授谢尔盖·N. 里亚卜克辛博士、教授米哈伊尔·A. 艾斯金达罗夫博士、教授雅科夫·P. 锡林博士、教授维克多·I. 格力辛博士、教授罗曼·S. 戈洛夫博士、俄罗斯科学院副院士亚历山大·A. 希洛夫博士）表示特别感谢，感谢他们的大力支持和积极配合；同时向俄罗斯自由经济协会和国际经济学家联合会董事玛格丽特·A. 拉特尼科娃和整个团队表示特别感谢，感谢他们的专业精神和独立工作能力，正是他们才使作者（作为自由经济协会和国际经济学家联合会会长）得以中止两个机构的工作，忙里偷闲写出这部专著。

CONTENTS

目 录

~~~

　　智慧型经济是对于人类未来的展望，它基于对现代科技发展趋势及其引发的社会变革的研究。我们要研究这些过程之间的联系和相互影响，而要使我们的研究有助于确立决定向新型社会结构过渡的法则和因果关系，就要在研究中采用适当的方法。

第 1 章

物质生产的作用

物质生产是一切生产活动和人类社会存在的基础。因此，物质生产的发展也是社会发展的基础。为此，我们从研究物质生产的性质和特点着手。

1.1 生产发展与社会结构

本书的观点和论点系假说，因为智慧型经济作为一种非经济性的业务活动形式尚未成真。然而，科学假说并不是毫无根据的推测，而是基于对实际存在的事实和规律的深入研究。智慧型经济是对人类未来的憧憬。它基于对现代科技发展趋势及其引发的社会变革的研究。

研究这些过程之间的联系和相互影响有助于我们确立向新型社会结构过渡的模式和因果链。这类研究要求采取某种适当的方法。

首先，为实现这个目标，必须要有看待相应问题的历史视角。它要求了解技术圈的历史发展性质及其与人类社会的相互作用，认清从一个发展阶段向另一个发展阶段、从现在向未来过渡的模式及客观必要性。

机械与技术以及人们的社会性相互作用在物质生产过程中非常密切地交织在一起。物质生产既是人类社会赖以存在的物质条件的生产（没有生产活动，人类社会无法存在），也是人们的社会性相互作用、社会生活和社会存在的生产。人们在生产过程中的社会性相互作用以及生产所体现的社会结构既是物质生产本身的性质，也是人们的生产活动的性质。生产所体现的社会结构构成了人们之间所有其他社会性相互作用的基础。然而，这些社会性相互作用

（社会结构、文化、思想意识、政治、社会心理等）并不是对生产关系的被动复制，而是对生产领域的发展有着动态影响。

生产是人们改造自然界馈赠的过程；在这个过程中，人们根据需要对其进行调整并按消费要求加以塑造。然而，我们只有认清自然界如何运行和其所遵循的规律时，才能着手对其加以改造。这一点不仅适用于直接活动，同样适用于其深远的影响，因为它会影响人类的栖息地和人类自身。不了解这些深远影响会使生产活动造成非常严重的后果。我们可以从自然环境的退化中看到这一点。因此，对世界的科学认知现在变得越发重要，这不仅是为了改进机械与技术，也是为了人类自身的生存。

社会结构受生产过程中各种成分、生产率水平、所用工具类型、技术、产品形式、劳动含量以及生产组织方式的影响。

生产过程在不同发展阶段都有其自身的经济与社会结构。从主要使用石器的狩猎和采集活动向以使用金属工具进行手工制造为补充的农业经济过渡导致了劳动分工，首先是土地耕作业与养牛业的分工、手工业与农业的分离等。这形成了从纯粹生存型经济向有剩余生产的经济转变的背景，同时为各种形式的开发利用准备了条件。

传统社会主要使用手工工具和天然能源，如人力和蓄力，水力和风力，从这些旧的生产方式向新的生产方式转变建立在工具高度专业化以及不依赖天然能源的通用热力发动机能广泛使用的基础之上。机械与技术的推广促进了商品交换、货币流通和资本主义生产关系的发展，进而导致资本主义生产方式占据主导地位，以及全球市场的发展。

机器生产促成了劳动分工的巨大进步、生产率的飞速增长、人类需要的进一步多样化以及满足这些需要的更多新方式的发现。这些进步助长了"人类主宰自然界"的错觉。然而，如果人类不考虑自然界再生产的客观规律，就无法与自然界进行良性互动。如果人类的行动违背环境再生产的客观规律，就不能取得预期的成果，只能造成破坏甚至引发灾难。

机器生产是工业生产的第一阶段，主要是大规模生产标准化产品，以满足人们的需求；这种大规模生产是基于对科学知识的运用。不过，工业生产除满足大众需要外，也能满足个性化需要。当今的工业生产有的基于机器，有的则基于非机器性的技术，这种技术建立在人对物理、化学、生物和信息等各种过程的控制之上。工业成为现代经济的核心保障。在过去的250年里，工业的演进大体上决定着经济与社会制度的变迁。

自 20 世纪下半叶以来，发达国家的经济在服务业方面增长显著，而物质生产则在不断下降。这体现在 GDP 中工业所占份额减少，工业就业水平较低。类似的结构性转变也发生在后发的工业国家。大多数学者认为，这种转变是进步的，将其视为向后工业阶段转型的前兆，但少数学者则对去工业化和资本主义文明的衰落表示担忧。①

不断增长的服务业是否必然伴随物质生产的作用和重要性下降？服务业所占份额的上升一定是积极、进步的发展态势吗？工业生产方法过时了吗？这些疑问以及相关问题来自对发达经济体最近结构性转变的分析，有力地推动着对与生产过程及其结果有关的基本概念的研究。

1.2 产品与生产过程

产品是通过运用知识改造自然物质而得到的用来满足人的需要的产物。产品既可以是物质性产物，也可以是服务的提供（通常有赖于某些物质产品的使用）。尽管满足人的需要的产品（产物）不一定是物质性的产物，但我们必须牢记：

（1）服务的提供（很少有例外）至少有赖于某些物质性产品的使用。大多数服务的提供有赖于物质生产。

（2）只有物质性产品（如食物、衣服、房屋、交通、通信等）才能满足我们的"基本需要"，只有在这些基本物质性产品生产之下，服务提供者才能提供服务。

随着生产的发展，自然要素在人造产品中的份额下降，技术圈日益受到关注。现在，技术圈的发展并不是由生产工具及其熟练运用推动，而是由知识的力量推动，这里所说的知识是指融入这些工具中以提高生产效率的知识。这些倾向决定着产品的演进，而这种演进是可以通过对产品复杂程度的分析加以衡量的。产品的复杂程度可通过记录将原材料转化为制成品的加工阶段的数量加以量化表达。然而，更为重要的是对产品等级进行量化评估。

从哲学意义上说，产品是融入其中的物质化的人类知识。生产方面的一

---

① Heilbroner, R. 人类前景探讨［M］. 纽约：诺顿出版社，1974；Heilbroner, R. 商业文明在衰退［M］. 纽约：诺顿出版社，1976；Heilbroner, R.（1974 年）"后工业"社会的经济问题。参见 D.Potter and Ph.Sarre. 社会的维度［M］. 伦敦，234.

般趋势是自然资源和能源利用效率不断提高，而其单位耗费量不断下降。这种趋势的重要表现是生产工具日益复杂，最重要的是，在较高层次的产品生产中，知识所占的份额不断上升。

生产是将自然物质改造为适合人类需要的产物，其主要要素是劳动、原材料和资源、技术和生产管理。这些要素的相互结合和共同作用极其重要。

从这方面说，生产过程是由下列核心要素组成的：劳动、技术、所投入的劳动和应用的技术。为制造符合一定质量、数量和其他标准的产品，有必要管理 / 组织生产过程。

1.3 工业生产方法

从历史上看，社会生产的发展经历了两个阶段：

（1）简单生产，即使用简单的手工工具和人力 / 畜力进行生产，偶尔使用其他纯粹自然性的力量（如风力或水力）。在这种生产方式下，设备复杂程度低，知识要求也低，而且它们很少随着时间推移而变化。

（2）工业生产，即运用基于科学知识的实用技术大规模生产标准化产品。在这一阶段初期，大多数工作是借助机器完成的。机器还会生产和 / 或转化用来驱动生产过程的能量。它们需要的知识远比过去广泛，并要求持续更新。基本的传统技能已经不够用了，需要扩大科学知识的实际应用。生产管理方法也越发复杂。

当然，没有前一个阶段，就不可能有更为复杂的后一个阶段。

原始人没有机器的概念。他们用人力制取所需的物品，而那些比较费力的工作，如耕地或运送货物，则借助畜力。随着知识和经验的增进，人们开始利用其他自然资源，探索自然界，由此促成有机化合物氧化放热反应的广泛应用，例如将其用于制陶（烧制）、冶金（冶炼）、金属加工（锻造、铸造）和烹饪（烧煮、煎炒、熏制等）。我们的祖先用风力驱动帆船、风磨和水力装置。磨除用风力驱动的外，还有用水力驱动的。

有必要指出，磨是前工业时代最早广泛应用的机器。

随着生产的发展，以前统一的生产过程分解为若干环节（成分或过程的专业化），这为从手工劳动转向运用机械装置进行生产活动提供了可能。

17 世纪末，生产发生了重大变化。产品制造、能量使用与转化以及机械方面的知识经验积累终于促成了向机器生产的转变。蒸汽机的发明、电的发现以及机电力传动装置的开发、转化和储存技术的发展，促进了动力装置更为广泛的应用和本质上不同于以往的新型生产方式的普及。

以前，复杂的机器和机械装置只能在靠近风力或水力的地方运行，但现在这已经不再是必要条件了。只要能够保障蒸汽机或内燃机所用的燃料供应，或其他地方的电力能输送到现场，生产几乎可在任何地方进行。这样一来，生产过程的稳定性达到了一个新的水平，因为它不依赖大自然的力量。

再者，由新能源驱动的复杂机械便于大规模生产同质性（标准尺寸、同样质量等）产品，也便于提高产量，增加品种和改进质量。机械使标准化的统一生产成为可能，也开启了以复杂机械取代手工技能，以便提高生产自动化水平的可能性。

这些新的生产方法耗用的能量和原材料显著减少，而复杂机械在生产结构中的份额却在上升，所以应用于工业生产的知识范围也随之扩大。随着生产中技术过程的增加，且这些流程并非基于机械技术，而是将物理、化学和生物过程应用于工业生产过程；在这种情况下，知识的作用更为关键。

作为生产过程组成部分的知识技术应用包括两方面，即物质方面（具有相应资格的员工、设备、装置和初级产品）和非物质方面（有助于物质成分得到最合理运用的知识）。产品中的知识含量决定着产品的复杂程度、消费者特征和满足人们需求的能力。

迄今为止，人类尚未推出任何全新的、不同于前工业和工业生产时代的生产方法。因此，从生产方法的角度看，一件产品只有两种可能：要么是工业品，要么是非工业品。非机器技术（如生物技术）远未成为公共生产新方法的基础。

如前所述，产品既可以是物质性的，也可以是非物质性的（如服务）。这种说法同样适用于工业产品。至于服务，如其提供有赖于工业产品的使用，或其旨在促进某个工业生产过程，则可将其称为工业服务。在这种情况下，服务是不能通过非工业生产方法进行的。在工业生产方法占据主导地位的社会发展阶段，工业产品和工业服务旨在满足出现于该阶段的人们的需要。从这个角度看，工业服务和工业产品是没有区别的。

1.4 工业劳动

人的劳动是将各种生产成分结合在一起的活化剂。劳动"首先是人和自然之间的过程，是人以自身的活动来引起、调整和控制人和自然之间的物质变换的过程。人将自身视为自然界的对立面，他调动其腿臂、头脑和双手以及自身的体力利用自然界的生产活动满足自身的需求。人在作用于外部世界并对其加以改造时，也在改变着自身。他开发潜力并将其用于实现自己的目的。"①

由此看来，劳动的主要特征是其有着明确的现实目的，也就是说，人是用其劳动满足实现某种目的和结果的。为使劳动实现预期目的，人需要明确地知道他们希望得到的结果，也就是说，他们要对劳动结果心中有数。再者，有必要认识到技术对于确保实现预期结果有什么作用。这种认识需要特定的知识。另外，在实际执行方面，人们还要有必要的技能，以便将想法付诸实施。另一个重要因素是人调动并充分利用其知识、技能和精力实现最后结果——劳动产品的能力。

劳动内容也取决于物质条件，如初级自然物质、资源和设备的供应。工业劳动制造工业产品，工业产品可定义为具有统一（标准）特征并适合大规模生产的高级产品（其特征是复杂程度高）。与非工业劳动相比，工业劳动所需的实用知识远远高于前者，也就是说，二者在知识量上有质的不同。这种知识在参与劳动的各种劳动者中的分布也可能是不均衡的，但他们作为一个集体必须掌握进行相应劳动所必需的全部知识。

从事工业生产的员工的资格不仅取决于他们的经验，还取决于他们接受的培训、拥有的特殊技能和掌握的知识。工业劳动通常要求劳动者接受相应的培训并掌握生产相应工业产品所必需的知识。工业工人应知晓并理解相应实用技术的性质，设备的特征，包括其局限性和最合理的使用方式，当然还要知晓并理解初级物质和资源的特征，以及实现中间结果和最终结果所必需的加工方法。从这方面说，工业劳动的效率主要取决于工人的知识。

1.5 技术

从根本上说，技术代表着所有生产方法和过程的综合。根据更为精密的定义，"技术（其英文 technology 来自希腊语单词 techne 和 logos，前者意为'技能'，后者意为'用词'或'理由'）是改造生产过程中的物质、能量和/或信息的工具，这里所说的改造包括物质加工、制成品的组装以及质量控制与管理。技术包括方法、装置、工作周期、操作顺序与规程，与生产中所用的各

---

① 卡尔·马克思. 资本论（第一卷），摘自卡尔·马克思与弗里德里希·恩格斯选集（第35卷）[M]. 纽约：国际出版社，1996：187.

种介质、设备、器具和物质密切相关。全部技术活动构成技术过程"。①

如果不掌握技术以及推进科技发展与应用所必需的知识，就不会有实现预定目标的生产过程。"自然科学相对充分地描述了客观的自然过程，而技术设备利用这方面的知识相对有效地管理这一过程，将其转化为有目的的技术过程"。②

工业技术从其诞生时起就越来越强调科学知识的实际应用。简单的机械及其应用，也许自我摸索的外行就能设计，但机械与工业生产的进一步系统性完善则有赖于对技术过程的深刻洞察。17世纪和18世纪，理论力学、物理学和化学的发展为实现确保向工业生产转型的科技突破奠定了科学基础。19世纪，相关机器与机械装置的专门理论进一步发展。而其实际应用的迅速加强以及工业生产各种成分的日益复杂化又促进了许多专业领域的进一步研究，包括为寻求某些物质的合理加工方法而对其进行的研究，根据预设参数制取物质的研究，以及探索各类能量（机械、热和电）及其生成、转化、传输和在生产过程中的应用。广泛的研究促成了复杂机械的制造和运用，而对复杂的物理和化学过程的分析则推动着工业的演进。科学家也检视了工作流程，以期提高劳动效率。

技术结构作为生产过程的一个组成部分是极其复杂的。它涉及物质成分（作为技术载体并由其驱动的设备、装置和物资）和非物质成分（与前述物质成分有关的知识），这说明"技术"这一术语不仅包括技术过程，还包括专门研究这些过程的科学分支。

可以认为，技术的水平直接取决于技术中的知识含量，而基于最新科学成果运用的技术通常被称为"高科技"。

工业技术的复杂性和无限多样性造成了劳动的进一步差异化和分工，而生产过程的多数参与者对整个生产过程或根本性的技术缺乏了解，只能在技术过程中从事有限的具体工作。

1.6 生产管理

生产管理在工业生产中变得尤为重要，这其中涉及两个主要原因。第一

---

① Raizberg B.A., L.Sh.Lozovskii and E.B.Starodubtseva E.B. 现代经济词典（第二版）[M]. 莫斯科：INFRA-M, 1999.

② Abachiev S.K. 机器和非机器技术：本质、历史和观点[J]. 科学，2012：3, 4. naukove-denie.ru/sbornik12/12-34.pdf.

个原因已经明确：生产过程的日益复杂以及各种成分的合理组合需要大量的专门知识。第二个原因是生产过程从以个体参与者为主转向基于参与者在专业方面相互作用的集体参与为主。在工业生产模式下，由于劳动的差异化和分工，对生产过程参与者相互作用的管理是极其重要的。

从这方面看，要合理组织生产管理，需要解决两个重要问题：（a）技术过程；（b）参与者的相互作用。生产管理方面的各种对策应相互协调，以避免技术过程效率与员工利益之间的冲突。

生产管理的发展滞后于工业生产的其他要素。19 世纪，生产领域半自发性地实施流水线生产法，其特点是在空间布局上，将生产所用的机器和机械装置布置成生产线，以便对初级物质和成分进行连续作业。20 世纪初，第一个精心设计的生产管理法（如泰勒制、福特制、装配线生产法）开始出现。

源自生产线概念的输送机装配模式（工人沿输送装配产品的输送带连续作业）有赖于生产管理的重大改进，特别是确保向每个装配点准数输送足够的零部件和组合件。该模式促成了物流方面的进步，确保了负责供应有关部件的生产设施与现场可靠且不间断的运行。这种生产管理方式保证了零部件、组合件、资源和物资的准时交付，消除了大量囤积的需要。

但输送机装配模式仍不能防止技术过程效率与工人利益之间的冲突。输送带相关工作单调乏味（这是一个很好的理由）。与输送带工作方式有关的生产管理领域的严格等级制度也使工人感到不满。为解决这些问题，制造商采取了多种生产管理创新。在有些情况下，团队装配方式成功实施，取代了输送带方法。等级制管理辅以"人性化生产关系"原则，鼓励工人参与。

由于技术、劳动和产品日益复杂，生产管理在提高效率方面发挥着越来越重要的作用。工业技术的每一步改进都要求在生产管理方面作出相应的改进，目的是提高工业产品和工业服务的生产效率。生产管理的复杂性与生产管理方法开发和应用包含的知识量直接相关。

1.7 知识

鉴于上述情况，产品所蕴含的知识的性质最终决定着产品档次。知识决定着产品的消费者特征和技术参数。生产过程中应用的知识越多，产品就越能满足人们各种不断增长的需求。

知识在产品中所占份额的上升或下降导致了产品档次的上升或下降。同样地，技术中知识含量的增加促成技术升级，而其减小则导致技术简化；工人知识量的增加提升其资格，而减少则导致其技能降低。

自 19 世纪末以来，知识在工业生产中的突出作用使知识的创造、转移和技术应用成为公共生产领域的一个独立学科。科学、教育与研发在预算分配和国内生产总值（GDP）中所占的份额不断增加。知识的创造与转移活动和实际生产的相互作用越来越密切。

第 2 章

知识、技术与需求的相互作用

正如第 1 章所示，知识在科技发展中起着主要作用。知识的层次以及在技术中的应用决定着满足人们需求的可能性和这些需求的形成。

2.1 技术模式

工业化过程中的技术发展不仅在生产方面，而且在社会的各个方面都带来了相当程度的质变。这种变化逐渐加速，直到在某个时刻"换挡"，这意味着社会在满足需求及其质的扩展方面达到了新的高度。

重要的是要超越生产力决定或塑造社会生产关系的抽象公式，寻求适当的标准，划分设备与技术的发展为质的不同时期，这种质化差异决定着社会需要以及满足这种需要的范围和方式上质化差异。这种基于定性标准的时期划分来自谢尔盖·Y. 格拉谢夫和德米特里·S. 利沃夫提出的技术模式理论。根据格拉谢夫和利沃夫的观点，技术模式是由诸多具有下列特点的生产过程相互联系而组成的系统：具有相同的技术水平，共同构成更广泛的经济体系的子系统，当然这只是一种形式的子系统，此外还有其他划分形式，如行业类型子系统。

人们对科技发展各阶段出现的技术复合体已进行了大量研究。约瑟夫·熊彼特就注意到创新的发展是断断续续的。他发现企业家的创新性活动促成了生产领域的技术创新，而这正是取得竞争优势的关键因素和经济发展的主要推动力量。① 熊彼特将创新速度迅速上升的时期称为集群②，但现在更为流行的说法是创新浪潮。③

1975 年，西德学者格哈德·门施第一次使用技术体系这一术语（来自德语词 Techniksysteme）。1970—1980 年，创新扩散模式的后继者英国人克里斯托弗·弗里曼提出了技术经济模式概念，他的同事卡洛特·佩雷斯对其作了进一步完善。④ 技术模式这一术语是俄罗斯经济学家首先使用的，其含义与创新浪潮、技术经济模式和技术体系等术语相似。该术语由 D.S. 利沃夫和 S.Y. 格拉谢夫在 1986 年最新提出。⑤

根据格拉谢夫的定义，技术模式是一种稳定的系统性结构，具有完整的生产周期，囊括多种工业活动，包括从初级资源的开采到满足社会消费的成品制造。技术模式的核心是指在较长时期使用的一系列基本技术，或经济体系中的某个领域或行业特有的一系列基本技术。构成这一核心的技术创新称为关键因素。密集使用这些关键因素且在促进新技术模式方面发挥领先作用的领域称为主导产业。⑥

每个新技术模式出现的物质条件诞生于前一个模式，也就是说，它们是在先前模式的基础上形成的。经济发展体现为技术模式逐渐的、永久性的变化；在初期，每个新技术模式都要利用既有的能源、运输基础设施（根据 S.Y. 格拉谢夫的观点）和信息通信技术基础设施（根据经济创新发展领域大多数理论家的观点）。这些变化逐渐累积，直到新的技术模式取代旧的技术模式而成为主要经济领域的主导力量。S.Y. 格拉谢夫列示的技术模式的决定性特征，除上述核心因素外，还包括组织和经济管控机制。⑦

每个新的技术模式都会大大拓展社会的制造能力。同时，生产管理方面

---

① Schumpeter, J.A. 经济发展理论：对利润、资本、信用、利息和商业周期的研究［M］.新泽西州新不伦瑞克：交易发布商，1983.

② Menshikov S.M., Klimenko L.A.. Dlinnye voly v èkonomike：反对（第二版）［M］.M.: LENAND，192.

③ Blaug M., Schumpeter Joseph A. 凯恩斯以前的伟大经济学家：历史上百名伟大经济学家的生活与工作简介［M］.布莱顿：韦特谢夫出版社，1986.

④ Perez C. 技术革命与金融资本：泡沫与黄金年代的动力学［M］.英国切尔滕纳姆和马萨诸塞州北安普敦：爱德华·埃尔加，2002.

⑤ Lvov D.S., S.Y.Glazev. NTP 管理的理论和应用［J］.经济学和数学方法，2002（5）.

⑥ Glazev S.Y., V.V.Kharitonova 编著.纳米技术是经济新技术秩序中的关键因素［M］.M.: Trovant，2009（11）.

⑦ Gurieva L.K. 技术结构的概念［J］.创新经济，2004（10）.

也发生了重大变化，提高了劳动和资本这两个重要因素的效率。自 20 世纪中期以来，科技进步成为另一个重要因素。世界上的先进国家将科技创新的发展和采用视为社会经济发展的重要因素和经济安全的保障。以美国为例，罗伯特·M.索罗在分析柯布—道格拉斯生产函数后得出该因素对人均国民收入增长的贡献率高达 90%。[1]

这种方式在某些方面类似于西方社会学家和未来学家（丹尼尔·贝尔、阿尔文·托夫勒、曼纽尔·卡斯特、堺屋太一等）就经济系统的技术演进与变化如何相互影响的研究。"后工业社会""信息社会""第三次浪潮"和相关概念的出现表明人们对研究技术变革导致的社会经济变化的兴趣日益浓厚。然而，这些作品大多是描述性的，并没有产生任何新的理论来解释他们所探索的相互作用的本质和规律。此外，他们大大高估了后工业化趋势的重要性，对去工业化和金融化损害世界主要国家生产潜力的方式没有给予足够的关注。

贝尔及其俄罗斯同事将未来经济描述为"服务社会"，[2] 也有人将未来经济描述为知识经济，此外还有其他描述，但这些描述并不是很有说服力。不过，这些研究都包含关于科技进步所导致的经济体制变化的信息。有关研究很有说服力地表明，技术变革，特别是主要生产因素和行业的变化，导致了经济变化，以及其他社会领域的变化，如机构机制、占主导地位的社会结构（从全球到家庭层面）、思想意识、政治行动方式等方面的变化。

人们普遍认为，近代以来的历史走向由六个前后相继的技术模式决定，它们关系着尼古拉·D.康德拉季耶夫所称的"长波"。应当指出，如果一个新技术模式的扩散恰逢康德拉季耶夫周期的上升阶段，则这种新模式甚至在产生该模式的浪潮消退后仍会继续存在，直到其被另一个模式取代。下面我们来逐一介绍这六个技术模式：

第一技术模式（1770—1830 年）是在纺织业开始使用机械的基础上形成的。主要行业——纺织业。

第二技术模式（1830—1880 年）是以蒸汽机的发明以及铁路运输和跨洲

---

① Solow R.M. 技术变革与总生产函数［J］.经济与统计评论，1957（8），39：319–320.

② "后工业社会是一个从主要生产商品转向主要提供服务的社会"。Bell D.（2000 年）。即将到来的后工业社会，社会预测经验译自英文 .M.，120 页；Bell D.（1986 年）.《信息社会的社会框架》.《西方新的技术浪潮》.M.：进步。在俄罗斯，V.L. 伊诺泽姆采夫继承了 D. 贝尔提出的思想流派（参见伊诺泽姆采夫 V.L.，1998 年）// 在经济社会之外，M.。

航运的发展为开端的。许多生产领域实现了机械化。主要行业——铁路设备、蒸汽机、钢铁。

第三技术模式（1880—1930 年）是以电力行业发展，内燃机投入使用，重型机器制造、电气技术、航空和汽车业的发展，以及无线电、电话和电报用于通信为主要特征的。

第四技术模式（1930—1980 年）是建立在以石油、石油产品和天然气为燃料的内燃机广泛应用、石油化工技术的发展以及合成材料的出现和普及为基础的。计算机硬件和软件出现，人类开始探索太空。

第五技术模式（1980 年初至 20 世纪末）是以基于微电子和信息技术领域发展的信息通信技术广泛普及为特征的。新兴技术包括生物技术（如基因工程）、机器人、光纤和空间通信技术。

第六技术模式始于 21 世纪初。它是以生物技术、其他非机械性混合技术和纳米技术为主要特征的。

不同的文献对构成各种模式核心的主要技术和行业及其持续时间的说法稍有不同。重要的是，每个模式都是一个统一的科学技术系统，其核心将该系统的各个要素凝聚在一起。技术模式的有效性取决于各要素的技术及经济关联度，以及新技术在行业内部和区域转移速度。

每个技术模式都是下一个社会发展阶段的基础，也就是说，它们是社会变革背后的主要因素。

2.2　需求结构的转变：知识与文化的作用

科技革命决定了需求结构的转变：目前，需求正从维持生存转向个人发展。但这种变化并不能自动或顺利发生，精神需求的增长通常是靠"精神食粮"的消费增长满足的。这里所说的精神食粮是指文化的各种具体表现形式。

有关问题并不是仅靠简单援引马斯洛的需求层次理论就能理解的。该理论认为，维持生命所必需的物质需求得到满足后，更高层次的需求就变得更为重要，因为已经得到满足的需求无法作为进一步的驱动因素。马斯洛的理论没有阐释任何问题，而只是记录通过实证方式观察到的趋向，[①] 但我们需要弄清的是需求结构发生转变的原因和相关问题。

马斯洛的主要错误（他的一些追随者和批评者也常犯这类错误）是仅从个人动机角度解释需求变化。然而，需求问题是一种社会现象，要弄清人们从一种需求转向另一种需求的原因，就必须分析这种社会现象；究其原因，应当从决定人们社会生活的基本要素入手。

一旦社会提供了满足生存要求的大量机会，更高层级的需求就会显得更为重要。现在的问题是，什么时候以及为什么会发生这种情况？其原因主要并不是基本需求的满足程度。满足某一类需求是转向下一类需求的条件，但绝不是原因。也许只有基本需求得到满足才能转向更高层次的需求，但没有人能保证这种转向一定发生。决定这种转向的因素是人们基本劳动活动的性质。正是在这种基本劳动中产生了创造性的功能，尽管其分布并不均匀；这种创造性功能促进了知识密集型技术的发展，能够更好地满足人们的基本需求，并向着满足更高层次需求的方向转变，包括马斯洛所说的自我实现。要求人有创造性和负责任的是生产而不是消费（这归因于人类所启动的技术圈的巨大潜力）。因此，培养最广泛意义上的"文化人"对于未来经济越来越重要，同时也决定着精神需求的增长。这一重点任务在迈向 NIS.2 社会的进程中发挥着关键作用。

将知识与文化规范、固本守源与及时应急应变结合起来具有根本性的意义，因为人们获取与满足某种具体需要有关的专业知识，即消弭需求与能力之间的差距，不是一个单向的过程。鉴于知识的客观存在性、普遍性和无限性，知识并不仅限于满足某种具体需要的某一个具体方法，而是提供了无限多的方式方法。人类只需选择（在现阶段且现行子系统施加的具体制约下）最优 / 可接受的途径，而这正是我们被赋予认知能力（而不是"创造"或"生产"知识的能力）以及作出决定和选择的自由意志和实际能力（同样基于知识）的原因。

因此，谈到认知过程，我在用某个普通词语表示某人采用类似于获取物

---

① 马斯洛，A.H. 人的动机理论 [J]. 心理学述评，1943（50）：370–396. 马斯洛的理论因不符合实证资料而受到强烈批评。马斯洛关于人的需求由若干层次组成并且从较低层次需求向较高层次转变的基本观点大体上并未被抛弃，但各层次需求之间的关系远比马斯洛所认为的复杂（例如，转变方向既可能是向上的，也可能是向下的）。参见 Clayton Alderfer 的需求层次理论：Alderfer, C.P. 对人类需求新理论的实证性测试 [J]. 组织行为与人的绩效，1969，4（2）：142–75. doi:10.1016/0030–5073（69）90004–X.

质资源的认知行为披露另一"部分"知识时,往往将该词语打上引号。知识的生产当然可从其信息和传输方面加以界定;这种界定对信息和知识不加区分,因而是很基本的,但它通常便于使用,所以在当今主流经济研究中频频将其用于定量评估。人作为宇宙(也可以将其理解为上帝创造的世界)的一部分与世界其他部分之间的关系所构成的系统意味着,人在解决人类与自然界之间的矛盾以及人类社会内部的矛盾时有展示自由意志和作出明智选择的机会。

与此同时,我们还要看到,人是在特定的子系统中基于自身的知识水平判断哪种方法(从给定的视角)最适于解决上述具体矛盾的(这一点应予强调)。

人类通过认识世界而认识作为世界组成部分的自身。人类的需求在不断演变,这种演变不可避免地使其产生认识自身、自身在世界上的地位以及自我利益的愿望。为满足这些需要,人类必须首先确定这些需要,因此要了解这些需要的性质以及它们之间的相互关系。人类在最初接触其周围环境时,希望认识其组成要素——无机物、有机物和生物——的"利益"并将其用于满足需求(和化解矛盾)过程中。随着时间的推移,人类逐渐将自身与周围环境区分开来,并将自身视为独立的个体,促进了自我意识和社会认知的形成。

在解决矛盾或做决定时,具有自我感知的人能够是意识到其他社会成员也有其个人利益、选择权利和相应能力。社会成员之间的关系,即公共关系,来自他们对各种相互关联的任务的履行以及满足各种需求(包括相互矛盾的需求)的必要性。随着社会的发展,所谓的"公共利益"逐渐形成并得到承认。

公共关系本质上是在社会设定的规则、规范、法律等体系(这些体系的设定基于社会成员的共识,因社会对公共利益的认知和长期积累的知识而得到强化)内解决的矛盾。违反这些规则和规范(侵犯公共利益)会被社会视为破坏社会秩序和社会结构的犯罪行为。

一个人作为个人和个体的发展会导致第二层次和第三层次的矛盾,即人际间的冲突和个人与社会之间的紧张。在存在(a)矛盾和(b)前述解决机制的情形下,个人有权利(自由和可能)选择任何可能的选项。所作的决定可能是最优或次优的,也可能是破坏性的(这是从满足其需要的角度针对社会、社会的某个部分或某些要素说的,归根结底是针对作为社会成员的个人说的)。它可能在个人的子系统甚或整个系统内制造紧张,在极端情况下甚至会破坏系统。

因此，需要创建一个天然屏障，以防止个人作出次优决策。

如前所述，人在成长过程中会逐渐认识到世界其他要素的特点和"需要"，包括社会其他成员的需要和公共需求。这种认识导致了某种社会关系的形成，包括各种物质形式的存在，以及用具体方法满足他人的物质需求（如食物、衣物和住房）和精神需求（遵守或"一致"接受任何具体的沟通形式和规范，如语言、习俗、传统、行为规范、宗教护教学等），现在我们将其统称为文化。

文化对满足人类需求过程中的次优行动和偏差施加了自然和历史性的限制。随着人类认知范围的日益扩大以及需求的"升级"/增长，这些限制不断加大。人的存在具有二重性，一方面是生物性的存在，另一方面是精神性的存在，而人的认知既有对其作为个人和个体的自我认知，也有对周围环境和整个世界的认知。上述限制就是在这些认知的基础上形成的，它们构成了在当前背景下对"什么是好的、什么是不好的"专业知识。因此，每当人们要做决定时，都要在充分考虑上述限制的前提下作出明智的选择。

知识为人们提供了利用最广泛意义上的"技术"（指用来满足期望结果的所有已知方法和工具的综合）满足其需求的机会。我们将生产产品/服务所用的技术称为生产技术（目前占主导地位的是工业技术，由于其发展速度不断加快，现已成为塑造现代社会并推动其向 NIS.2 发展的主要力量），而将用于生产精神领域"消费"的产品的技术称为认知技术。

技术与文化是同一枚硬币的两个面；这些社会发展现象都是以知识这个普遍的庞大体系为基础的。我们不能将二者完全割裂开来。

我认为，我们应当对人类有信心并保持乐观态度。为什么？因为，作为一种动物，一种起源于自然界的自然存在，人类之所以能在严酷的环境中生存至今，就在于他具备一种特质，一种永不消逝的特质，这种特质就是意图引领、挣取、制造、获取、征服、夺取他人所有，以便争得和成为领导者等强烈欲望。这种特质使人类得以存续至今。正是这种特质推动着当今社会经济发展的主要趋势。然而这并不是社会发展的唯一途径。

我们不要忘记，人类是起源于自然界的，但这也意味着人类脱离了自然界。为什么？因为人类还有另一种特质，即它逐渐形成了作为人的自我意识，这种意识超越了物质性的东西。这正是人类制定和接受普适性准则的原因所在。每个人都理解这些准则，尽管有些人否认其正确性。举例来说，基督教有

"十诫"，这是基督教徒用来提升自己的人性"特质"的标准。

我在上文谈到的文化与这个话题直接相关。它为什么如此重要？我们举例说明这个问题：如有人制造出计算机病毒，就会有人制造出杀毒软件，因此善与恶的斗争始终存在。现在我们向他人灌输的善念越多，或向他人传授的高尚精神知识越多，或教导他人意识到这种情况的次数越多，将来我们接触越来越多的知识时遇到的争论才会越少。这些重要时刻与人作为社会存在以及作为文化的理解者、消费者和品味者的自我意识有着特殊的关系。

因此，我们的发展也体现在精神方面。我强烈认为，人类越是向前发展，社会在科技方面越是进步，人类就应该（而且必将）越发注重精神品质的提升，否则将无法继续生存。

我在此重申：社会需要满足人们不断增长的需求，正是这种需要推动着社会发展。如此说来，如果不借助知识的技术应用，人类就无法满足其自身需求。在文明发展初期，人类主要依靠通过亲身体验获得的知识，而现在主要依靠科学知识的大规模"生成—获取"和应用。另外，人类需求只有依托个人所获得的知识才能被人们明确认识到。同时，新知识使揭示、塑造和满足新需求成为可能。现在，人们显然已经意识到，物质生产无论如何不能沦落到仅制造几件聊以代表物质文化的样本，这一过程应用的知识对我们的社会生活有着巨大的影响。

正是知识的应用将人类劳动与动物的本能活动区分开来，物质生产将人塑造为社会性的存在主要归功于知识。人之所以为人取决于他／她的所作所为。①

物质生产是一种基于知识的活动；因此，个人只有掌握一定知识才能从事生产活动，而且他们还要在参与生产的过程中获取所需的新知识，这些知识不因该生产过程的结束而丧失，而是成为其个人的财富。这一事实具有重大的

---

① 卡尔·马克思强调指出，一个人的运作活动决定着其作为社会性生物的形象。他说："人们的生活方式决定了他们是什么样的人。因此，他们是什么人与他们的生产成果和生产方式是相契合的。由此看来，个人的性质取决于决定其生产的物质条件。"（卡尔·马克思和弗里德里希·恩格斯．德国意识形态［J］．《选集》第3卷．莫斯科：Gospolitizdat，1955，19）．"社会本身，即处于公共关系中的个人本身，始终是公共生产的最终结果。"（卡尔·马克思和弗里德里希·恩格斯．经济学手稿［M］．1969：1857-1859．摘自卡尔·马克思和弗里德里希·恩格斯随笔［选集］．第46卷，第2部分，221页）．关于人们的社会存在对其活动依赖的观点，由苏联哲学家和心理学家作了进一步完善．Batishchev，G.S. 作为哲学原理的人的活动驱动性本质，现代哲学中的人的问题［M］．莫斯科：Nauka，1969：73-144．Leont'ev，A.N. 活动、意识、人［M］．莫斯科：Politizdat，1975．

文化意义。

只有人类才具备这种在外部客观世界中发现事物的性质、规律和特定表现形式并将其明确表述出来的独特能力。只有人类能够运用其掌握的知识改造外部世界，这表现在人类利用其知识发现适当的对象（物质）并用其创造改造方法（技术），实现改造目标，即制造用来满足人们需要的产品（应从广义上理解，包括有形产品和无形产品）。没有知识，不但不可能创造自然界中没有的东西，甚至也不可能复制既有的东西，因为复制也是一种创造性行为。如果我们想要复制某种产品或技术，就必须认识到复制是满足我们需要的可能的、适宜的方式。我们必须研究复制所必需的条件是否具备；必须估计复制的效率和长期影响。

如前所述，在基于现代工业技术的物质生产中，经验性知识被科学知识取代。如果没有旨在发现满足人类需要的新方法的持续不断的科学研究，就不可能有现代科技的发展。知识成为现代生产的基本资源，现代物质产品中的知识含量越来越大。高科技生产促进了知识的传播，这发生在科技信息交流以及体现和"物化"相关知识的产品交换的过程中。作为生产资源的知识的传播具有几个特定特征：它不会在消费过程中受损，通常会在使用中得到"强化"；加工／复制相关信息的成本与其原始创制成本相比相对较低。

由此看来，人类有能力认识世界、了解自身的需求并找到满足它们的方法。

第一部分给出的观察结果作为序言揭示了物质生产知识在当今人类文化的形成和发展中日益重要的作用。

智慧型生产：准备

~~~

  在开始探讨即将到来的全球性变革及其短期与长期影响前，我们应首先考虑这些变革的来源，以便更好地理解其发展方向和潜力。

第3章

新工业社会与后工业预期：
来自近期的经验教训 ①

虽说现在有许多变革的迹象，但我们的经济依然是（我敢说，在未来很长时间里依然是）工业经济，至少从技术基础角度看是这样的。我们稍后讨论对这个问题的不同见解和争论结果。本章的主要任务是探讨当代工业技术怎样塑造社会并为其进一步发展创造前提条件。

3.1 工业社会—新型工业社会—后工业社会

始于 18 世纪在 19 世纪继续推进（在欠发达国家甚至持续到 20 世纪）的工业革命标志着向工业生产转型。当然，工业生产模式并不是一成不变的，事实上，主导的工业科技结构一直在变化，社会也是如此。20 世纪下半叶，约翰·肯尼斯·加尔布雷斯在其著作《新型工业国家》中阐述了时下正在进行的变革。②

不妨回顾一下加尔布雷斯在这部颇为引人关注的著作中阐述的主要观点。该书一开头就让我们了解到决定社会结构的物质与技术的关系，接下来探讨的

---

① 本章第 3.1 节和第 3.2 节基于下述著作第 8 章经修改的部分：博德鲁诺夫，S.D.（2016 年）《新型工业社会的到来：重新装载》。莫斯科与圣彼得堡：S.Y. 维特新型工业发展研究院，第 128–142 页。

② 加尔布雷斯 J.K. 新型工业国家［M］. 波士顿：霍顿·米夫林出版有限公司，1967.

也是纯经济方面的问题。①

　　首先，我们考察新型工业国家出现之前经济领域物质与技术基础的变化。加尔布雷斯指出"日益复杂精密的技术应用到生产中。机器继续取代原始人力，同时，机器还用来向其他机器发出指令，从而取代了更为简单的人类智慧。"② 这些过程导致了工业整合，而这种整合要求越来越多的资本投入和越来越高的技能。这种整合（切记我们讨论的是 20 世纪中期的经济）促进了大公司的发展，使大公司成为主要的经济组织类型。这类组织在经济中占主导地位，能够吸引其大规模生产所需的资本。根据加尔布雷斯的观点，这些大公司能够动员具备足够资格的劳动力，推动了 20 世纪中期的科技进步。

　　另外是工会衰落。"工会成员在劳动力中所占的比例不再上升。该比例在 1956 年达到顶点（25.2%），此后开始逐渐下降"。③ 这一趋势伴随劳动力职业构成的结构性变化。希望接受高等教育的人数大幅增长，但真正获得这种教育机会的人数增加得并不是很快。

　　大公司这种新型经济组织现在在整个经济领域占据主导地位。"80 年前，大公司仍然仅存在于那些需要大规模生产的行业，如铁路运输、蒸汽动力航运、炼钢、石油开采与冶炼以及一些采矿行业。现在大公司也销售食品杂货、碾米磨面、发行报纸或提供公共娱乐，这些业务以前主要属于个人或小企业的经营范围"。④ 业主 / 企业主、生产组织者和受益人的相互分离很久以前就开始了，后来才开始普及。加尔布雷斯推崇 20 世纪初一些学者的观点，如索斯坦·范勃仑、⑤ 斯图亚特·蔡斯⑥，在一定程度上赞同卡尔·马克思将合股公司的资本分为所有者权益和营运资本的观点。他指出，在 20 世纪初，大公司是

---

① 这些参数是根据 S. Y. 格拉谢夫、A. V. 布茨加林和 A. I. 科尔加诺夫所做研究的要点给出的。Glaz'ev, S. Y., V. V. Kharitonov. 纳米技术是经济新技术模式的主要因素［M］. 莫斯科：特罗旺，2009；科尔加诺夫，A.I.，A.V. 布佳林经济比较研究，对经济系统的比较分析：中学经济学课本［M］. 莫斯科：INFRA-M，2005.

② 加尔布雷斯，J.K. 新型工业国家［M］. 新泽西州：普林斯顿大学出版社，2007：1.

③ 同②。

④ 同②。

⑤ 韦伯伦 T. 工程师与价格体系［M］. 基奇纳：Batoche Books，2001. http://socserv2.mcmaster.ca/~econ/ugcm/3ll3/veblen/ Engineers.pdf] 阿道夫·伯利与加德纳·米恩斯［Berle A. 和 G.C.Means. 现代公司制与私有财产［M］. 纽约：麦克米伦出版公司，1932. http://www.unz.org/ Pub/BerleAdolf–1932.

⑥ Chase, S. 新政［M］. 纽约：麦克米伦出版公司，1932.（本书书名"新政"曾被罗斯福用作竞选口号）

其所有权人的工具，也是其个人特点的体现。这其中的一些巨头，如卡耐基、洛克菲勒、哈里曼、梅隆、古根海姆、福特等的大名在这片土地上广为人知。他们的盛誉还得益于他们创办的画廊和慈善基金会，以及投身于政界的子孙后代。现在大公司的领导人则不太为人所知。最近二三十年来，底特律和汽车行业以外的公众并不知道通用汽车公司掌门人的名字。[1]

加尔布雷斯对这一趋势推崇备至，因为它通过对专业人士的职能分配和吸纳专业人士积极参与管理活动提高了经营效率。另外，技术专家不断膨胀的权力掩盖了另一种倾向，即资本越来越集中于极少数人手中，因为最高管理者虽然拥有丰厚的收入，但仍仅效劳于公司的实际所有权人。加尔布雷斯断定，技术专家逐步正在接管大公司乃至更大范围的经济命脉，但我们认为这一结论多少有些夸张（加尔布雷斯在后来的著作中指出了他所称的"技术专家体制"对企业精英的影响）。[2]

企业资本的增加不可避免地改变国家在经济领域中的作用。在20世纪中期的新形势下，最为终关键的是，"国家承担起了调控经济领域可用于购买商品和服务的总体收入的责任，努力确保人们有足够的购买力来买目前能够生产的任何东西。"[3] 这就要求大幅提升规划的作用："在远远看不到结果前投入大量的资本和组织力量，就必须有一定的预见性，并采取一切现实可行的行动确保所预见的如期发生。其次，消费者需求成为国家和大公司的管理对象。加尔布雷斯强调指出，技术的性质和与其有关的资本要求，以及开发和制造新产品所需的时间，决定了国家调控需求的必要性。

例如，某公司要推出一款新车，就必须有能力说服人们购买。同样重要的是确定人们是否有钱购买。对于需要大规模长期投入的生产，这一点极为重要。鉴于无从确定产品推向市场时处于经济萧条期还是增长期，因此有必要稳定总体需求。国家和企业必须创造（而不仅仅是跟踪）需求，企业在这方面的作用尤为重要。加尔布雷斯强调："关于将节省哪些的决定主要是由区区数百家大公司决定的，而关于将进行哪些投入的决定则是由大体上同样数量的大企业以及数量远远多于它们的需要购买住房、汽车和家用电器的个人共同决

① 加尔布雷斯，J.K. 新型工业国家［M］. 新泽西州：普林斯顿大学出版社，2007：2.

② 加尔布雷斯，J.K. 无辜欺诈的经济学：我们时代的真理［M］. 纽约州波士顿：霍顿·米夫林·哈科特公司，2004.

③ 加尔布雷斯，J.K. 新型工业国家［M］. 新泽西州：普林斯顿大学出版社，2007：3.

定的。目前缺乏将节省决定与投入决定结合起来的市场体制。"[①] 加尔布雷斯承认，在新自由市场经济模式卷土重来的时期，这一观点（与约翰·梅纳德·凯恩斯的观点相应和）有点夸张；但我们认为，最近几十年来，这一观点对于一些国家是很中肯的。

加尔布雷斯的工作使我们清楚地了解完全由个人控制且将其所有成功归功于这一事实的小企业与大公司以及由它们构成的经济形式之间的深刻差异。数以百万计的小企业构成基于市场体制的经济，而数千家大公司则构成基于"计划"体制的经济。

关键是，加尔布雷斯所作的区分基于所应用的工业技术的变化。然而，他的结论很快就被流行的"后工业社会"观点挤到一边。这一观点用技术转变导致工业结构变化之类的理由否认物质生产在经济中的根本性作用。没有人肯劳心费力地批驳加尔布雷斯的结论，他们直接将其忘却，然后将讨论话题转向后工业理论家的热情预测。

对"后工业浪潮"的研究在细节和论证方面丰富多样且深浅程度各异，但它们给出了社会与经济新质态的一系列常见的根本性特征。它们的出发点与加尔布雷斯是相同的：技术转变导致了经济结构的转变。然而，从丹尼尔·贝尔[②] 对后工业社会的研究和阿尔文·托夫勒对"第三次浪潮"的探讨[③] 开始，很多研究得出了与加尔布雷斯截然不同的结论，即否认物质生产的主导作用。他们的观点得到了很多支持。"信息社会"和"信息经济"理论出现了，紧随其后出现的是"知识社会/经济"和数字经济等概念。堺屋太一、卡斯特和其他许多人的研究受到热捧。[④] 俄罗斯在这方面也有一些研究成果，包括我们此前提及的 V.L. 伊诺泽姆采夫的著作，他的大量专著广泛援引其西方同事的研究成果，成为俄罗斯学界西方后工业主义理论的集大成者。[⑤]

服务业的增长和物质生产所占份额的下降很快成为这种新趋势的根本性、

---

① 加尔布雷斯，J.K. 新型工业国家［M］.新泽西州：普林斯顿大学出版社，2007：51.

② Bell，D. 后工业社会的到来：一个大胆的社会预测［M］.纽约：Basic Books 出版社，1973.

③ 托夫勒 A. 第三次浪潮［M］.伦敦：Pan Books Ltd. 与 William Collins Sons & Co.Ltd. 联合出版，1980.

④ Sakaiya，T. 知识价值革命或未来史［M］.东京，纽约：讲谈社国际出版公司，1991；Toynbee, A. 文明尝试［M］.牛津：牛津大学出版社，1948；Castells, M. 信息时代，第 1–3 卷：经济、社会与文化［M］.纽约：Wiley-Blackwell，1948.

⑤ Inozemtsev，V.L. 现代后工业社会：性质、矛盾和前景［M］.莫斯科：Logos，2000；Inozemtsev, V.L. 在时代的转折点，经济趋势及其非经济影响［M］.莫斯科：经济学，2003.

决定性的特征。[①] 当然，在 20 世纪，这两个行业在所有发达国家经济中所占的份额变化甚为显著。就发达国家而言，到 20 世纪 70 年代或 80 年代，物质生产的作用显著下降，而服务业目前占 GDP 的 70% 以上，占雇佣劳动力的 75% 以上。[②]

大多数研究者没有忽视一些明显的问题，如服务业的结构问题，以及大多数员工所从事的劳动档次下降。尽管后工业主义者也注意到服务业不同领域及其具体活动的性质有重大差异，但他们仅将自己局限于庆祝信息、通信和专业服务业的迅速增长。[③] 同时，在贸易、水陆运输、餐饮、酒店或清洁等用工量大的服务业主要增长领域，所做的工作在多大程度上可称为"后工业性"的问题被忽视了。

后工业主义观点还将人们的注意力引向从根本上不同于其他的新型资源。例如，根据卡斯特和堺屋太一的观点，信息已成为后工业经济的主要资源和主要产品。[④] 信息处理、存储和传输装置、计算机技术和稍后出现的互联网的普及是最近几十年来经济与社会生活新质态的鲜明特征。这种转变具有重大意义。[⑤] 诚然，信息具有将其与物质产品截然分开的一系列特点。它不会因被消费而消失；它的生产成本与推送成本相比相对较高；它的创制需要受教育程度较高的员工；甚至它的消费也可能有一定的能力要求。[⑥]

根据有关理论家的观点，后工业经济中主要的员工类型是一般拥有大学学历且具有相应工作能力和专业素质的专业人士，他们是特殊的生产资源和投

① Bell, D. 后工业社会的到来：一个大胆的社会预测［M］. 纽约：Basic Books 出版社，1973.

② 2015 年世界就业和社会展望：不断变化的工作性质. 国际劳工局［M］. 日内瓦：国际劳工组织，2015：25.

③ 对于服务业各领域的个性化，后工业主义的鼻祖丹尼尔·贝尔早有描述：Bell, D. 即将到来的后工业社会［M］. 莫斯科：Akademiia，1999：158.

④ Castells, M. 网络社会的兴起［M］. 纽约：Wiley-Blackwell，2009；Castells, M. 网络社会：跨文化视角［M］. Edward Elgar，2005；Sakaya, T. 知识价值革命或未来史［M］. 东京，纽约：讲谈社国际出版公司，1991；Masuda, Y. 作为后工业社会的信息社会［M］. 华盛顿：世界未来协会，1983.

⑤ 作者花费了大量时间研究信息产品的具体特征. 博德鲁诺夫，S.D. 管理基于营销观念的信息与服务产品市场［M］. 莫斯科，1995；博德鲁诺夫，S.D. 信息营销［M］. 戈梅利：BelANTDI，1995.

⑥ Mulgan G.J. 沟通与控制：网络与新型沟通经济学［M］. 牛津：Polity，1991：174；克劳福德：R. 在人力资本时代［M］. 纽约：1991：11.

资对象。因此，许多后工业主义者断言我们正在走向"专家社会"。①

鉴于信息的创制有赖于具有较高资格的专业人士（具有前述专业素质者），社会经济的基本单位将发生急剧变化：大型工业中心将被通过万维网连接起来的单个"电子小屋"取代。这一变化，辅之以新兴的计算机与互联网技术，将造就一个主要基于网络的经济与社会结构。

然而，在经济关系涉及的范围内，预计不会发生深刻的变化。再者，以新兴的计算机与互联网技术、生产个人化以及每个劳动者的作用日益重要为特征的新兴经济结构将成为（许多方面在一定程度上已经成为）降低国家（作为经济调控者和社会保护者）作用和促进市场关系和私人所有权复兴的基础。人们普遍认为，小型个体私营企业的复兴和私人所有权向此前较少波及的领域（特别是知识产权）扩展将成为现实。当然，有些后工业主义学者不属于这个主流阵营，卡斯特就是其中之一，他强调知识生产领域公共部门发展和对知识生产进行公共管控的可能性。

这些变化必将促成一个在知识造成的阶层分化基础上形成的新型社会。②这些后工业观点在多大程度上可信呢？

3.2 后工业化社会

毫无疑问，知识的生产、传播和应用在现代社会的重要性越来越大。但如果我们从更宽阔的视野思考这个问题，就会发现不仅知识是这样的，人类文化任何成分在社会经济方面的重要性都如此。有文化素养的人是社会发展最重要的支柱之一。而且，没有真正的文化素养，依托于（但绝非仅依靠）必要知识的工业生产就不可能高效发展。内化为人们行为的规范和规则并非仅是人们所拥有的知识的投射。这些规则在很大程度上完全取决于社会文化，即行为准则（如个人及群体行为准则、团体行为规范等）和规范商业行为的准则（如言而有信、负责任、积极主动等），这些准则和其他重要因素共同塑造着商业环

---

① Sergeeva, I., V.Bykov. 劳动动机中的物质因素和非物质因素［M］. Chelovek i trud, 9, 2010: 43; Inozemtsev, V.L. 后工业经济与后工业社会（关于 21 世纪的社会趋势问题）［J］. 社会科学与当代世界，2001（3）：145.

② 20 世纪晚期信息技术的普及、加工环节的微型化、灵活的生产系统等推动着超大型企业劳动力管理方法的发展。研究这一现象的大多数西方和俄罗斯研究者注意到了新型无资本脑力劳动的发展。关于这些活动的评述，Rifkin, J. 劳动的终结：全球劳动力的衰退和后市场时代的落幕［M］. 纽约：G.P.Putnam's Sons, 1995.

境，包括有益于（或有妨）工业活动的条件。

俄罗斯著名经济学家、皇家莫斯科大学和圣彼得堡大学教授伊凡·Kh.奥泽洛夫将俄罗斯的落后归咎于其20世纪初的文化。

我们的文化太匮乏了……这是我们失败的根源……无论讨论什么问题，我们总是卡在缺乏文化上。繁文缛节，寄希望于侥幸……这全是因为文化水平太低。在工业领域，我们的生产率低也是缺乏文化造成的，公认文化素养差……这种文化上的贫困也影响着统治阶层和政府。否则，我们的一般国内政策和经济政策不会是现在这个样子。由于缺乏文化，我们没有认识到应把基本生活条件的有机修护和改善放到首位，因而只能继续依赖江湖庸医所谓的灵丹妙药。[①]

这位杰出教授给出的解决方案直到今天仍然相当中肯，他说："我们要营造一种有利于商业的氛围，重新建构教育系统，调整我们的行为，除去束缚我们进取行为和志向的枷锁，为人的个性和自主性发展创造坚实的保障。"[②]

后工业主义学者无视文化圈与物质生产发展的相互关系。他们唯一看到的是技术转型与结构性转变对社会质态的粗糙塑造。再者，他们倾向于根据从事信息、通信和媒体技术的相对少数社会成员生活方式的深刻变化推断社会大多数成员的生活状况。尽管他们承认，后工业社会将会使过度发展的服务业中的大多数从业人员另寻生计，从而消除由此导致的社会矛盾，但他们在给出结论时往往忘掉这一点。

一幅关于"指日可待"的未来美好图景由此诞生：大多数人拥有个人电脑，因此可被视为有能力开展业务的私人所有者，或称"自由职业者"。所以，他们可以忽略曾一度繁盛的工业城市底特律如今的生锈废墟。就他们而言，他们是那个现已过时的工业社会的幽灵，而想象在后工业沙漠通过万维网连接的"电子小屋"嵌合体则诱人得多。[③]这些小屋中居住的是现代"创造性"阶层的代表，他们为"新潮"用户研制电子玩具，为展示优雅猫步的模特设计服装，为那些甘愿大把花钱的人们发明虽不实用但新鲜有趣的玩意儿。同时，那

---

① Zhirnov, E. 思想绝望恐慌的时代［N］. 生意人报，2015-12-14.

② Zhirnov, E. 思想绝望恐慌的时代［N］. 生意人报，2015-12-14. http://www.kommersant.ru/doc/2861286.

③ 关于"电子化住宅"概念，Toffler, A. 第三次浪潮［M］. 伦敦：Pan Books Ltd. 与 William Collins Sons & Co.Ltd. 联合出版，1980，第16章."电子小屋"实际上并不是幻想。然而，要说它彻底改变了现代生产的面貌，那就是彻头彻尾的神话了。

些同样有"创造性"的管理者，那些营销和金融专家，则想方设法使客户消化掉这些东西，至少也要使其相信那些管理"自由职业者"创造活动的"创造性"公司发行的股票能够无限升值。

在这个世界上，阶级斗争是不存在的，社会经济利益的冲突也是不存在的。当然，竞争是依然存在的，但对于那些不吝投入，并愿将其能力和关系转化为人力资本和社会资本的最博学多才且最有创造性的人们来说，竞争的回报也是丰厚的。这个光灿灿的新世界还有一群默默生活的边缘人，如洗碗工、女佣、商店营业员、司机和装卸工。即使再远些，在大洋彼岸，一些墨西哥人、韩国人或菲律宾人每天工作 12 个小时，他们制造时装和跑鞋，或组装计算机，或在铸钢厂工作到最后一刻……你能做些什么？那些没有足够能力融入后工业社会虚拟现实的人们只能被边缘化。

远离工业社会沉闷单调的现实，着手创造属于自己的虚拟现实，并将其转化为大把的金钱（这也是一个越发细腻化的过程），那感觉肯定特别棒！只要虚拟现实的幻境不与严酷现实相碰撞，谁还关心这个？

后工业主义理论实际上否认社会发展的工业基础，这是其本质缺陷。这一流派的著述者通常考察经济结构、GDP 和出口结构，受雇于各生产领域的人数，以及其他用来描述生产状态的定量指标，但这样做只能得出工业发展道路已走到尽头的错误结论。

后工业主义者推崇知识和信息，当然也推崇知识和信息的创造者、改造者和传播者的作用，认为它们的重要性是不言而喻的。信息幻景或称"白噪声"成为沿着后工业道路前进的标志。这在一定程度上是有意义的，尤其是在金融市场：这是现代炼金术士大显身手的地方，他们将虚拟现实中的"白噪声"——流言、无足轻重的小事、对事实的误解或事实的表象甚至赤裸裸的造假——转化为大笔的利润，并将其带离实体经济。这类赚钱者根本不关心这属于哪类知识，更不关心其内容或目的。在他们眼里，唯一重要的事情是将任何虚拟的事物转化为实实在在的金钱。

鉴于后工业主义与新自由主义同属于这个时代，因而后工业主义接受了新自由主义市场经济模式也就不足为奇了。只有在这种经济模式下，服务业才能成为主要业务领域，金融交易才能成为资本积累的主要途径，涵盖社会生活各领域的自由市场才能成为确保平衡与增长的主导机制。后工业主义与新自由主义的构成了理想中的"新型经济"①的基础，据称这种经济模式可使发达国家走上远离危机的增长和发展道路。②新自由主义也被许多科学家称为"市场原教旨主义"，它的接受与一系列颇为独特的过程有直接关系。③

第一，金融化过程，包括金融机构势力扩张到目前足以主导和决定经济及所有权关系的程度。④投资重点转变，资本逐渐从生产领域转向金融交易，而生产投资则依赖于金融市场的种种虚妄。对财产和基本财产权的掌控转移到金融机构。最后一点，金融圈成为 GDP 增长的极重要（在有些情况下是主要的）源头之一。这些因素导致了金融泡沫，（间接）造成了全球金融与经济危机。

第二，这次打着"全球化"旗号的新自由主义导致了工业产能的大规模南移以及首先半边缘国家继而边缘国家的加速工业化，这一过程涵盖了全球近一半的人口。

第三，去工业化进程是从许多发达国家开始的，首当其冲的是美国。这导致了此前从未见过的情况，即发达国家对边缘国家的工业依赖。新的挑战迫使发达经济体的理论家和实干家认真思考恢复物质生产和发展一种新型工业经济的问题。

后工业主义将生产和人类需要"虚拟化"的观点，以及其他因素，造成了在创新爆炸性增长的背景下科技进步的迟缓。这些创新多数并不值得考虑。刺激创新的做法逐渐普遍：为了在市场上凸显自己的产品或服务，使其看起来崭新的就足够了，至多稍微调整一下不太重要的规格要求，以便博得消费者的好感。能够改变现代物质生产面貌的真正的新技术仅占据了一些很不起眼的市场领域，物质生产技术基础的革命性转变从总体上说尚未到来。正如科瓦尔丘克所指出的那样："实际上，最近几十年来，人类并未做出任何根本性的技术突破。科技进步是通过改造和改进以前的发明直线向前推进的，例如通过增加电子芯片中有关要素的数量。人类迄今尚未作出具有全球意义的发现，也没有

---

① 2001 年美国总统提交给国会的年度报告宣告美国进入了将其带入空前繁荣的新型经济时代。参见《总统经济报告》。2001 年 1 月随同《2001 年经济顾问委员会年度报告》一起向国会提交。哥伦比亚特区华盛顿：美国政府印刷办公室，第 19 页。

② 报告称"商业周期——工业时代的特点——极有可能成为过去"。参见小托马斯·派特辛格（1999 年 12 月 31 日）。供需周期如此漫长。新型经济悄然出现，它与老式经济毫无共同之处。《华尔街日报》。

③ Grinberg, R.S. 重大危机：抛弃极端自由主义的时机到来［M］. 莫斯科：Iauza, Eksmo, 2009（第 59~72 段）。

④ Lapavitsas C., I.Levina. 财务利润：生产利润与让渡利润［J］. 货币金融研究, 2010（11）。

这方面的实际需要。"① 这个问题对原属于苏联的许多国家而言极为重要，对俄罗斯联邦尤其如此，这个国家在去工业化道路上走得非常远。②

3.3 全球经济中的新常态

如果听任这些趋势发展，必然会造成当代经济体制的危机。这场危机的核心并不是金融体系的问题，尽管是这场危机的重要组成部分，但它们其实是由这场危机的真正原因导致的结果。世界主要国家的统治精英了解这些原因吗？他们是否在寻求解决办法？

答案是否定的，他们并不是都在寻求解决办法。迄今为止，没有明显的关切或定性行动迹象，即使在直接触发最近这场危机的金融体系改革领域也是如此，事实上，"新常态"这一术语的提出就是为了回避目前的真正问题。

这一术语是在 2009 年匹兹堡二十国集团峰会上首次使用的，随后公共投资管理公司开始大力宣扬。③ 在俄罗斯，这一术语是克谢尼娅·伊尤达伊瓦在 2010 年首先使用的，她当时供职于俄罗斯联邦储蓄银行。④ 后来，担任俄罗斯银行副行长的阿列克谢·乌尤卡耶夫也开始使用这一术语。他说："我确实很喜欢'新常态'这一术语（我不知道是谁最先想到这个词的）。"⑤ 经济领域积累的诸多问题就这样被刻意宣布为新常态，⑥ 有关人士执拗地拒绝使用"危机"一词。"⑦

但是，全球经济到底发生了什么问题？新常态这一情况的发生根源是什么？它是客观结果吗？抑或它是主要"统治"经济体犯下某种错误的结果？

---

① Koval'chuk, M.V. 技术聚合——走向未来的突破［J］. 俄罗斯纳米技术，2011，6（1-2），http://www.nrcki.ru/files/pdf/1461850844.pdf.

② 作者对俄罗斯去工业化问题的立场见其 2013 年 12 月 11 日向俄罗斯自由经济协会阿帕尔金读书会提交的报告，博德鲁诺夫，S.D. 俄罗斯经济的再工业化——机遇与挑战［M］. 俄罗斯 VEO 的科学著作，2014，1（180），第 15-46 段.

③ Mohamed A.El-Erian. 保罗·瑞恩的计划与下一个"新常态"［N］. 华盛顿邮报，2012-08-13.

④ Iudaeva, K. 俄罗斯新常态［M］. Ekonomicheskaia politika，2010.6，196-200.

⑤ Uliukaev, Aleksei 在 2012 年盖达尔论坛上的讲话［M］. Ekonomicheskaia politika，2012.2，27.

⑥ 尤柳凯耶夫这样描述新常态："首先，全球各个经济领域增长速度较低……各种市场，如商品市场、股票交易市场、货币市场等，高度波动……用尽国家经济政策手段解决发展问题，包括周期性问题"（Uliukaev, Aleksei。盖达尔论坛上的讲话，第 2729 页）。

⑦ Alekseevskikh, A., E.Shishkunova.阿列克谢·尤柳凯耶夫："这不是危机；这是新常态！"［N］. 艾泽斯提亚报，2012-07-19.

我们当然也认为这些问题大多有各种各样的或然性原因，它们无不强调自身在这方面是正确的。相关研究通常是把全球文明发展中的问题和要素从其实际背景中抽离出来，将其作为孤立的对象加以探讨。它们很好地阐释了特定要素之间的因果关系。但这种颇为普遍的分析方法不足以使我们在充分考虑更广阔的历史背景基础上对未来作出明智的决定，从而得以制定并执行得力的经济政策，并成立适当的公共机构。

只有发现造成这种现象的根源，我们才能评估"我们现处于新常态"这一观点的可信性、这种状态出现的必然性、克服这种状态的可能性以及发展经济的各种方案。

现在，我试着阐释一下这些问题。

新常态是指目前的现实，而这种现实对于我们所有人来说都是陌生的。事实上，它是一种"常态"（我用引号的原因稍后即明）。它对于我们来说当然是新的，也就是说，不常见的。经济学家并未对其作出充分的探讨。它突然降临到科学家、管理者、资产所有者和普通人头上，而他们对此没有任何心理准备。对于它的特征，一般来说，描述得还是正确的。再者，它是客观发生的，因此它的发生从某种意义上说是必然的，所以我们将其称为"常态"。

然而，我们不要忘记这样一个客观事实：它是我们的文明发展向新阶段过渡的开端，是下一代（第二代）新型工业社会的初级阶段。毕竟，我们对现有发展模式的利用已经达到了其效率极限，而这正是我们就要经历并试图应对的变化之所以发生的深层原因：我们本来处于剃刀的刃口上，但我们将头深埋到沙子下，自欺欺人地把这种极端危险的状态称为新（非）常态。我们从未见过的变化即将到来，我们很快就会看到。深刻的改革是必需的。

但我们不要操之过急。还是回归到现实吧。现行模式经历了若干阶段，初期在经济增长方面效率较高，但随着发展过程中内在矛盾的积累，终于酿成了危机。最初，这些危机尚能用该模式自身可用的手段加以克服，但随着矛盾再次激增，又会酿成新的危机……随着时间的推移，克服危机的方法越来越具有"结构性"和"人为性"，越来越不符合经济体制的本性，但仍能（通过国家和国际的机构、措施和机制，以及自由或动员性的模式……）苟延残喘，直到……极度痛苦？

被称为"新常态"的全球经济现状事实上是现有发展模式或多或少地即

将陷入极度痛苦的迹象，这体现在全球性的投资下降，[①] 能源市场的需求和价格变幻莫测，[②] 无保障货币的比价起伏不定，发达国家多数人口的收入停止增长，[③] 普遍感到困惑迷茫。

我们的研究证明，这一切没什么令人奇怪之处。科技进步致使现有的经济组织形式变得陈旧过时，已不适应新技术能力的要求。这导致了持续的市场波动和不断加剧的紧张态势，甚至在一定程度上导致了看似出乎意料的领导人的出现，如美国的唐纳德·特朗普。

问题是我们现正开始转向新的发展模式[④]，因为旧的模式以及克服危机的方法失灵了。在我看来，一些人（包括持截然不同观点的专家，如前财政部长、自由派人士阿列克谢·库德林，商人、商业监察员鲍里斯·提托夫，前总统顾问、国家主义者谢尔盖·格拉季耶夫，以及他们的辩护者。他们都认识到有必要加强旨在促进科技发展的努力，也许这是他们唯一的共同点）间接探讨的新常态的另一个重要特征是认识到要确保作为文明进步基础的科技发展。不过，我们在这方面有过争论。[⑤]

对于大多数发达国家来说，加快工业发展和科技发展问题的紧迫性尚不十分明显，因为它们的科技发展程度较高（相对于其他国家而言），研发潜力

---

① 投资不足且有进一步下降之势，世界银行专家深感痛惜：世界银行指出全球经济面临的风险。Vesti.Ekonomika。2018 年 1 月 10 日，12:05。http://www.vestifinance.ru/articles/96065；经合组织专家也感到痛惜：Bazanova, E. 全球经济陷入低增长——经合组织［N］. 俄罗斯商业日报，2017–03–09. https://www.vedomosti.ru/economics/articles/2017/03/09/680409–mirovaya–ekonomika–popala.

② 能源市场的波动性在过去十年中增加了 1.5–2 倍。Negomedzianov, Iu.A. 和 G.Iu.Negomedzianov. 基于实际波动率的风险评估［J］. 金融与信贷，2015：24（648），23. 这一事实在其他资料中也被确认：石油处于波动中。REGNUM 通讯社，2017 年 8 月 16 日，09:43。https://regnum.ru/news/2310661.html.

③ 根据麦肯锡咨询公司旗下研究机构麦肯锡全球研究所的研究结果，西方人均收入在过去十年里已停止增长。研究人员警告，收入下降趋势至少还将持续十年。Manukov, Sergei. 西方的停顿［N］. 专家在线，2016–07–14.

④ 这一观点的雏形见：博德鲁诺夫, S.D. 关于新型工业社会社会经济结构演变的某些问题［J］. 俄罗斯的经济复兴，2016，3（49）：5–18.

⑤ 博德鲁诺夫, S.. 军工复合体的现代化与国家安全保障［J］. God planety，2005（14）：107–112. 博德鲁诺夫, S.D.. 全国机械制造业现状与新型工业发展必要性分析. 圣彼得堡：S.Y. 维特新型工业发展研究院；博德鲁诺夫, S.D.. 世贸组织框架下的俄罗斯新型工业发展：关于俄罗斯创新性发展概念的专家评估. 圣彼得堡：S.Y. 维特新型工业发展研究院；博德鲁诺夫, S.D.. 关于俄罗斯经济的再工业化.《俄罗斯的经济复兴》. 4（38）；博德鲁诺夫, S.D.. 俄罗斯经济体制：高科技物质生产的未来.《俄罗斯的经济复兴》. 2（40）等。

较大，创新成果持续流动。但对俄罗斯来说，这是一个极为迫切的问题，因为俄罗斯不仅远逊于技术领先的国家，甚至也远逊于许多在这方面表现平平的国家。

显然，参与制订俄罗斯经济发展计划的阿列克谢·库德林和鲍里斯·提托夫都将克服技术落后状态作为自己的研究重点之一并非偶然，他们将解决这个问题作为其制订的俄罗斯经济发展计划的重要内容。例如，在前财政部长阿列克谢·库德林组织编写的、向克里姆林宫提交的俄罗斯战略研究中心报告中指出，"……俄罗斯相对于发达国家的技术落后状态被认为是头号威胁"。[1] 提托夫在其制订的计划中也提到"技术落后——商品与服务没有竞争力；工业、运输与社会基础设施落后"，并将其视为经济发展的重大威胁之一。[2]

需要指出的是：我们落后并不是因为我们不够聪明，而是因为，正如某位著名政界要人在另一种场合所言，随着苏联的解体，该国的经济也"四分五裂"。

这种对俄罗斯技术落后问题的关切有着更广泛的背景，这表明经济发展对科技进步程度的依赖性是处于世界经济中的任何国家都应高度重视的关键点。

在未来十年中，世界将会走向新的技术模式，技术变革将成为生产过程的重要组成部分。这在生产、科学和教育一体化方面向我们提出了新的要求。持续的变革和创新将是必不可少的。

一种不同的经济，不同的生活，当然还有诸多新机会，在等待着我们，无论我们处于哪些领域。技术、材料、加工技术、生产组织方法、管理技术等领域正在发生巨大的、根本性的转变。这方面的例子很多。

无人驾驶汽车、创新性技术（如区块链）赋予我们的全新的信心水平、可靠的电子投票工具——所有这些变革促使我们重建我们的制度、公共行政管理系统，甚至基本的经济观念和社会秩序。

例如，平板电脑将普通电脑、电视机、手表和商店的功能融为一体。这导致多个行业的无数工作岗位被削减，节省了矿物、金属和石油。在全国范

---

① Filiakhov, R., P.Orekhin. 库德林的繁荣与革命［N］. 俄罗斯日报，2017–06–01. Gazeta.ru.www.gazeta.ru/business/2017/05/31/10701803.shtml.

② 《俄罗斯社会经济发展中期计划（至2025年）增长战略》，斯托雷平经济增长研究院。http://stolypin.institute/en/strategy–of–growth/。

围内，我们注意到 GDP 大幅下降。也就是说，平板电脑的推出导致了 GDP 下降，但人们的生活质量提升了。那么，我们有必要那么在意 GDP 之类量化指标的增减升降吗？死盯着这类数字毫无意义，我们应该评估的是其他参数，如所要求的知识、医药、医疗保健服务等的可及性。

通用汽车公司拒绝将欧宝公司出售给俄罗斯联邦储蓄银行，就是因为他们深知最宝贵的财富是知识，而不是这类硬件。[①] 这已经成为生产中极其重要的东西，是经济中的主要资源，而其他资源的重要性则在不断下降。

这意味着作为重要原料供应国之一的俄罗斯的优势在未来十年里肯定会缩减。我们要尽早认识到这一点，将全部资源用于知识圈——教育、科学和技术——的发展。

这条道路上会有许多陷阱。但也会有进步！在 NIS.2 的初始阶段，明显延续了以前的发展惯性（我们不可能逃离这一惯性，因为它是内在的，只能通过进一步的科技发展来摆脱），技术领先的国家将通过吸引、整合和保有 NIS.2 的重要资源——知识——加强自身在全球经济中的地位，成为知识密集型产品和知识本身的制造者。在知识密集型经济中，这些国家将成为关键的生产者。例如，美国和欧洲正从后工业主义迷雾（至少是其极简版）清醒过来，进而将其生产（指其高科技生产）从亚洲撤回。

根据专家的看法，撤回行动（指将海外产能撤回本国，或在本国建立新的生产设施）现正发生于需要高度管控质量标准的行业，如国防工业，要求必须尊重并保护版权和专利权的行业，以及对生产自动化和机器人化技术最为敏感的行业。"与最廉价的手工劳动相比，机器人使美国的生产竞争力大为提高。"[②] 西欧也是如此："撤回率在加工业低科技领域最低，在高科技领域

---

① 在筹备这项交易之初，"通用汽车公司希望有机会回购欧宝公司，后来它拒绝将欧宝公司的知识产权移交给麦格纳和俄联储……"［麦格纳和俄联储错失欧宝］。Gazeta Kommersant。2009 年 11 月 5 日。https://www.kommersant.ru/doc/1268884。"潜意思是，通用汽车公司不想让俄罗斯的汽车厂家接管欧宝的科技发展并将其用于他们的汽车生产"（通用汽车公司以 22 亿欧元的价格出售欧宝）。https://meduza.io/news/2017/03/06/general-motors-prodal-opel-za-2-2-milliarda-evro。这一情况在英国《时报》中也有提及，它援引的是 WikiLeaks 的资料，参见《揭秘：通用汽车公司就欧宝收购事宜与克里姆林宫发生冲突》。英国《时报》。2011 年 7 月 25 日。https://www.thetimes.co.uk/article/uncovered-gms-clash-with-the-kremlin-over-opel-nvlk09mpz58。

② Zotin, A. 自动化而非全球化，什么是撤回？为什么这很危险？［N］. 生意人报，2018-01-27. https://www.kommersant.ru/doc/3526726.

最高。"①

其他国家的情况如何？它们在这种情境中的遭遇如何？它们则有可能形成全球经济中的"服务"板块。许多人可能会说，它们的前景并不是很差呀。毕竟，这些国家的人们一般说来不太可能比现在还要贫穷吧。如果它们过于贫穷，作为"生产者"的国家的产品就会没有市场，它们肯定会极力防止这种情况发生，这并不是因其有无私利他的境界，而是出于自我保护心理，即保护并延续其"生产者"的地位。这种理性显然是有其局限性的：发达国家不会真心实意地维护贫穷国家的购买力，使其得到高效而独立的经济发展。

与先进国家相比，这些"服务性"国家将会变得更加贫穷！

这将产生两个后果。

第一，来自不同经济体的人们在较长时期无法平等 / 公平地获得主要资源（知识）和满足其不断增长的需求的机会。这种情况将长期持续，直到知识能毫无例外地被所有人拥有 / 使用。我们不可能预见这个阶段会持续多长时间，因为这取决于多种因素：科技进步的速度、人类适应获取知识新模式的实际能力（简单地说，就是成立负责知识普及的机构以及对新知识的永久性获取），以及与经济无关的其他特征。

第二，上述两个"阵营"很可能就对知识这个主要资源的权益在全球范围内发生冲突。这种冲突不能排除，尽管知识本身的性质——扩散是其主要特征——也许有助于这种冲突逐渐降级，有助于人类文明进一步发展到成熟的 NIS.2 无冲突阶段。

然而，上述第二条是一种长远设想，正如约翰·梅纳德·凯恩斯所言："对于人类事务来说，长远是一个误导性的指向。从长远角度看，我们都会死亡。"既然认识到（在可预见的将来）我们的文明将沿着向 NIS.2 型的道路发展，那些不能赶上这趟列车的人们注定会被远远抛在后面，我们就要不遗余力地采取将发展高科技生产以及同时发展知识密集型和知识促进型产业（广义地说，是指科学与教育）置于优先地位的新型经济增长模式，同时不要忘记人们精神世界的发展。

我们现正处于人类历史上一个与 20 世纪转折点类似的阶段。最生动的例子是 20 世纪 30 年代和"大萧条"。后来发生的事情已然众所周知。试图在国

---

① Kondrat'ev, V. 生产回归，即西方的新工业化［J］. VESPA 杂志，2017-01-18. https://vesparevenge. ru/?p=1496.

际层面上（如通过国际联盟等）解决这个问题的努力是不成熟和不成功的，因而未能纠正时弊，[①] 最终导致第二次世界大战爆发。世界经济一片狼藉。世界各国和各民族文化陷入悲惨境地。

直到第二次世界大战结束，才出现了一丝曙光。马歇尔计划[②]、布雷顿森林体系[③]、联合国……这是国际层面上一个比较成功的解决方案的组成部分，因为它们的设计更为合理，更均衡，更适合应对当时那个历史阶段的诸多挑战，更为现实和可行。这些措施和机构将欧洲和日本从饥饿和新的动荡中拯救出来，将美国从低迷趋势和分崩离析的危险中拯救出来。这些国家找回了它们的领导地位，逐渐走向繁荣。显然，这种政策也是加强美国经济与政治领导地位的工具。

我们现在正处于一个类似的时期（这是从"不确定状态下的紧张"意义上说的）。因此，我们也要认识到，如果不能在充分考虑文明发展基本趋势的基础上采取稳健的措施，我们就很可能最终陷入巨大灾难中。

看起来，世界已经出现这种苗头。美国、欧盟和其他"清醒过来"的国家最近开始将海外工业产业撤回本国并推行本国经济高科技型再工业化的努力构成了旨在拯救这些国家的新的"马歇尔计划"。就是这样——它们努力自救，

---

① 国际联盟试图达成"关税休战"的努力无果而终。国际联盟报告只得宣称："显然，国际贸易机制陷入了全面挫败的危险中，与此前国际金融体系的遭遇并无二致。"（国际联盟，1933 年。1932/33 年世界经济调查。日内瓦：国际联盟，第 16–17 段）。Irwin D.A.（2009 年 5 月 6 日）。避免重蹈 20 世纪 30 年代保护主义的覆辙：留给今天的教训。有效的危机应对与公开性：对贸易体制的影响。由 S.J.Evennett、B.M.Hoekman 和 O.Cattaneo 编辑。哥伦比亚特区华盛顿：世界银行与经济政策研究中心。

② 在执行马歇尔计划（1948—1951 年）的前三年，获得援助的国家的工业生产与战前指数相比增长 40%，农业生产增长 20%。失业率下降，通货膨胀得到抑制。美国资助占英国 GDP 的约 11%，法国 GDP 的 12%，西德 GDP 的近 22%，意大利 GDP 的 33% 以上。欧洲经济复兴也为美国产品提供了充足的市场，当然也保证了欧洲对美国的廉价原料供应。此外，由于马歇尔计划的资金支出完全由美国政府控制，这在一定程度上加强了美国在欧洲的垄断地位。马歇尔计划提供援助的前提条件是接受援助的国家必须将共产主义分子从政府中清除出去。[Sidorchik, Ai.（2015 年 5 月 23 日）美国的特洛伊木马。马歇尔计划是怎样剥夺欧洲的独立的］论点和事实。

③ 1944 年 7 月，布雷顿森林会议，即联合国货币与金融会议，奠定了后来一直持续到 20 世纪 70 年代初的全球货币体系的基础。该体系的有效性伴随美国在国际货币与金融问题上的颐指气使。苏联也参加了这次会议，但拒绝批准其文件。苏联的拒绝引起了美国方面的强烈反应，导致遏制政策的制定。该政策源自美国派驻莫斯科的临时代办发至美国国务院的所谓"长电"[驻苏联临时代办（凯南）发至国务院，发自莫斯科，秘。1946 年 2 月 22 日晚 9:00。（2 月 22 日，下午 3:52 收到）《美国对外关系，1946 年，东欧，苏联》。第六卷，第 861 页。00/2-2246：电文。https://history.state.gov/historicaldocuments/frus1946v06/d475］。

积极适应新常态。

遗憾的是，俄罗斯这次又落在了后面，因为我们只是在草草地做做样子，根本没有抓住事情的本质。我们这个国家面临坐失时机、终陷困境的危险。因此，不管情愿还是不情愿，我们都要采纳一种类似于 NIS.2 基本理念的新观念[1]，制订并执行旨在使本国从全球盛行的传统工业主义和本国实施的去工业化态势向新型经济模式——NIS.2 经济模式——转型的计划。

3.4 科技进步与金融资本的作用

金融资本出现于特定的历史时期，而后在其发展进程中逐渐加强了作为货币主要功能之一的贮藏手段作用。任何形态的社会都需要将某些东西贮藏起来以备日后使用，如将种子贮藏起来以便日后播种。然而，资本主义及其金融关系的发展意味着贮藏财富的主要形式是积攒金钱。在这方面，先于生产资本存在的金融资本近乎完美地契合了资本主义形成阶段的历史进程，并伴随着它进一步发展。

金融资本是资本的一种形式。它与一般意义上的资本有着相同的特点。它的目标职能是增加利润：怎样通过生产过程实现金融资本增长？只有投资于实体经济，才能产生并获取利润。

尽管近几十年来金融资本已经占据主导地位，并开始要求更多的自由、更大的市场和更多的投资机会。然而，不要幻想它能脱离物质生产而独立地发挥作用或存在。

物质生产中情况如何？科技进步的加快一方面需要大量的资金投入，另一方面使金融资本（不要仅注意前面的"金融"二字，还要看到其后的广义"资本"；此处的金融资本包括投机性的金融资本）的物质载体——特别是通过实际的物质生产得到的产品——技术性能越来越先进，资本密集程度越来越低，因而其价格相对低廉。这意味着销售量的缩减，以及由此导致的利润额减少。随着时间的推移，这个赖以实现资本增长的工具将会在某个时间消失，实现资本增长这个主要目标的机会也随之消失。工具在改变，目标也随之改变，我们由此看到这样一个因果链：金融资本促成了科技发展，而科技发展却导致了金融资本的毁灭，因为该资本的目标职能消失了。

---

[1] 见下述著作第 8–10 章：博德鲁诺夫，S.D. 新型工业社会的到来：重新装载［M］. 莫斯科与圣彼得堡：S.Y. 维特新型工业发展研究院，2016.

金融资本曾在特定阶段发挥着非常进步的作用。如果没有金融资本，就不会有被称为"资本主义"的人类发展新阶段。资本主义第一阶段在许多方面比以前的社会制度进步，因而战胜了后者。具体地说，工业资本主义推进了物质生产，使社会出现了前所未有的繁荣。这是没有金融资本的工业生产。

然而，社会总有一天会餍足，再也消化不了更多的产能，这时就会产生一个问题：怎样获取利润？思虑再三发现，好像做什么都无法获利。于是只好扩大市场，一种方式是通过创新，而创新所得的新产品无论制造还是推向市场都需要投入更多资金（这种方式成本极高，风险也很大）；另一种方式是通过老产品打进新市场（这种方式通常成本较小，风险也较小）。无论采用哪种方式，资本主义都尽显贪婪之相。它追求的是支出尽可能少，占用资源尽可能多，同时极力降低成本。这种贪婪表现在它除销售真正有用产品外，还"兜售"伪产品，这种产品的部分甚至全部特性仅在于刺激使用。资本主义从进步的发展手段沦为不再具有进步性。通常最先出现的是实用性产品，这是进步性的；而后出现伪产品，这是非进步性的。用非经济手段获利，如战争或攫取新领土，也是非进步性的。

这类矛盾性（如进步性与非进步性的矛盾）趋向很多。哪种趋向将会胜出？这取决于以下两种速度之比：其一是生产发展速度，或科技进步速度；其二是人对前者的社会影响以及即将改变的社会上层建筑的认知领会速度。这种趋向自身也在改变，但仅追随物质生产而已。毫无疑问，它对物质生产具有影响，它会促进物质生产，而随其产生的需要使人们认为这一上层建筑是第一位的。但从上层建筑与社会内部变化之间的关系角度看，它是第二位的，而物质生产才是第一位的。

在当代社会，有太多的人准备借助暴力手段谋取经济优势，大者轰炸他国，小者仅因为看上邻人的新运动鞋而将其杀害，这样的例子实在太多了。我们在日常生活中经常看到这类"不成熟"的行为。有些人仅根据价位认定产品的效用，而事实上，低价的产品往往比那些昂贵的东西更切合实用（至少在实用性方面并不逊于后者）。随着知识的积累，以及对相关情况认知的积累，社会也在逐渐成熟，但与其有关的一个促成要素是满足需要，至少是实实在在的需要。

如果我们将其视为"社会的成熟"，问题就来了。我们的社会尚未"成熟"到能够合理运用科技进步及其成果，它不成熟的部分原因是科技进步尚未"满足"每个人的需要，也就是说，人们仍缺乏所需的产品，他们的需求仍未得到满足。既然现在世界上生产出这么多的粮食，足以烤制供所有人食用的面包，可为什么社会不能"满足"每个人的需要？为什么现在仍有数百万、数千万、数亿甚至数十亿人仍在挨饿？这是因为我们在使用社会产品时采取了不正当的资本主义方式。科技进步与金融资本结合起来，致使金融资本吞噬了科技进步的成果，对社会收入采取了有利于其自身而不利于生产资本、不利于满足人们真实需要的重新分配。

由此产生了伪需求与金融资本的关联性，而金融资本能够吞噬任何东西，包括采用传统方式榨取他人。它而不是通过创新或开辟新市场赢得利润，而是借助虚夸的广告煽动伪需求，它不遗余力指鹿为马，以满足这种需求，从而赢得利润。在科技进步的每个阶段都会发生这种情况。请考虑这个问题：每次向新技术阶段的过渡都伴随其特有的扩张形式：战争、冲突等。需求的满足本应为人们带来更好的生活，但事实却变成这样。为什么发生这种情况？因为公共良知与科技进步能力明显不协调，二者之间存在差距。

为什么这种情况现在表现得这么严重，甚至比以前还要严重？因为每一次科技进步都会提供比过去阶段更多的机会，而错误地利用这种机会，风险就会急剧加大。现在科技进步就提供了如此多的机会，使几乎每个恐怖集团都能得到其想要的化学试剂。试问，是否有占有金融资本并"拿着刀"的人？他甚至能雇用"拿刀子"的人打着种种冠冕堂皇的旗号清理市场。这种事情我们见得多了，尽管它们有着这样那样的伪装。如果社会载体不能成熟起来，它本身就会成为一种威胁。这就是我想表达的意思。

我敢说，当我们将金融资本问题视为智慧型经济概念的一个组成成分时，它就不再是这种资本本身的质性变化问题了。技术方面的变化、生产方面的质性变化、社会方面质性变化等都是以完全相同的方式发生的。一般来说，我们面临近乎整个社会结构的质一般飞跃的转型。

请注意，当一个体系的性质变化时，这个体系也会变化。而这个体系中总是有诸多成分、联系以及其他因素。社会经济体制是一个高度有机统一的体系，在自身种种力量的交互作用下向前发展。这个体系的各种成分是相互联系的，它们在该体系发展过程中相互有一定的影响，每个成分都是以自己的步伐发展的。如果这个体系的各种成分不和谐、步调不统一或发展不协调，就会造成体系紊乱，因为各种成分间的关系紧张是不能超过必要的限度的。任何时候都有一定的限度。

我们要认识到：相对于其他体系，从彼此相关的角度看，结合其背景情况考虑，社会经济体制是以这种方式发展的：作为社会载体要素的人创造需求，而这种需求是在生产系统中得到满足的。于是生产系统形成了，并通过知识扩展，进而成为广义社会载体发展的基础。每个新阶段的技术变革都会导致社会变革和社会成分之间的相互作用。于是，包括各种经济关系而非仅仅生产关系在内的社会经济关系都是通过生产在这种或那种情况下、以这样或那样的方式联系在一起的；当然，这种联系有时是间接的。

因此，我们要认识到，这是一个由各种成分组成的统一体系。接下来我们探讨智慧型社会中发生的生产系统与社会载体分工，但这并不意味着没有统一的关系体系，智慧型社会就是一个统一体系。人是这个系统中的"智慧"者，当然人类也是，而人类即是我们前面提及的广义的社会载体；生产系统是这个系统中用来满足社会载体需要的组成成分。

任何转型、任何技术变革都会导致技术方式方法的改变。每个生产模式都形成了新的社会类型：工业生产方法以及那个阶段的新技术导致了资本主义社会以及其他事物的诞生，但反之则不成立。每个新阶段都会提供新的、远比过去广泛的满足人类需要的机会。我们将会在更大程度上满足人类需要，但这些需要并不都是合理的；我们将把科技进步作为一种工具，比如说，作为给予一个孩子或未成年人的工具。

如果给这个孩子一把锤子，他不会用它钉钉子。他不知道这个锤子是做什么的，也不知道怎样恰当、明智地使用它。他可能用这把锤子砸自己的腿，或用它敲碎玻璃杯，或用碎玻璃割伤自己等。在这方面，人其实也是如此，甚至更甚于此，因为现阶段的机会实在太多，如果以错误的方式加以利用，很容易把人引向灾难的边缘。

第 4 章

向工业生产新阶段过渡的技术前提

新型工业社会第二阶段（NIS.2）——一个基于最新技术的新阶段——几乎就在我们眼前。不过，我们现在谈论的是什么样的技术？我并不是说我们应该就我们所期望的具体创新列出一个单子，而是说我们要认识到截然不同于前一阶段的技术以及将我们带入全新世界的新技术的具体特征，当然也要认识到这些新技术给整个物质生产系统带来的变化，这一点非常重要。

4.1 知识密集型工业生产 ①

尽管在过去的一个世纪里，物质生产方面发生了许多变化，但工业技术依然是经济的基础。工业生产确保了基于科技进步的物质生产过程中劳动生产率的持续增长。该领域生产率的提高导致劳动力过剩，这为服务业的就业增长提供了机会。

保持和提高作为生产领域核心的工业生产的重要性对于世界经济发展具有至关重要的意义。工业生产现正向技术水平与以前有着质的不同的新阶段转型，而正是这种转型决定着我们的经济未来。许多人都认识到这一点，甚至特朗普也是如此：他推翻了其认为对美国不利的奥巴马的一些决定，这类做法不胜枚举。然而，对于奥巴马作出的旨在将美国在亚洲和拉丁美洲的大规模生产活动

---

① 本章第 4.1 节和第 4.2 节基于下述著作第 9 章经修改的部分：博德鲁诺夫，S.D. 新型工业社会的到来：重新装载［M］. 莫斯科与圣彼得堡：S.Y. 维特新型工业发展研究院，2016：143–160.

撤回本国的所有决定，他无一撤回，尽管当时美国尚处于危机中。[①] 而且，这类措施最近又进一步加强。[②] 尤为难得的是，这是他就任美国总统后最先采取的措施之一，因为他与其前任有所不同，他真正知道实体经济是怎样运行的。[③]

世界现正进入下一次（第四次）工业与技术革命时代，只有在工业与技术生产方面有竞争力的经济体才能成为领导者。领导资格不是靠生产与销售自然资源就能获得的，甚至也不是靠基于传统技术的工业生产获得的，而是靠高新科技的发展与应用，当然还要有能够实施高新科技的高素质人力资本。科技领导者将是未来的经济领导者。

工业与技术革命意味着科学知识大规模的技术应用以及生产中技术基础的持续变革。这为我们提供了更多满足人们需求（不仅是物质需要）的机会，并创造出更多的新需求。结果，人们的生活特征发生了变化。生产活动的内容、资质水平、教育与文化、日常生活特征、社会环境甚至整个社会秩序——所有这些方面都发生了变化。

研发、教育、医疗、信息、通信和专业（商业）服务领域的发展一向被后工业主义者视为服务型经济迅速成长壮大的标志，而这些领域的发展直接取决于这些领域的活动成果在物质生产环节的实际作用。基于并服务于物质生产活动的所谓工业服务领域（如机器设备的维护、升级改造和维修，物流，工程，技术管控与咨询，工业应用研究，工业运输服务）最近得到高度重视并不是没有原因的。[④]

要迈向科技进步的新阶段，知识是最重要的因素。

那么，物质生产技术的发展方向在哪里？

① Kondrat'ev，V. 作为再工业化表现之一的撤回［J］. 世界经济与国际关系，2017，9（61）：62.

② "唐纳德·特朗普总统和白宫贸易顾问彼得·纳瓦罗乐见美国企业将其制造产业撤回本国。纳瓦罗最近指出，政府现正酝酿制订第四阶段经济刺激计划，该计划拟投入至少2万亿美元，重点加强美国制造业，包括为激励美国企业撤回其海外业务而提供的奖励。"Yardeni E.，Doherty J.Trump 希望将就业岗位从中国撤回美国，但企业界和消费者可能并不同意.《市场观察》. 2020年6月22日. URL: https://www.marketwatch.com/story/trump-wants-jobs-coming-back-to-the-us-from-china-but-companies-and-consumers-might-disagree-2020-06-22。

③ 2017年12月22日经国会通过并由总统签署的旨在刺激企业撤回美国的新财政法，新法案将公司税从35%削减到21%（Supian，V.，2018年1月18日）. 唐纳德·特朗普的新经济政策：处于政治危机中的美国还有可能改革吗［N］. Nezavisimaia 报，2018-01-18. http://www.ng.ru/ideas/2018-01-18/5_7153_trump.html.

④ 博德鲁诺夫，S.D. 新型工业社会的到来：重新装载［M］. 莫斯科与圣彼得堡：S.Y. 新型工业发展研究院，2016：27-37.

21世纪的新型工业社会与经济应该成为"否定之否定"，即辩证扬弃约翰·肯尼斯·加尔布雷斯所描述的现代工业体系和丹尼尔·贝尔及其追随者所描述的信息及后工业趋势。

那么，我们怎样理解这里所说的"否定之否定"？让我们分析一下现代物质生产复兴进程中的实际趋势，特别是那些已成为（或正成为）现实的变化。首先，信息技术的重要性越来越大，后工业主义理论家非常正确地指出了这一点。然而，我们没有将其视为物质生产的作用越来越小的证据，而是从这个事实得出了不同的结论，认为物质生产中的知识密集程度不断提高。

我们并不是像今天这个信息社会的许多理论家那样，仅注意到信息不断增长的作用。[①] 对于信息生产，我们谈论得不像以往对新型物质生产那样多。[②] 它们在这方面有很大的差异。我们知道，信息创制通常沦为生产白噪声，也就是说，大量经济资源用来制造使人误以为是某种利益而加以购买的伪装[③] 或假冒品，而不是用来促进劳动生产率的提高、人员素质的提升以及社会与环境问题的解决。[④] 这种"信息化"最终导致社会生活的虚拟化，以及人的个性、精神和社会关系的毁灭，民族及国家的团结统一当然也不复存在。

物质生产技术的知识密集型不断加强，这一过程将工业与信息经济的成果批判性地结合起来。这种批判性结合明确表现在如下事实中：高科技生产中的决定性作用转向操作和过程，其中人不再作为机器（生产线或输送带）的辅助者，而是作为知识的掌握者彻底改造既有技术，使人得以"站在生产过程旁"并"作为过程的监督者和管控者"。[⑤] 在这种情况下，我们方可谈论物质生产及其产品的知识密集型问题。

---

① 后工业主义者长期热心于探讨信息社会和知识社会。Drucker, P. 不连贯的年代：认识我们这个多变社会的指针［M］. 纽约：Harper & Row 出版社，1969；Machlup, F. 美国的知识生产与分配［M］. 新泽西州：普林斯顿，1962；Masuda, Y. 作为后工业社会的信息社会［M］. 华盛顿特区：世界未来协会等，1983.

② 知识密集型行业问题长期以来一直是备受争议的对象。然而，我们对知识经济和知识密集型工业的理解至今仍有些不很确定。Smith, K. 什么是"知识经济"？知识密集型行业和知识基础分布［J］. Oslo, 2000：第2、7-9段.

③ Baudrillard, J. 关于符号政治经济学批判［M］. 圣路易斯，密苏里州：Telos press Ltd, 1981.

④ Buzgalin, A.V. 和 A.I.Kolganov. 伪产品市场：从古典政治经济学的角度加以评估［J］. 经济哲学 2012：2, 3.

⑤ 卡尔·马克思（1857—1858年经济学手稿）. 卡尔·马克思和弗里德里希·恩格斯选集［M］. 纽约：国际出版社，1975：29, 91.

一种全新的物质生产——知识密集型生产——就是在上述基础上形成的。它的主要特征是：

- 信息成分的持续增加和物质成分的减少；微型化；产品的能源、材料和资本密集程度下降倾向；
- 生产过程的具体特征和科技发展趋势（灵活性、模块度、标准化等）；
- 取代了垂直一体化结构的网络结构模式；
- 先进的生产组织与管理方法的运用（适时制存货管理、精益生产等）[①]；
- 环保和侧重于新能源；
- 物质生产、运输和物流领域的创新技术的发展（如纳米技术、3D 打印等）；
- 由于增材制造技术的广泛应用，传统制造业的作用逐渐下降；
- 专注于质量与效能。

新知识在制造领域的应用是一个持续加速的过程，而这其中的原因是不断加强协同效应（这是知识作为一种现象时的内在特征）。多种不同知识在其技术性应用中相互作用，其最终效应大于每种知识在其技术性应用中独自产生的效应之和。因此，知识密集型生产可以更快地满足不断增长的需求。新技术水平的不断提升意味着生产过程中的资本、材料和能源消耗量的下降，从长期角度看，这将为生产过程的资源消耗降至规定水平创造了机会。

在这里，就减少能源消耗问题给出一些意见也许是适宜的。这方面的情况有些特殊，因为降低能源消耗的趋势不会很明显。应当指出，向新技术的过渡的确能扩大生产规模，但实际上很长一段时间里会有相反的效果；工业发展的历史将继续证明：要向新技术转型，我们必须提高获取更高能级的能源乃至核能的能力，这就要求我们积极寻求提高这种能力的新方式，因为这是实现向新技术转型的前提和基础。这一点在向信息技术迈进方面尤为明显。很少有人会考虑这样一个事实：用电脑进行一次网上搜索和用水壶煮沸一升水所需的能量是相同的。比特币"矿工"消耗的能量与工厂的相当。同时，发电对其他资源的需要量巨大。我的观点是：第一，相对于搜索引擎，人工搜索同样的内容

---

① Ohno, T. 为了我们的今天和明天，现在正当其时 [M]. Productivity Press 出版社，1988；Wadell, W., N.Bodek. 美国工业的再生 [M]. PCS Press 出版社，2005；Malakooti, B. 有多重目的的运营和生产系统 [M]. 纽约：John Wiley & Sons, 2013；Tillema, S., M. Steen. 管理与控制的共存理念：遏制因实施精益生产而造成的紧张 [N]. 管理会计研究，2015-06-27.

需要花费大量的精力和支出；第二，在现有的技术中这种情况目前正出现。同时，我们要认识到这项技术的主要发展趋势。人脑消费 10 瓦能量所处理的信息量是全球现有的所有计算机加在一起也无法胜任的。大自然母亲远比我们节俭；就能效而言，她的"技术"比我们高出数十亿、数百亿甚至数千亿倍。因此，科技发展在能效方面的主要推进方向是逐渐走近"自然"技术，进而与其融合为一体，直至内嵌于能量交换的自然链中。这也有助于降低产出能量所需的其他成分的成本。我们还要应对资源枯竭问题和环境问题。第三，我们谈论能耗问题采用的是每个实用效应单位的能耗量，而不是整个物质生产过程的能耗量。很明显，生产能够执行某个功能的小机械所需的能源少于生产能够独立执行该功能的若干相互独立的装置所需的能源。

因此，许多产品的"知识"成分会在某个时间超过"物质"成分。图 4-1 很好地说明了这一结论：它显示出物质成本和知识成本在生产总成本中所占的份额。[1]

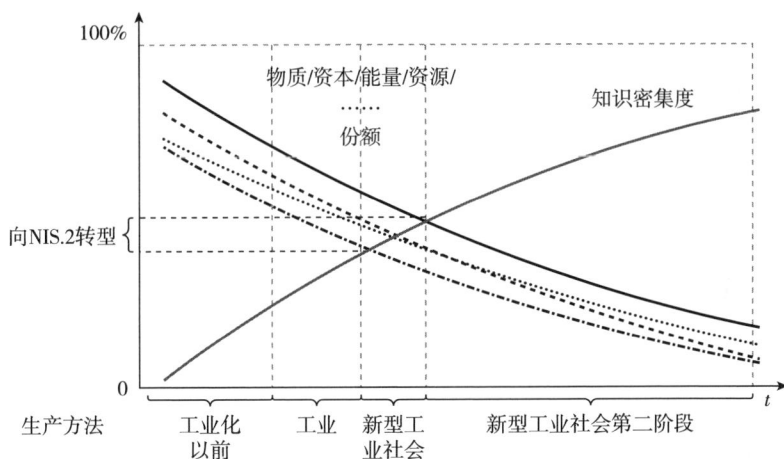

图 4-1　变化产品中各成分所占份额的历史性 [2]

---

[1]　在俄罗斯科学院社会科学部的一次会议讨论中，这幅曲线图被称为"博德鲁诺夫十字线"。Grinberg，R.S. 智能工厂需要智能人员和智能经济 [J]. 俄罗斯的经济复兴，2016，4（50）：155.

[2]　博德鲁诺夫，S.D. 新型工业社会：生产、经济和科研院所 [J]. 俄罗斯的经济复兴，2016，2（48）：11.

许多实例证明这个时刻已经到来，"这个时刻到来了！"① 以 iPhone 为例，根据苹果公司的数据，其产品的物质成分仅占总成本的 4.8%。这样的物质—知识比在多数高科技工业产品中是普遍的，这清楚地表明一个明确趋势的出现。

这一趋势的进一步发展将导致潜在的（并非自动下降，因为这取决于人们需求的转变）资源需求下降，资源生产国在全球经济中的地位将随之变化。从全球自然资源平衡的角度看，这意味着减轻了自然保护区的负担，催生了保持（和恢复）环境平衡的新发展机会。

基于上述讨论，我强调指出，知识已经成为主要资源，还将成为未来最重要的资源。如今，石油、天然气和木材被视为各国竞相争夺、竞争的重要对象。不过，未来的竞争不会集中在木材上。形象地说，木柴是不重要的。重要的是点燃它的手段，也许确保产生最大能量的燃烧方法才是最重要的。另外，还要求生产单位产品所需的能量较少。新的、能量密集度较低的技术将问世并予以应用。目前盛行一种新型生产模式，即知识密集型生产，它基于知识密集型技术，可确保其生产的知识密集型工业产品能够满足人们不断增长的需要，包括对定制产品的需求。这种生产模式不同于以往的大规模、标准化生产。这种生产模式的实现有赖于对其各种成分的充分认识，这些成分包括物质、劳动力、生产过程的组织、市场条件以及我们认为非常相关的应用科技（我们稍后将探讨它们的特殊作用）。有着鲜明、"纯粹"形式的知识现已成为众人关注的焦点，并将长期保持下去，作为工业、技术和社会发展的主要资源。

4.2 现代科技发展的特征，第六技术模式

世界开始了新知识竞赛，打开了科技发展在一些新方向上取得突破的可能性。生物技术、基因工程、替代能源、纳米技术以及增材制造、认知和社会科技发展很快，改变着这个传统的机器世界的面貌。我们正见证着向混合技术时代转型，② 在这个时代，各种机器和非机器技术形成各种各样的结合，用来管控

① 在 S.Y. 维特新型工业发展研究院同事们的配合下，作者计算出了自动化工业中单位份额无形成本的动力值。鉴于缺乏长期意义上可比较的数据，这些数值不完全正确，因此没有在这里给出。不过，这也足以确定总体趋势。

② 2018 年 2 月 4 日，Google 就 "gibridnye tekhnologii"（俄语 "混合技术"）提供了 714 000 个搜索结果，就 "hybrid technology"（英语 "混合科技"）提供了 497 000 000 个搜索结果。这些链接提及混合技术在下列领域的应用：工业处理、自动化工业、医药、人工智能、种子播种前预处理、电子系统安全保护、核能海水淡化厂等。很难想到有不能利用混合技术的领域。不过，对于 "混合技术" 这一术语，我们未在俄语或英语在线资料中发现其通用定义。

和引导自然过程，以便实现预期的目的。这将为新的技术革命到来铺平道路。

在确定工业发展战略时，切记物质生产的变化是系统性的、全面的和相互关联的。现在，让我们认识一下在创建适应 21 世纪前沿科技的新型工业系统时应当考虑的一些主要变化。

在不久的将来，工业发展的主要特征是：

- 更新技术过程的内容；
- 工业企业结构的变化（微观层次）；
- 工业自身结构的变化（中间层次）；
- 整体经济结构的变化；
- 生产组织／地理定位方式的变化；
- 新型工业合作的出现；
- 生产与科教的进一步融合；
- 转变观念，真正认识到生产领域创新进程的连续性；
- 建立着眼于工业与科技进步的新型经济关系和相关机构；以及
- 国际经济关系变革。

我们不应仅满足于掌握用来制造旨在满足现代要求的新产品的技术。有必要在产品质量管理、运行管理、物流和人力资源方面采用新的标准。变革应涵盖生产过程的所有要素：生产组织、技术基础、制成品，当然还有工业劳动的设计与质量。例如，从改变工业生产组织的性质和形式角度看，值得关注的是 20 世纪后期以来逐渐盛行的生产定制化趋势，以及客户导向型生产组织方法。

21 世纪工业面临的主要技术挑战是：

- 加快新技术提高劳动生产率和降低生产成本的步伐；
- 加强生产、技术和产品的定制化；
- 将产品制造模块化普及各生产领域；
- 加快生产的知识化、电脑化和自动化进程；
- 网络技术的发展以及网络准则在生产组织中的实施；
- 生产的小型化／精简化；
- 逐渐趋向低成本、无废弃物型生产模式的趋势；
- 科技成果从研发到生产以及在不同生产领域之间的转让转化速度不断加快；

- 开发者与制造者之间的工作关系越来越密切，科技成果转化为产品所需的时间越来越短；
- 拓展劳动知识化的领域，特别是高科技领域；
- 产业集群化；
- 生产过程参与者的个人特征、动机特征、心理特征、社会特征和其他特征的作用不断增大；
- 生产新产品的劳动力成本降低，产品开发成本增加；
- 生产盈利结构向着侧重于科技密集型高附加值产品的方向变化。

最大的挑战是某些技术领域的生产定制化原则，如机床制造、（民用与军事）航空工程、重型工程领域的生产定制化原则。生产定制化以及生产者与具体客户密切关系的建立是现代信息与通信技术实际应用的一部分。互联网的发展导致了无数网站的创建，而这些网站的创建使企业对企业（B2B）以及企业对客户（B2C）的沟通成为可能。客户与生产商直接联系的有效工具就这样产生了。辅之以根本性新技术（虚拟工程、计算机可视化、3D 打印等）的广泛发展，这一工具在不久的将来以几乎不产生任何废弃物的方式生产客户定制的工业品，并在接受客户定制后几乎立即交付。

同时，生产定制化有助于向网络准则转型，这种转型不仅发生在商业方面，还发生在物质生产过程的组织方面。这种转型便利了制造商与供货商以及分包商和外包商沟通渠道的迅速建立和改变。因此，制造商能很快按照具体客户的要求制造相应产品，然后及时转向为其他客户、用户、市场等设计的产品。网络组织有助于实现更广泛的生产定制化。可见，这些过程是相互促进、不断加速的，表现出雪崩般的特点。

为评估这次技术突破的特征，我们采用基于 S.Y. 格拉谢夫和 D.S. 利沃夫（两人均为俄罗斯科学院院士）技术模式理论的方式。[1] 根据俄罗斯科学院进行的研究，世界上各主要经济体现正在第五技术模式的基础上向第六模式迈进，而俄罗斯经济基本上停留在带有第五模式某些特征的第四模式。

第五和第六技术模式是以科学知识的实际应用为特征的。甚至还出现了一个新概念，即基于知识的经济。科学知识对附加值的贡献率不断上升。因此，"创新"这一术语得到了广泛使用，它所指的并不仅仅是某种新产物，而

---

① L'vov, D.S., S.Iu.Glaz'ev. 管理科学进展的理论与应用 [J]. 经济学和数学方法，1986: 5.

是指通过科学知识的实际运用创造出来的前所未有的东西。

我们正见证着向第六技术模式的转型，届时呈现在我们面前的将是一个由生物工程、纳米技术、自动化技术和新医学塑造的新世界，这些技术将把我们的预期寿命、生活质量、虚拟现实技术等提高数倍。日后将发展成为未来经济的基础的技术轮廓正在形成。根据专家估计，如果保持现有的技术与经济发展速度，第六技术模式将于21世纪20年代形成，21世纪40年代将进入成熟阶段。一场新的技术革命将于2020—2025年开始，这是由上述领域（很可能还有其他领域）的成就相互融合和综合利用触发的。

现在，我们还不能预见这次技术革命导致的具体社会转变，因为它的基本技术框架至今仍很模糊。但是，有一点我们可以肯定：与以往的技术模式相比，第六技术模式将在更大程度上基于科学知识的产生和在生产领域的应用，其目的在于制造高度知识密集型产品。

知识密集型物质产品构成了21世纪新型工业经济主要资源和产出的新特质。这种产品既有信息产品的特征，也有"传统"物质产品的特征：它承袭了前者的信息成分，当然也承袭了前者的许多特性和问题；它承袭了后者真实、客观的效用，既用来进行进一步的物质生产，也用来塑造它所要求的人的品性。

知识密集型产品的特征可从产品（复杂性）层次的角度定义。[①] 工业生产发展的总体趋势是自然能源和自然生产力的使用量大幅下降。而且，生产所用原料的单位消费量通常不断下降，而知识在产品构成中所占的份额急剧上升。归根结底，正是运用到产品中的知识决定着该产品的层次、消费者特性和特征或该产品满足人们不断增长的需求的能力。

从产品复杂程度角度看，信息技术、生物技术、纳米技术和认知科学的融合、趋同和相互影响尤其重要。这种现象称为NBIC聚合（其中N表示纳米技术，B表示生物技术，I表示信息技术，C表示认知技术）。这一术语是米哈伊尔·洛克和威廉·班布里奇在2002年首先使用的。他们合著的《聚合四大科技提高人类能力》报告被视为该领域最重要的著作，已由世界技术评估中心

① 关于本概念的定义，博德鲁诺夫，S.D. 未来。新兴工业国家：重新装载［M］. 莫斯科：文化大革命，2016：13–14.

出版。[①] 该报告扼要阐述了 NBIC 聚合的具体情况、在全球文明发展中的作用以及在进化及文化塑造方面的重要性。

该报告还提出了将社会科学吸纳进来的 NBICS 聚合概念。[②] 这一做法在西方和俄罗斯学术界得到了一些支持，[③] 但迄今为止并没有证据表明社会科学对解决与上述聚合技术的发展和应用有关的问题有很大帮助。社会科学领域的学者致力于解决源自新科技的社会问题，而不是研究并提出将社会学知识融合到这类科技的发展中的方式方法。很有可能将新技术浪潮融合到新社会环境中的迫切性尚未被人们觉察到，不仅一般公众没有觉察到，社会科学领域的学者也没有觉察到。

NBIC 聚合可用显示各项最新技术有哪些交集的示意图表示。这类示意图是以基于相互参照和聚类分析的学术出版物和可视化方法给予的分析为依托的。[④] 各项最新技术的主要领域置于示意图的边缘和交汇处。在交汇处，某个领域的工具和成果用来促进另一个领域。而且，科学家有时会揭示不同领域研究对象的相似性。

鉴于上述相关性和现代科学的跨学科性，NBIC 的某些领域（从长期角度看）有望融合为一体，成为知识体系中一个单独的技术领域。

该领域将探究几乎任何层面的知识：从物质的分子性质（纳米）到生命（生物）、思维（认知）和信息交换活动（信息）的性质。

鉴于此，现将 NBIC 聚合的特征列示如下：

- 上述科技领域密集的相互作用；
- 相当强大的协同作用；

① Roco, M., W.Bainbridge. 聚合四大技术提高人类能力概述。提高人类能力的聚合技术：纳米技术、生物技术、信息技术和认知科学［J］. Arlington, 2004: 1. http://www.wtec.org/ConvergingTechnologies/Report/NBIC_report.pdf.

② Spohrer, J. 旨在提高人类能力的 NBICS（纳米技术—生物技术—信息技术—认知科学—社会科学）聚合［C］. 2004；机遇与挑战. M.Roco, M. 与 W.Bainbridge. 提高人类能力的聚合技术：纳米技术、生物技术、信息技术与认知科学［C］. Arlington, 2004: 102. http://www.wtec.org/ConvergingTechnologies/Report/NBIC_report.pdf.

③ Koval'chuk, M.V. 聚合科技——走向未来的突破［J］. 俄罗斯纳米技术，2011: 6（1–2），21. http://www.nrcki.ru/files/pdf/1461850844.pdf; Koval'chuk, M.V., O.S.Naraikin 和 E.B.Iatsishina. 科学聚合与新智慧圈的形成［J］. 俄罗斯纳米技术. 2011: 6（9–10），10–13.

④ Borner, K. 等. 科学的结构与演变概述。服务于健康的知识：充分利用现代科学管理知识［EB/OL］. http://grants.nih.gov/grants/km/oerrm/oer_km_events/borner.pdf.

- 研究领域广泛，从物质的原子层面到智能系统几乎无所不包；
- 识别个人和社会发展技术潜力的质化拓展前景。①

尽管非机器性技术（如生物工程）的作用和重要性越来越大，但第六技术模式仍未超越工业生产框架。试图将基于非机械原理（如声波——超声波和次声波、电磁场，射频辐射、等离子体或基本粒子通量等原理）运行的生产设备划入非机械类设备②从逻辑上说是有缺陷的。这一立场的支持者宣称，非机器性装置（不同于带有人造运转要素的机器）将自然过程作为其"运转要素"。然而，发电机促成的电子在电线中的运动恰如由铁分子和碳分子组成的车床刀的机械性影响一样"自然"。如果我们用"天然"钻石取代车床制造的刀具，车床就不是机器了吗？

聚合（混合）技术将与自然相互作用的机器原理和非机器原理结合起来，以最低的物质成本制造满足人们需要的产品，这相当于为工业生产提供了第二次机会。将新型机械（打印机）技术与信息技术和虚拟现实工具（3D 打印）融为一体的新技术开辟了广阔的机会。也许这将导致增材制造技术应用的急剧上升和传统加工行业所占份额的下降。采用"破坏性"或"削减性"操作技术（如切割、碾磨和锉削）进行原料加工将被通过"增材"法制造产品的方式（基于 3D 模式进行结合或构建，通常采用层层叠加的方式，旨在制造预期产品）取代。

我们应切记：某些传统的工业技术也被划为"增材"型，如铸造、某些建筑材料的烧结和粉末冶金。这些技术现正与 3D 打印技术融合在一起。现在，我们已经看到能够打印整个建筑与设施或至少能够打印这类大型组合件的 3D 打印机的问世。我们现在正用 3D 打印机生产的构件建造房屋；最近，一台俄罗斯产的 3D 打印机在雅罗斯拉夫尔首次用于建造整栋房屋。③Specavia 公司利用同一家企业生产的一台 3D 打印机在丹麦建造了一座完整的办公及酒店建筑。④

---

① Praid，V. 与 D.A.Medvedev. NBIC 聚合现象：现实与预期［EB/OL］. 俄罗斯超人本主义运动的互联网出版物，http://transhumanismrussia.ru/content/view/498/110/，2008.

② 机器与非机器技术：本质、历史和前景［EB/OL］. 互联网期刊"Naukovedenie"，3，8–11.URL: https://cyberleninka.ru/article/n/tehnika–mashinnaya–i–bezmashinnaya–suschnost–istoriya–perspektivy/pdf.

③ 欧洲第一个 3D 打印住宅建筑在雅罗斯拉夫尔推出（2017 年 11 月 12 日）。https://specavia.pro/。

④ 欧洲第一个 3D 打印建筑开工（2017 年 11 月 12 日）。https://3dprinthuset.dk/europes–first–3d–printed–building/。

增材制造技术涵盖多种制造方法（挤压及喷气动力型给料、薄板层压、光聚合成型、粉末合成及直接局部能量释放）和材料（塑料、新塑性材料、金属、复合材料、混合材料、金属铸造工艺用材料、陶瓷、测试用材料等）。[①]

3D 打印技术已经与生物技术相结合，用来制造临床移植用的 3D 打印人体器官。迄今为止，已在医疗上使用的，除假手外，仅有用来取代人的骨骼和软骨的由人造材料制成的生物假体（填充物）。目前，（肝、肾、膀胱和皮肤）组织生长促进试验仅用于药物试验；但很明显，这正是未来的技术（见图 4-2）。[②]

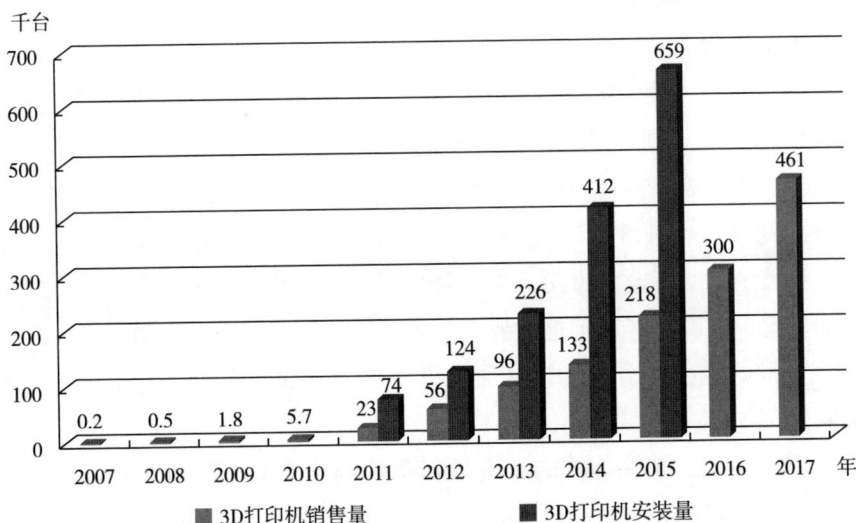

图 4-2　3D 打印机销售量和安装量

资料来源：有关 2007—2016 年情况的资料：Long L.（2018 年）。《3D 打印势将继续超过传统制造业增长》，2018 年 5 月 8 日，URL: https://www.engineering.com/AdvancedManufacturing/ArticleID/16873/3D-Printing-Is-Poised-to-Continue-Outpacing-Growth-of-Traditional-Manufacturing.aspx。

有关 2017 年情况的资料：Long L.（2018 年）。《2017 年 3D 打印机销量达 50 万台，预计到 2030 年有望实现年销售 100 万台的目标》，2018 年 4 月 6 日。URL: https://3dprintingindustry.com/news/half-million-3d-printers-sold-2017-track-100m-sold-2030-131642/。

---

① 如要查阅增材制造技术能力评述，Prosvirnov, A. 新技术革命即将开始［EB/OL］. Agentstvo ProAtom, http://www.proatom.ru/modules.php?name=News&file=article&sid=4189, 2012-12-11.

② 在 3D 打印机上生物打印人体器官，它是怎样运行的？（2017 年 11 月 12 日）。https://make-3d.ru/articles/biopechat-organov-na-3d-printere/. "3D 生物打印解决方案" 网站上的有关文章：Yusef Khesuani 访谈（2017 年 11 月 8 日）；公司员工在北京年度生物制造大会上的报告（2017 年 10 月 27 日）。http://www.bioprinting.ru/。

到达第六技术模式的前沿进而成为科技领导者显然是极为困难的。

即使像俄罗斯这样的国家也无法应对这一挑战。目前我们与科技领导者的差距实在太远了。例如，2015 年，美国的第五技术模式产能所占份额为 60%，第四技术模式为 20%，第三技术模式不足 15%，第二技术模式仅为 1%。总产能的大约 5% 属于第六技术模式。

从技术角度看，俄罗斯经济的差异化极大。根据俄罗斯科学院的数据，50% 以上的技术与第四技术模式有关，33% 属于第三技术模式。第五模式技术所占份额约为 10%，第六模式技术现仍处于萌芽阶段。为在未来 10 年里成为技术领导者，俄罗斯不仅要实现第五技术模式的生产，还要进一步提升到第六技术模式。跨入第六技术模式是可能的，但这有赖于经济体制的一些深刻变革。必须本着优先促进高科技行业增长的原则对经济发展重新定向，加快对研发领域的投资，重新分配资金流量。

这些当代生产设施的产出应相当可观。俄罗斯需要的不仅是"技术突破"，还需改善当代物质生产的各种成分（材料、劳动力、知识的生产与应用、生产的组织等）。只有把这些事情做好后，我们才有资格谈论怎样走向新型工业社会第二阶段——NIS.2。这正是俄罗斯因其国民经济被苏联解体后史无前例的 30 年去工业化行为搞得千疮百孔、急需在新科技基础上对经济进行再工业化的原因，我们曾一再探讨这个问题。[①]

4.3 从技术变革到物质生产系统的变化

技术变革不断加快，进一步加快科技成果向工业生产转移转化的步伐，积极推动创新步伐——这些趋势构成了 NIS.2 的工业社会新阶段的发展图景。许多迹象表明，工业生产发展的新阶段正在向我们走来，这尤其表现在创新性活动的要素，如技术成果转移转化，已经开始融入生产过程中，这种融入并不是偶然或断续发生的，而是已经成为当今工业的组成部分。

知识密集型技术和相关生产资源越来越大的作用，以及加快其发展与改

---

① 博德鲁诺夫，S.D. 俄罗斯再工业化战略的制定［M］. 圣彼得堡：S.Y. 维特新型工业发展研究院，2013；博德鲁诺夫，S.D.，V.N.Lopatin. 俄罗斯创新性发展的再工业化战略与政策［M］. 圣彼得堡：S.Y. 维特新型工业发展研究院，2014；博德鲁诺夫，S.D. 俄罗斯再工业化战略的制定［M］（第二版）圣彼得堡：S.Y. 维特新型工业发展研究院，2015；博德鲁诺夫，S.D.，将生产、科学与教育以及俄罗斯经济的去工业化融为一体。国际会议资料汇编："俄罗斯生产、科学和教育的复兴：挑战与解决方案"［M］. 莫斯科：LENAND 等，2015.

进步伐的实际需要，导致了宏观经济结构的变革。传统的工业系统是由工业生产和服务提供两部分组成的，其中后者从属并服务于前者；这一系统现正被以生产知识密集型产品的新型工业体系为主导的第二代工业经济所取代。新模式不仅要有生产上述产品的工业，还要有创造知识行业，以及教育人们掌握知识并将其运用到物质生产中的行业。因此，21 世纪的经济应基于在微观和宏观层面上涵盖下列方面的复杂体系（见图 4-3）。

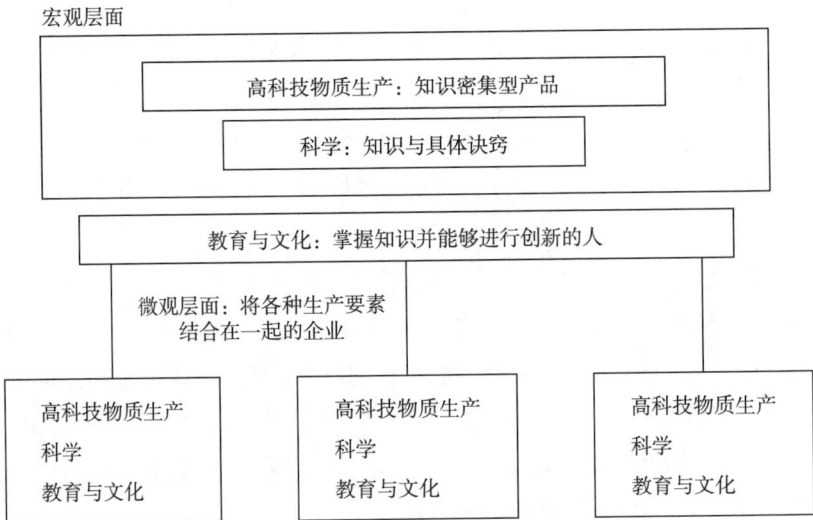

图 4-3　21 世纪的经济复合体

- 生产知识密集型产品的高科技物质生产；
- 创造专业知识的科学；
- 对人们加以塑造，使其掌握必要的知识并能够将其运用到生产中的教育与文化。

尽管物质生产依然是根本性的，但在新模式下，生产发展的主要动力是人们对外部世界的认知。自从人类将自己与动物区分出来而成为社会性生物以来，认知就成为人类固有的不可剥离的特征。

我们一再强调，除其物质基础外，通过生产活动取得的任何产品，还含有无形的要素，即知识。它存在于生活过程的所有成分——物质、技术（生产手段）、生产组织，以及生产过程中的人类劳动。所以说，除物质基础外，知识也是产品的组成部分。

人类在探索世界的过程中，逐渐认识到自身的需要以及满足这种需要的方式方法。人类在扩展其对世界的认知过程中，不可避免地提高了对自身需要的意识，这促使他们寻找满足这种需要的方式方法，从而增加了这方面的知识。我们也可参照上帝造人的说法理解这一点：上帝创造了人类，但他留给人类的工具使人类只能满足部分需要；一旦人类能通过新知识更好地满足需要，新的需要就会产生。人觉察到的新需要与不可能立即满足这种需要之间的矛盾推动着人类的活动，使其逐步走向彻底满足需要这一（不断后退的）愿景！

因此，知识向人们提供了认识宇宙秩序性的基础，而人类能够意识到他／她不断扩大的需要以及寻求（获取相关知识并探索）满足这些需要的方式方法才是推动人类进化直至脱离动物界、推动人类发展和推动文明进步的主要力量。

人类在自身的发展进程中，逐渐意识到自身不断增长的需要，并探索满足这些需要的方式方法。人类获取的知识可以说是无限的，它向我们揭示所寻求的答案，也为我们提供了更宽广的视角，从而形成了新的需要。在认知的每个阶段，一个人的视角仅受限于他／她现在对该视角的认识能力。

这是包括科技进步和社会关系发展在内的人类发展的本质。在积累知识过程中，人类逐渐脱离了原本的自然环境，而其积累的知识则充当了实现这种脱离的工具。知识使人类得以对抗大自然的力量，改造自然环境，以便使它适应人类的需要。我们逐渐摆脱了作为一个人的自我意识，走向不断扩大的改造活动，直到有意识地改变我们自己。人类逐渐发展出利用并改造事物自然特性的能力，并运用这种能力改造自身的特性，这表现在提高获取知识的能力，维持健康，干预身体机能以改善身体状况，等等。

实际上这也解释了我们是怎样获取知识并将其应用于生产的。我们首先运用了对某些机械力的理解，后来我们又认识了知识密集程度更高的电力，而现在我们运用信息与认知资源获取更多的知识。应精确测定人类获取并应用于生产的知识与人类使用的信息之比，这将在日后发挥重大作用，因而我们在此对其进行更为详尽的探讨。

从认知角度（也许用"意识"一词更为准确）看，知识既发挥着认知作用，也发挥着沟通作用。后者事实上就是我们所称的"信息"。信息相当于除直觉以外的知识（认识）。信息是从一个人转移到另一个人的知识。这种转移不可避免地伴随人际沟通过程中的信息损失。知识比信息宽泛，但这种差异取决于沟通的准确性、沟通工具的质量和沟通内容的知识密集程度。费奥多尔·丘特切夫在其诗作《沉默》中给出了一句后来广为人知的格言："想法一旦说出来就不是真的!"也就是说,在这位诗人看来,用来沟通信息的语言工具是有缺陷的。他说得对!语言是一种有缺陷的表达工具,我们的想法中包含的知识总是比用语言表达出来的更多。根据一些估计,书面方式表达我们想法的准确率为14%,直接的语言沟通最多能保证60%的准确率。[①]

因此,我们可以认为,信息是(沟通过程中)传递的知识,也就是说,信息是知识的一部分。信息载体对近乎纯粹的知识的干扰取决于该信息载体的缺陷(扭曲)程度,因此可以说,信息是近乎纯粹的知识经历上述干扰而形成的结果。例如,与语言器官相比,健康的头脑对知识的扭曲程度较低。沟通中的任何障碍,无论其性质如何,都会扭曲信息。又如,对无线电波的干扰因无线电波的波长和环境不同而不同。减少干扰有助于更准确地传输信息,减少对原信息的扭曲。

知识可应用于任何事物。如果应用于运行过程(这里指该术语的传统经济意义),则代表技术,或技术领域。随着知识传输工具的改进和传输过程中的干扰减少,该领域一直在不断扩大。我们所称的技术只不过是知识中传统上自成一体的部分。如果应用到行为规范中,知识同样代表一个领域,即人类活动领域,我们称为文化。随着知识获取和应用情况的改善,该领域同样在不断扩大。从这个角度看,文化只不过是用来创制人类精神与道德规范的知识中传统上自成一体的部分。这里所说的文化包括两部分,一是行为规范(顾及他人利益),二是文化生产和文化活动,如艺术作品和节庆活动。技术与文化这两个领域的交集是创造圈,即改造和创造领域(从人们向来有着明确理解的前现代或现代早期艺术观念角度看,它是指围绕创造者的领域!)整个创造圈及其各部分以其特有的方式(创作、服务、艺术作品、观念、观点等)满足着人们不断增长的需要。

然而,人这个同时具有生物性和智慧性的二重性生物依然是一个有着统一性的存在。一方面,人是一个生物体,必须维持自己的生存;另一方面,人有大脑,而大脑早已成为人生命中的一个决定因素。这正是将旨在满足物质需要和物质期望的生产与创造和表达社会性和精神性的文化真正融为一体之

[①] Orekhov, V. 预测:从人类的过去到未来 [M]. Zhukovskii:MIM LINK, 2015. https://books.google.ru/books?id=ATjBAQAAQBAJ&printsec=frontcover&hl=ru#v=onepage&q&f=false.

所以重要的原因。科学与教育也是它的组成部分，而不是与其相脱离的单独存在。科学包括有关自然的知识，技术正是源自这种知识并利用这种知识发展起来的。没有被技术用到的部分则归类为基础知识。科学还包括有关社会和文化的知识，其中包括有关其在哲学、语言学甚至神学等领域的起源。这方面同样有两个部分，一部分直接用于创造人类社会与文化，另一部分则是更为基础性的。在教育所及的范围内，各种事物越发明晰——它们可谓"两个主人的奴仆"。教育使原本无知无识的人明达事理，娴于实务（技术）和善待人（文化）。

因此，从本质上说，知识充塞于人生的各个方面。不过，鉴于在目前的社会发展阶段，生产决定着其他所有方面，我们首先探讨知识在生产过程中的作用。

值得注意的是，纵观社会发展的历史，知识在各生产成分和产品本身中相对份额的持续上升向来是以"物质"部分的相对下降为前提的。然而，正如我们此前指出的，如果我们就此断定物质生产的决定性作用行将成为过去，那我们就错了。更为恰当的结论应该是：物质生产产品中的知识密集程度一直在持续提高，由此发生了向截然不同于以往的新型物质生产转型。

这就是未来 NIS.2 的前景。摆在我们面前的关系到这一直接前景的问题是：下一步是什么？

我们必须思考这个问题，因为这"下一个"正在产生，它是人类和社会面临的重大挑战。

新生的新型工业社会第二阶段将解决前一阶段的诸多矛盾（并非全部矛盾，一些关系到人生目的的最深刻矛盾依然存在），也会带来一些新矛盾。人们生活的技术化以及人本身就是其中之一。实现环境平衡的努力意味着技术侵入生命活动领域，这一举动风险很大。因此，有必要从更宽广的历史视角审视未来，探求将技术理性与精神智慧结合起来的发展道路，这首先体现在目标与目的的设定上。生产不应以追求扩大消费或单纯的资本积累为基础。生产应当置于人的理性指导下。然而，人的理性也要与时俱进，改变目前的等级制观念。从这个意义上说，沃尔纳德斯基的智慧圈理念是对这一新型社会状态富有远见的设想。

NIS.2 将我们带入了新的时代：人类开始将自己从生产活动中解放出来，并在历史上首次将自己从对日常生计的焦虑担忧中解放出来。同时，生产正在丧失其经济意义。智慧型社会阶段的突出特征是生产也丧失了其作为基础社会结构性或决定性要素的历史重要性。随着人类突破物质生产的藩篱，生产正逐渐被就挤出历史舞台。

同时，尽管物质生产发生了质的变化，但它在技术上大体保持着工业性质，并继续依靠机器生产。不过，机器生产也不再是以往的"工厂体制"，这表现在员工不再作为"机器系统"的附属物而劳作。这种 19 世纪的旧体制确实顽强地进入了 21 世纪。不过，目前出现的与物联网密切相关的工业 4.0[①] 和智能工厂堪称新型机器与工业生产——无须人直接介入的无人化生产——的先声。从旧式工业体制向 NIS.2 转型的根本性差异是生产的知识化以及生产与产品的知识密集程度。

这种新型工业生产方法具有很高的知识密集度，降低了物质及人力劳动成本的重要性，使人们在工业生产中几乎不再使用体力，甚至也不再利用石油甚或铀等自然产品提供的动力。反观以前，人是在工业生产过程"内部"以操作者或管控者身份开展工作的（即使他们在智慧型工业生产中从事知识化程度不断提高的职能时也是如此），而在智慧型工业生产中，他们终将脱离生产。

向新技术转型将改变生产的性质和经济的总体结构：雇佣模式将经历急剧的变化，人们的需求结构将显著地遵循人们的活动动机演变。据预测，这种变化并非发生在遥远未来的某个时间，并非发生在即将到来的 NIS.2，它们就发生在我们的眼前。

4.4 向知识密集型产品转型和经济的结构性转变[②]

正如我以前所说，逐渐展开的新技术革命正在引领我们进入新型工业社会第二阶段（NIS.2）。这将是一个截然不同于现在的社会。首先，社会经济关系的性质将会变化。人们将有截然不同于现在的、近乎无限的可能性满足其非伪需求。因此，被马克思主义经典著作称为资本主义的主要矛盾——生产的社会性与产品取用私人性之间的关系的重要性将大幅降低。生产将与人"分离"，

[①] "工业 4.0"概念于 2011 年首次出现于德国，它意味着将现代信息技术（大数据、人工智能、工业物联网以及在此基础上的自动化）引入工业技术［Klitou D.，Conrads J.，Rasmussen M 和 Probst L.Pedersen B.（2017 年）。德国：工业 4.0。数字变革监测器，2017 年 1 月，第 3 页。］

[②] 本章第 4.3 节基于下述著作第 15 章经修改的部分：博德鲁诺夫，S.D. 新型工业社会的到来：重新装载［M］.莫斯科与圣彼得堡：S.Y. 维特新型工业发展研究院，2016：260-282.

产品的取用将成为一种简单的、极容易获得以满足个人需要的行为，对他人没有任何损害。

随着逐渐展开的工业生产领域的科技进步，这种发展将成为可能。随着新一代技术的发展，人类不会从工业生产领域退出，而是将它作为管控和引导下的自然过程的基础。

信息技术使我们有可能将对各种工业技术（机械、物理、化学、生物等技术）的管控融为一体，以便应对更加复杂的任务，满足更加多样化的需要。但是，现代全球经济是否能够实现这种可能性？

许多人根据过去20年的统计资料，宣称除包括中国在内的某些地区通过粗放型而非集约型工业生产而得到发展外，全球经济发展一直在持续下降。然而，这些传统统计资料可能准确地描述了资本积累的速度，但没有抓住其他事实。在满足人们需要方面，情况看起来完全相反。就满足自身需要而言，人类可能实际上正在进入黄金时代。只要认真分析一下各个方面的情况，就会发现这是一个显而易见的事实。

让我们考虑一下旨在满足人们特殊需要的消费品的价值，如手表。它满足了人们想要立刻知道时间的需要。大概20年前，一只手表价格是100美元。手机大约就是在这时候出现的。假定第一批手机售价是1 000美元。当时购买了手机的人满足了他想与他人保持移动联系的需要。这样一来，当时满足了这两种需要的人创造了价值1 100美元的需求（指对手表和手机的需求）。然而，科技发展导致了技术的协同作用。很快，将显示时间和提供移动通信这两种功能结合在一起的新产品出现了；科技发展使我们有可能制造出这种以较低的价格满足两种需要的"一体化"产品。比如说，这种产品的价格目前是300美元。这样一来，一个希望满足上述两种需要的人将创造价值300美元的需求。这意味着，从统计数据的角度看，我们看到需求下降了——从1 100美元降到300美元；其实，全球经济运行也面临着同样的情况。

如果采用标准的统计方法，得出的最终结果必然是GDP下降（见图4-4）。一个显而易见的事实是，希望用300美元满足上述两种要的人远远多于有能力以1 100美元满足这两种需求的人。毫无疑问，有能力以300美元满足上述两种需要的人确实多于有能力以1 100美元满足上述两种需要的人。然而，希望满足上述两种需要的人数是有限的，因为希望用300美元购买上述新型产品的人在收入相对较低的群体中的占比小于在高收入群体中的占比，高收入群体愿意用 1 100 美元购买上述两件产品。如果这种趋势发展下去，用 300 美元满足上述两种需要的人们所创造的总需求终将低于有能力以 1 100 美元满足上述两种需要的人们所创造的总需求。鉴于消费人数是有限的，这种趋势迟早会导致统计指标下降。

最终，我们将会看到"核算"出来的预期结果与满足需要的现实有着根本性的差异。鉴于新的知识密集型产品集众多功能于一体，能够更好地满足人们不断升级的需要，我们现在看到的并不是经济增长下降，而是无数的可能性纷纷涌现（这是从满足人们需要的角度说的）。我们可以说是悄然进入 NIS.2，而这样的社会尤其体现在它能够越来越充分地满足人们不断增长的需要，这要归功于科技进步。

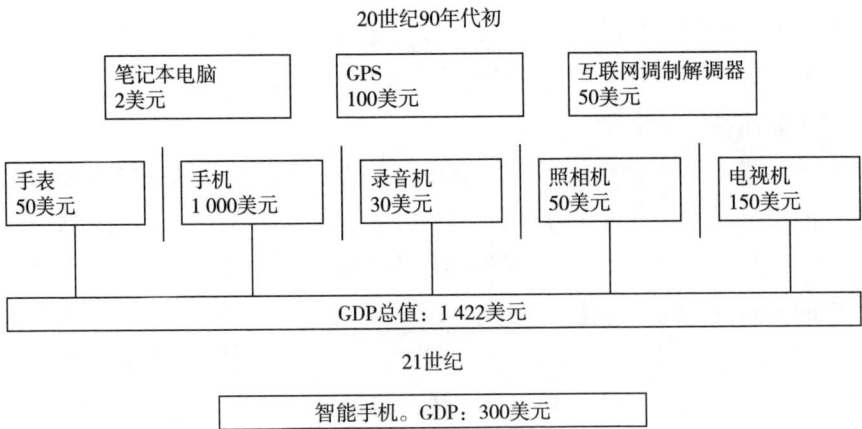

20世纪90年代初

笔记本电脑 2美元		GPS 100美元		互联网调制解调器 50美元

| 手表 50美元 | 手机 1 000美元 | 录音机 30美元 | 照相机 50美元 | 电视机 150美元 |

GDP总值：1 422美元

21世纪

智能手机。GDP：300美元

图 4-4　集多种功能于一体的新产品导致 GDP 下降

知识密集型产品就是这样逐渐演进，不断拓展其功能，以满足人们不断扩大的需要（例如，手表和电话机逐渐演进为智能手机，极大地拓展了既有功能）。科技进步意味着在 NIS.2，一个知识密集型产品就能满足以前由众多 / 若干工业产品满足的多种需要。这很好地说明了哲学上的"相互映照"原理在经济中的体现：上述对象的相互影响导致在满足旧的需要基础上产生新的需要。旨在满足当前需要的技术同时也打开了满足新需要的机会。

更全面地满足人们需要的机会纷纷涌现，超过需要本身的增长。顺便说一句，请注意这个旨在提醒我们不要用尽新产品全部潜力的问题：我们应该怎样利用新的选项，以防其被无谓浪费？

同时，鉴于 NIS.2 的知识密集型产品减少了满足单位"旧"需要所需的物质资源，而知识在知识密集型产品中的占比得以保持 / 提高，我们需要在满足自身需求和保护自然环境、克服生态问题之间保持适当平衡。

人类是否做好了迎接这种转变的准备？显然，现在对物质和其他财富的争夺不像以往那么激烈，这使人类更易于形成所谓"历史新时期人民共同体"——我们这是套用苏联时期一度流行的对苏联人民的称呼。然而，人的本性是不能在一夜之间改变的，这能做到吗？这难道不是铁一般的事实？这是事实，但并非全部事实！人是在发展的。在某些情况下，随着时间推移，个人会因为接受教育而发生很大变化。我们的主要"教育者"是文化，最广泛意义上的文化。而且，是文化与物质生产（根据经典著作，意为"劳动"）相结合创造了人类，而文化与新型工业生产相结合，将创造出"超越生产过程，接近实际生产"的下一代人，他们主要从事依靠脑力的活动。

我们本可以在这种乐观的论调中结束本节，但我们必须正视另一个严重关切：人类在未来新型工业社会的命运。

随着工业发展的集约化和新兴科技的全面推行，将有大批人成为多余而失去岗位。我们经常提到的一个问题是：他们应去向何处？预计社会冲突与紧张关系将会剧增，据称这是由于科技进步致使无数人失业造成的。然而，不会真的发生任何社会剧变。正如我们一再强调的，向 NIS.2 转型意味着一个重要特征的出现："进一步加快"并全面加快新型工业生产（知识密集型生产）各种成分和最终产品中的知识含量提升进程。不断加快的知识"生产"进程需要大量的人员，即劳动力资源。

在 19 世纪直到 20 世纪初，许多专家担心工业生产进步和在农业中应用工业技术会导致农村失业现象，使无数农民丧失生计。然而，这种情况并没有发生，因为从农业劳动中释放出来的劳动力（这得益于农业工业化）进入了当时正蓬勃发展的工业领域。同样的情况也会发生在 NIS.2 社会：一旦参与以前工业周期技术活动的劳动力从"老"工业圈释放出来，他们将进入知识生产领域，后者将在知识密集型生产各环节迅速、持续的增长。这个属于 NIS.2 经济的领域将迅速发展，并"进一步加快"；它将容纳从传统领域释放出来的大部分人力资源。

物质生产中知识密集程度的持续提高为新知识的技术应用提供了无限的空间，为在奔向 NIS.2 社会的进程中因劳动生产率提高而被排挤出传统工业生产和服务领域的人们创造了大量的就业机会。同时还要看到，劳动者从传统领域释放本身并不会促成后工业领域的发展。后工业领域的发展要求有助于提高新型生产知识密集程度的高素质人力资源。事实上，我们能够在生产领域、在新知识的技术应用中、在服务于这一进程的各行业（如教育、健康生活方式支撑体系、文化等）发展中发现不断扩大的就业空间（见图 4-5）。

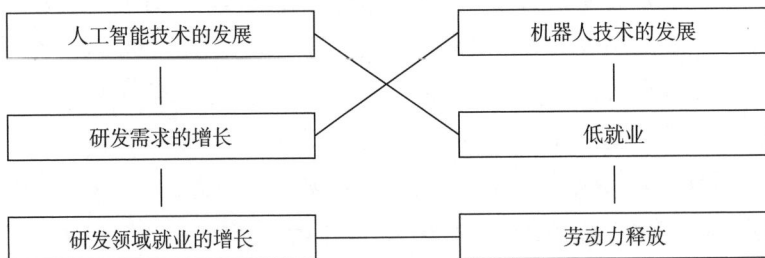

```
┌─────────────────────┐        ┌─────────────────────┐
│  人工智能技术的发展   │ ╲    ╱ │   机器人技术的发展   │
└─────────────────────┘  ╲  ╱  └─────────────────────┘
           │              ╳               │
┌─────────────────────┐  ╱  ╲  ┌─────────────────────┐
│    研发需求的增长     │╱    ╲ │        低就业         │
└─────────────────────┘        └─────────────────────┘
           │                              │
┌─────────────────────┐        ┌─────────────────────┐
│  研发领域就业的增长   │────────│     劳动力释放       │
└─────────────────────┘        └─────────────────────┘
```

图 4-5　新科技发展导致的就业结构转变

这种就业结构转变早已被 20 世纪的人文学者和 20 世纪 60 年代的科幻作家所预见，而现在我们正可作出同样的预测：

可以肯定的是，经济中的资源和生产领域不会消失。但在这种新型社会中，它们将从属于创造领域，以确保科技发展和工业生产自动化。工业和传统服务领域的就业岗位将大为减少，而创造性经济领域的就业机会将逐渐增长。资源将重新分配，通过各种手段将其从能源密集型生产和可操作领域转投到科学、教育、医疗保健、环境保护和艺术领域，以促进这些行业的发展。[①]

同时，我们应切记新技术会造成就业岗位和就业机会的减少。从传统领域释放出来的劳动者不能自动找到新工作，而且新的工作岗位也不是打个响指就能创造出来的。如果科技进步太快，社会不能很快消纳从传统领域释放出来的劳动力资源，就会造成很多人无家可归。因此，应采取一些协调行动，出台某种国家政策，确保人们适应新的社会形势。应该提供前瞻性的员工培训计划，向年轻人提供适当的职业咨询。

我为什么谈论这些？因为只有具备考虑到这些细节的国家政策，人们才能在新的生产合作中找到自己位置。否则，就不会产生社会自我意识，只能用以往惯用的令人厌恶的手段解决新的社会紧张；这类情况屡见不鲜，其特点为

[①] Eidman, I'. 全球危机与即将到来的创造性时代［N］. Open Electronic Newspaper，2010-02-15. Forum.msk.ru.http://forum-msk.org/material/assembly_articles/2469023.html.

一个集团剥夺另一个集团。这不是解决问题的有效方法，尽管现在实际使用的就是这种办法。这就像社会保障：一些人工作，另一些人受益。不过，就事态演进的总体方向而言，我觉得我们的前景或多或少地会变得正常些，因为科技进步不是自行发生的，也不是没有目的的，新技术的到来就是为了满足我们的需要。因此，消除社会紧张的需要呼唤着新的解决方法，包括技术性方法；这些方法终将化解社会紧张。我想，和任何历史进程一样，这条道路上也会有很多陷阱，畅行无阻的发展史是不存在的。我们要考虑到这一点。我们要进行必要的筹划，协调行动，采取循序渐进的方式。

举例来说，如果我们推行自动化——实际上这正是我们很快就要做的事情，许多人将会失去工作，他们需要找到一份工作，以免陷入悲惨境地。再举个更具体的例子：如果在化工生产领域推行自动化，直至引进"无人"技术，化工领域的专业人员就会失去工作，他们将去向何处？我们怎样调整这种情况？我们应向哪里寻求解决办法？

国家杜马已经提出了这类问题。2017 年 9 月 25 日，俄罗斯议会下院主席领导下的数字经济发展立法支持委员会召开了一次扩大会议。与会者讨论了有关机器人法律的问题。他们关心的是机器人与人的关系，机器人以其行动或因未予行动而对人造成伤害的可能性，以及自动化导致整个领域职位消失和失业人数增加问题。[1]

这种情况要求我们进行社会创新，以便我们能够在变化发生时消除上述紧张：简单说，我们要找出痛点，然后确定适当的解决办法。相关研究正在全球范围内进行，而且进行得极为活跃。这类研究集中于（各个领域）无人装置、智能家居、电网、电信和 3D 打印技术（在机械工程、电子、建筑、医药等领域）的发展。当今新兴的基本技术——许多已经"展现"在我们面前——拥有巨大的发展潜力；这些技术将通过向其他领域渗透和产生协同作用的方式直接或间接地影响周围的事物、人们沟通的结构和机制，乃至整体社会结构。从俄罗斯科学院的"国家科技举措"角度看，这一点尤其明显。[2]

---

① 索科洛娃，M. 机器人向人类逼近［N］. 议会公报，2017-09-28~10-05；Zamakhina，T. 机器人需要修正［N］. 俄罗斯报，2017-09-26：216（7382）.

② 参见关于新技术市场的资料：端到端 STI 技术（对市场发展影响最大的主要科技领域）. 国家科技举措门户网站. http://nti.one/technology/. 见前述有关 STI 技术壁垒的资料. 参见俄罗斯科学院网站（2017 年 9 月 15 日）. 叶甫盖尼·卡巴洛夫院士：俄罗斯科学是第六技术模式的知识和技术来源. http://www.ras.ru/digest/shownews.aspx?_language=ru&id=057a020d- 2e34-463f-bf00-a954b78d0611.

我们要大力进行强化培训和大规模再培训（这并非不可完成的任务；苏联历史上有过这种转变——事实上，20 世纪 30 年代就发生过这种情况，当时正是工业化时期）。这正是"新工业化"要求教育系统与其相配合的原因，这与工业化时期的做法相似。怎样配合？鉴于目前正处于向 NIS.2 过渡的过程中，劳动者应当不断补充新知识，确保其胜任自身的岗位职责，对他们不断进行再培训是必要的，也就是说，我们要创造一个作为持续过程的教育系统，这就是 O.N. 斯莫林所称的"终身教育"。①

然而，这个问题的解决似乎并不是一帆风顺、毫无阻碍的。科技进步需要进行大量研究，而这种需要恰值金融权贵唯恐失去对经济的控制。因此，他们要收买科技精英并向他们让渡一些利益，因此他们要将收买对象限制在一定范围。为将经济权力集中在尽可能小的技术专家圈子中，同时防止他们成为庞大且具有巨大影响力的社会集团，金融资本拥有者准备牺牲科技进步的机会。只要金融资本与技术专家的权力平衡向着后者倾斜，使技术专家能够动员足够的公共资源促其实现指数级增长，这种冲突是可以克服的。

---

① "我们要抛弃精英教育理念，不再设置专门面向富人和特别优秀者的教育系统，转而倡导全民教育和终身教育理念。"（斯莫林，O.N.，2012 年 7 月 5 日）终身教育：教育活动的立法与发展问题。2012 年 7 月 5 日在国家杜马教育委员会会议上讲话的记录。

第三部分

智慧型生产：挑战人类和社会的新技术

~~~

社会生产前景正在发生巨大的变化。新技术带来了前所未有的新机遇。但这种不断加快的演变也带来了新的风险。人类能否作出明智的选择？人类能否很好地利用这些机遇，避免那些易使人陷入危险的隐蔽陷阱？作出这种明智选择的前提是什么？

第 5 章

新技术革命的全球选择：技术型还是生物型？抑或是其他？

新技术为我们带来了诱人的前景：它不仅能改善人类的生活条件，还能改善其内在特质，使其超越短暂有限的肉体和被称为"大脑"的生物反射装置的限制。然而，如果不能就"为了什么"的问题给出现实可行的答案，它就会在不平等且毁灭性的消费狂欢中吞噬自身的未来。

5.1 新技术与公共发展的两个情境

科学家和公众越发意识到新技术模式能彻底重塑个人和人类社会生活，还能帮助人们发挥其潜力；这很可能有赖于现行社会秩序的彻底重构："我们越是思考技术革命的巨大裨益，越是深入探究我们自身以及新技术塑造或创造的基本社会模式，就越能更好地构建这场新的革命，从而将我们的世界建设得更加美好。"[1] 达沃斯世界经济论坛主席如此阐述他的观点。

然而，迄今为止，作为应用和开发新技术秩序的必要组成，建构全新社会秩序的需求只被模糊地谈及。如果不对这个问题进行根本性的研究，对待这个问题就会流于政治或意识形态机会主义主导的肤浅、外行的臆想。同时，在有了满足人类需求转型的新模式、新层次出现的技术前提下，需求形成机制也

---

[1] Schwab, K. 第四次工业革命——序言［M］. 莫斯科：Izdatel'stvo E，2017. https://www.litres.ru/klaus-shvab/chetvertayapromyshlennaya-revoluciya-21240265/chitat-onlayn.

随之发生变化。而这又引起社会关系和习俗风尚方面的巨大变化，最终引发决定科技发展方向的社会条件变化。

随着第六技术模式推动社会向新型工业社会第二阶段前进，相伴产生的问题和矛盾要求我们前进到智慧型社会阶段。这是因为，如果缺乏引导社会向建设性方向前进的有意识的社会管控，人类唤醒的技术力量就不能顺利前进。在研究从 NIS.2 向智慧型社会阶段转型前，有必要了解新技术革命的条件。这场革命与第六技术模式相联系，以 NBICS 聚合为基础，以数字化为核心要义。问题是，如果将信息数字成分应用于经济和技术落后的模式，其效果必将是微乎其微的。俄罗斯科学院院士、国民经济预测研究所主任维克多·伊万特尔明确表示："根据我们的预测，如果俄罗斯 GDP 年增长 1%~2%，数字化就只是个幻想。为向数字经济转型，我们的增长率至少不应低于全球平均水平，最好达到 5%~6%。"① 不深刻变革经济发展模式，就不可能达到提供数字化所必需的经济增长水平。

数字化问题的另一个方面是技术。仅应用第五甚至第三和第四模式的"数字化"技术当然也能有所裨益，但要在这场科技竞赛中胜出，就必须把信息数字技术作为 NBICS 聚合的融合性工具。

因此，在不忽视第五和第四模式技术数字化的同时，我们必须将现有技术全部纳入一个"数字空间"，以便达到更高层次的技术协同。此外，还必须通过 NBICS 聚合有意识地发展壮大第六模式技术，以便创造有效的数字化技术平台，确保成功提高生产的知识密集度，降低资源密集度。

穆迪分析师克里斯汀·林多也谈到这一点。根据她的看法，在全球金融危机前，数字革命被视为能够提高劳动生产率的主要因素之一。但在这场危机后，"这种观点发生了改变，因为技术领域同时发生的其他变化也是不可忽视的重要因素。"②

现在有可能启动这些变革吗？如果可能，应该从哪些经济领域入手？

在回答这些问题时，我们必须首先认识到科技和经济关系的变化也取决

---

① Ivanter, V. 缺少一个数字［N］. 俄罗斯报，2017–08–27，联邦发行号：7357（191）. https://rg.ru/2017/08/27/viktor-ivanter-cifrovaia-ekonomika-ne-porozhdaet-bezraboticu.html.

② 俄通社－塔斯社. 俄罗斯经济的数字化不能确保其经济增长，穆迪分析师如是说［EB/OL］. 2017-10-26. Portal finanz.ru. http://www.finanz.ru/novosti/aktsii/cifrovizaciya-rossiyskoy-ekonomiki-ne-obespechit-ee-rost-analitik-Moodys-1005725983.

于新型的人类活动和新型的人。

人类须作出其历史上最重要的选择之一：

——成为真正的"智人"，

——或走向死胡同，即受电子技术支配的社会①，一小撮精英不断满足其膨胀且基本上华而不实的伪需求，而大多数人则从业于越来越无足轻重的服务业，这将引发技术领域发展失控的危险。

我们之所以面临这个选择，是因为技术领域的发展超过了社会利用科技成果满足个人和社会可持续非伪需求能力的发展。形象地说，目前的公共心智就像一个玩弄手榴弹的猴子。人类极高的科技发展水平有可能对人类文明造成不可弥补的损害，除非公共意识中有能够防止损害发生的适当"平衡"。

所以说，我们面临着一场危机。随着技术领域的发展，许多负面趋向不断聚积。生物学意义上的人类栖息地陷入危险，而人类与技术圈的相互作用问题、人类对技术与信息环境的依赖越来越大，导致了人有点被"生化电子人化"（当然，现在尚未对人体进行生理性改变，但这也估计为时不远了）。无论作为生物性还是社会性存在，人类都面临越来越多的不安全因素。

我们的文明发展到了这样一个阶段：因为不断增长的人类伪需求消耗越来越多的自然资源，人造"技术网络人"（严格按有关"进一步加快"创新的法律界定其含义）的发展速度越来越快，致使生物多样性大规模迅速减少（见图 5-1）。

能够以建设性而不是破坏性方式实现科技潜力的社会将坚定地把其重点从传统资源（指物质性的有形资源）转向 NIS.2 的基本资源——运用于技术中的知识。从认识论角度看，我们要转变我们的重点和目的。

这里，有两种可能的情境：专家管理和智慧型社会。

第一种是"专家管理"。我们一直在这个方向上前进，至今望不到头。这种情境基于目前占主导地位的经济发展模式，它注重的是量的进步，而非质的进步。这基本上是一种原始的方式："我们需要的越来越多——肆意吞食却不与他人分享。"

---

① "电子技术社会——这意味着社会的彻底机械化，整个社会将全部精力和资源投入物质的生产与消费，听任计算机支配，通过电子介质传输讯息……人沦为庞大社会机器的一个轮齿"［Cohen A.（1990 年）．Love and Hope: Fromm and Education. 纽约：Gordon&Breach，第 47 页 ］。

飞速增长但基本上华而不实的需求
满足人为扩张的需求可能导致技术圈发展失控
有可能对文明造成不可弥补损害的极高科技发展水平
人类对技术与信息环境的依赖越来越强烈
人造"技术网络人"的发展越来越快，造成生物多样性迅速破坏
栖息地不断增加的技术负担
技术圈高度发展，但确保合理使用技术成果的公共心智发展滞后
对取决于文化含量和发展程度的合理行为管控乏力

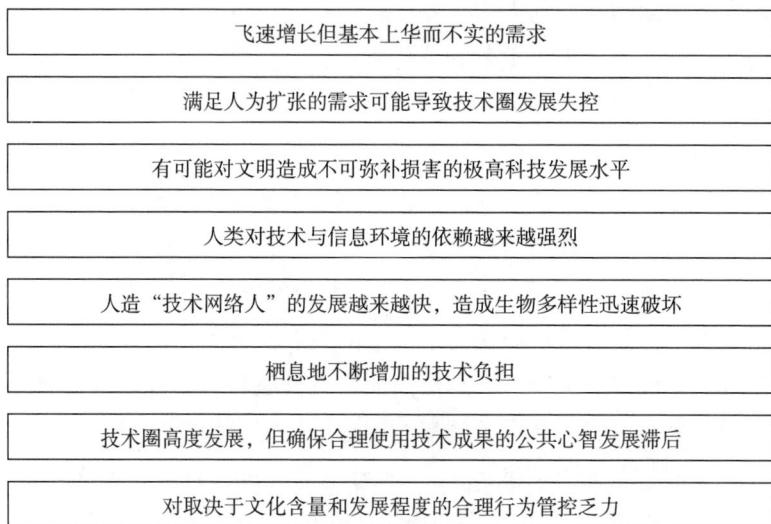

图 5-1　文明发展危机情境中的因素

我们如果不放弃这条现在全世界追随的道路，继续"宣扬"——正如趋同型社会发展论者所认为的那样[①]——那些冠冕堂皇的"主义"最好的一面，最终就会陷入资源战，直至用最先进的技术在战场上兵戎相见。

许多专家对此都表示担忧：

人类正面临这样一个窘境：如果我们继续沿着目前的道路前进，我们就会在可预见的将来用尽所有资源，到那时我们就会别无选择，只能重返过去那种近乎原始社会的生活：养牛、种庄稼、烧木柴，出行靠划船或骑自行车。这确实有点荒诞。这种情形也许不会在最近 10 年发生，但可能会在 30~50 年内发生。这样的未来看起来显然是不可避免的。但是，我们还有另外一条路，其要旨是：从技术角度看，我们应该继续作为大自然的一部分，依靠我们最先进的科技成果，在自然仿真条件中创造的新意义上用之不竭的资源和技术。人类正在接近这个时刻。[②]

第六代技术的推进不可避免地导致这样一个三难选择：为生存而改变技术、社会与经济体系，或听任该系统改变我们，或二者均加以改变。我想这些

---

① "这种类型处于资本主义和共产主义社会及其生活方式之间。它将吸纳二者的绝大部分优点，而摒弃它们的严重弊端"（Sorokin P.A.，1960 年）。美国与苏联相互聚合而形成混合型社会文化［J］. 国际比较社会学期刊，1960，1（2）：143.

② Koval'chuk，M.V. 科学与技术聚合——奔向未来的突破［J］.俄罗斯纳米技术，2011，6（1-2）：14.

趋势会并存，问题是哪种趋势会占主导地位。是拥有沟通与自我发展准则的人类自身吗？如果人类能将物质生活条件生产的大部分工作交由（来自即将到来的工业 4.0、人工智能系统等的）技术系统完成，则这是有可能的。

在这种情况下，人类将不再应对能够通过科技手段满足的需求，而将参与定义技术规格和目标设定。然而，生产方面的目标设定直接取决于社会的主导准则，而这些准则本身也是需要适当改动的。鉴于技术领域高度发展且相对独立于人类，制定目标的错误成本将非常高。如果这种目标基于传统的准则体系，则社会内部以及社会与自然界之间的冲突是不可避免的。

这种冲突的可能性源自科技进步本身。例如，通信技术和人工智能技术为人们之间的互动开辟了新的机会。人们之间的沟通有相当一部分转移到虚拟空间，其中互动的双方不再是人，而是与其原型截然不同的虚拟印记或虚拟标志（如头像、简介、账户……）。鉴于人工智能能够形成自己的语言，我们现在能够想象出一个充满虚拟标志且与自主沟通系统相连接的空间。

这是好事还是坏事？

在这种情况下，道德评价是极其重要的，因为我们谈论的是一个全新世界的道德问题，在这个世界里，我们能够将全部精力用于解决开创性的信息与认知问题，而将所有日常功能和次要功能交由虚拟身份完成。在配备了人工智能系统的条件下，这种虚拟身份能够承担起数据流的积累、加工和整理工作。具有自我学习能力的人工智能能够吸收新的知识，甚至能将其运用到新的对象。但人工智能不能发现全新的知识。因此，目前我们无须担心人工智能系统在发现知识方面与我们竞争（不像在现有的某些职业上，人工智能已经成为人的竞争者）。

即便如此，我们也不应忘记这些问题：谁是虚拟世界的使用者？如何以及出于什么目的使用？在虚拟空间中交流的目的是什么？否则，我们就只能坠入类似于反乌托邦科幻作家所描绘的虚拟恐怖中。

但还是让我们暂时放下反乌托邦的事，考虑一下第二种情境——智慧型社会，研究一下这个现象。

多数经济学家极有可能将其视为某种乌托邦。然而，多年来一直在研究论证再工业化必要性的我和同事们认为，科学家有望在不久的将来见证再工业化问题得到解决，至少是在积极设法解决。

这既是必要的，也是可能的，因为自然科学领域的专业人士信奉沃尔纳德斯基有关智慧圈的观点，并颇为自信地宣布："NBICS 技术的发展有可能触发人类进化的新阶段，即有目的、有意识进化的阶段。"[1]

发展到理性阶段的智慧圈概念几乎是不容置疑的。沃尔纳德斯基观点的要义是：从 20 世纪开始，人类逐渐成为主要的地质力量，是地球生物圈再生产的责任者。这一观点一再得到历史实践的确认，其中既有积极的，也有消极的。技术本源[2]（创建一个技术圈并向其填充技术物质和科技网络主体）现已在所涉物质和能量支出方面与生物创始相竞争。[3]技术圈已成为基本上独立于人类 / 社会管控的庞大力量。既然认识到这一点，就需要把这种力量重新置于社会管控下，以防止其自发产生的破坏性影响。这种责任有可能被社会主体接受，也有可能因人类尚未意识到这种责任而被忽视。

让我们想象一下：沿着目前的方向量变到一定程度就会爆发质变，从而产生新的文明……这种新的文明是什么样的？我多次说过，我们的文明有两个发展前景，即电子技术型文明和"智慧型文明"。

第一种选择是简单的：我们继续沿着目前的掠夺性道路发展经济（我将其称为"金济"，因为它盲目崇信现行经济观点，将其视为金科玉律），并为其新产品制造新的伪需求（科技网络人、科技基因人等）。于是，我们沿着科技基因方向前行，而在此基础上产生的科技基因人将会创造出新的环境。我们可能还记得地质学家说过，人类在最近 500 年几乎将地球亿万年来形成的矿物采掘一空。这正是他们谈论这个被其称为"人类世"的新地质时代的原因。地质学家是从局外人的角度看待这个问题的，而我则是从局内人的角度看待这个问题并探究"人类世"来源的。它源自我们对技术的（非常）不明智的使用。

我们自以为把事情做得很漂亮。实际上，如果我们坚持这条道路，H.G. 威尔斯《时光机器》所描述的莫洛克斯文明就会降临到我们头上。当然，这是一个比喻，是我对沿目前方向发展下去所导致的可怕未来的比喻。

---

[1] Baksanskii, O.E. 聚合：元科学方法论［J］. Filosofiia i kul'tura，2014，4（76）：509. DOI: 10.7256/1999–2793.2014.4.10390.

[2] "技术本源"这一术语由费尔斯曼院士首先使用。费尔斯曼，A. E. 地球化学（第 2 卷）［M］. Leningrad，1934：27. Balandin, R.K. 人类地质活动，技术本源［M］. 明斯克：Vysshaia shkola，1978. 关于技术本源的定义，Kudrin, B.I. 技术本源：全球主义研究：百科全书［M］. 莫斯科：OAO Izdatel'stvo Raduga，2003：998.

[3] 关于生物圈技术本源性压力的更多资料，Karlovich, I.A.. 地理外壳结构技术本源发展的规律性和地质后果. 专业化 25.00.36——地球生态［R］. 地理学博士学位论文摘要，Vladimir. dlib.rsl.ru/loader/view/01002799505?get=pdf.

而智慧圈情境则是另一番景象：人类更有才智，电子技术化选项造就了生化电子人，甚至不是我们现在所能理解的人。它们可能有感知，但它们并不是人。它们可能拥有人类也许根本不适应的另一种发展逻辑，这是一种看上去更为理性的发展逻辑。接下来将会发生什么？我们应该做些什么？

5.2　向新智慧圈情境过渡的前提条件

除了这种情境，还有其他选择吗？

当然还有。是什么使其成为可能的？

就本书而言，答案是可以预料的——知识！知识使我们得以从容应对迫切的挑战和需求。人类迟早（越早越好）会认识到哪条道路对他们更好。对这种认识的需要很快就会出现（就像以前曾发生过的那样），相应的解决办法也将随之而来。那就是当人们充分认识到文化（这里用其最广泛的意义）可以帮助其认识真正的、非虚幻或非伪饰的需求是多么的根本与关键之时。

这种选择并不仅限于科技与文化进步二者之间：二者的发展是相互联系、不可分割的。到某个时候，人类文明的科技发展定然与文化发展发生冲突。然而，当今人类文明蕴蓄的危机和即将到来的科技革命迫使我们用另一种眼光看待科技进步与文化的关系。

现代科技发展要求有与其人道、理智尺度相匹配的文化发展，同时也为这种文化发展所需的物质基础的形成提供了可能。最新技术，如与社会体系的适当转变相结合，有可能导致人类知识与心智的有关变化，而文化的转变正成为其不可或缺的产物。

人是能满足其需求并在此过程中增进其知识的生物个体。[1] 曾几何时，人类的生存总是与对资源的争夺联系在一起的。然而，知识积累过程及其越来越重要的作用使知识成为我们极其重要的资源。在这个过程中，人们逐渐成为精神意义上的主体，产生个人或自我意识，直至最终完全脱离自然界，从某种意义上说是将其甩在身后。

人类的发展导致了精神／文化需求的逐渐增长，并提升了这种需求相对于其物质需求的重要性。同时，向 NIS.2 转型有赖于在确定人类需求总体构成时将文化与精神需求置于优先地位，强化人类作为物质性和精神性存在的统一。

---

① 博德鲁诺夫，S.D. 新型工业社会，生产，经济，科研院所［J］. 展望俄罗斯：新型经济的新型生产．1. 2016 年圣彼得堡国际经济论坛文摘．Kul'turnaia revoliutsiia，2016：19.

　　这种"智慧型选项"意味着"理性"观念与"理智"观念之间的某种可察觉的区别，哪怕仅从当今文明的（人和智人）人性成分看也是如此。我们怎样实现智慧圈/智慧型人类情境，或智慧型情境？这一选项是否意味着智慧圈——根据沃尔纳德斯基的说法，是指智慧型主体栖息地——优先发展？新机制诚然要求加强科技发展，但必须将其与加强人道精神发展结合起来，以免人们利用科技这把"锤子"破坏大自然和人类文明。

　　锤子是专门用来钉钉子的，除此不作他用，比如总不能用它击打别人的头。我们要认识到这一点，各种机构应强化对"科技之锤"滥用的制约。这正是所谓"人力资本"发展和这方面各种努力的目标所在；这在一定程度上意味着重返我们在苏联时期经常谈论的话题——塑造新人。直到现在，它才不再是一个比喻性的说法或美妙的幻想，而是人类亟待满足的迫切需要。历史不容置疑地证明，人类迟早能够利用知识满足任何需要。旨在满足需要的知识运用即为技术。然而，技术也可能成为敌人，尤其是在我们推行专家管理模式时。这正是我们需要智慧圈选项的原因。

　　技术改变了消化知识的方式方法，促进了自我意识的形成和发展，创造出使个人感到满足（不是满足伪需求）、高兴和赖以形成不同于既往的新需求的工具。这种需求不是靠"经济理性"哄抬起来的，而是试图塑造才智和文化成分。应认识到技术和文化都是在科学基础上创造出来的，二者是同一事物的两个不同侧面。一个允许人类作为个人进行自我认知，另一个使他们有能力自我认知。应通过有助于形成智慧心智的技术即智慧型技术将二者结合在一起。如果我们沿着这条道路发展，问题就不再是知识密集度，而是下个阶段的智慧密集型技术和智慧密集型生产。

　　由此看来，知识是中性的，没有善恶之分，也没有理性和非理性之分；只有当其被人们运用时，才有进步和倒退之分；人们对它的运用可能"巧妙"，也可能不那么明智，甚至非常不明智。在我看来，智慧圈是一个"理性王国"。智慧圈包含的生产是消除了无关、错误和虚幻成分的理性生产。智慧圈规定的知识运用是通过理性自我管控的。然而，这种智慧圈的形成有赖于技术知识和文化指数这两个要素。技术知识和文化知识共同构成新秩序的智慧要素。

　　因此，理性的智慧型生产构成知识密集型生产的下一个发展阶段。诚然，知识密集型生产应发展成为与广义性的文化以及个人发展与教育融合为一体或结合在一起的智慧密集型生产。

```
┌─────────────────────────────┐
│         知识密集型生产           │
└─────────────────────────────┘
         │                    │
┌──────────────────┐   ┌──────────────────┐
│ 着眼于拓展技术能力的知识开发与传播 │   │ 着眼于吸纳文化理念的知识开发与传播 │
└──────────────────┘   └──────────────────┘
              │
┌─────────────────────────────┐
│   智慧密集型生产（智慧型生产）的形成    │
└─────────────────────────────┘
```

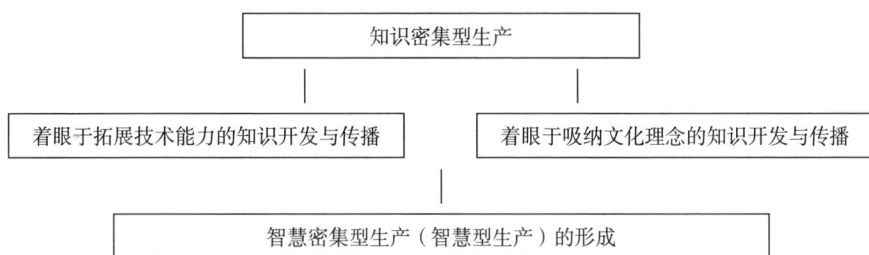

图 5-2　知识密集型生产向智慧型生产的演进

智慧型生产（或称智慧密集型生产）首先是通过极力提升知识密集度将人从直接的生产过程中解放出来；其次是将这种生产置于人的理性管控下，而人的理性是以适当程度的文化素养为依托的。

文明内部冲突的根本原因是人类作为生物性主体的弱肉强食的"动物"性竞争。生物性主体的本性是为了自身生存不惜吞食同类。我们应该抛弃那些愚蠢的工具性知识——例如，学习取得蛋白质的方法而不好好养牛。我们总有一天会停止相互伤害。无论是狼是羊，我们都要和平相处；只要我们认识到和平共存是科技发展的基石，这一点便很容易做到。我们不再依靠养牛杀牛技术获取牛肉，而是通过掌握并运用"非屠杀"知识获取我们现在从肉类中取得的蛋白质和其他营养成分。冲突就是这样消弭的，而人类本性的另一个方面凸显出来，其要旨为：人在任何情形下都是创造者和发明者，都要获得自尊。文明发展的智慧型道路有赖于发展这方面的人类本性。

这是当今社会不断增长的需求，情况总是这样的：出现某种需求时，人们就会通过研发技术满足这种需求，这里所说的技术并不是那种沉溺于用电子技术手段加工自然物质、以牺牲环境为代价满足人为煽动起来的伪需求而无视人们的真实需要和期望的技术。请注意这样一个千真万确的事实：所谓"技术圈"的质量在前工业化时代每平方米土地仅百分之几克，而现在竟达到每平方米土地 50 千克，是全人类生物质的 100 000 倍之多。[①]

更多数字：在过去 500 年里，人类灭绝的生物物种数量远多于自然原因灭绝的数量，并正在以可怕且不断加快的速度进行着。技术圈在不断扩大，它占据了越来越多的空间，摧毁了其他物种的栖息地，特别是动物的栖息地。处

[①] Zalasiewicz J., Williams M. 等 . 有形技术圈的规模与多样性：地质视角［J］. 人类世述评，2017 （4）：1-19.

置技术圈的废弃物所导致的环境后果也很严重，会造成生物栖息地缩小。例如，垃圾场面积已经超过 1 100 万平方千米，而在世界上所有的海洋中，垃圾中所含塑料的质量是浮游生物质量的 6 倍。[①] 根据俄罗斯科学院院士、俄罗斯前副总理 V. 波列瓦诺夫的说法，自 20 世纪 80 年代以来，人类的需求超过了地球的供给能力。我们在透支未来。我们的需求已经超越地球承载力极限的约 20%。地球丧失了自我恢复功能。[②]

5.3 新技术、新需求与环境安全

如果说"智慧型经济"概念是个一般性、全面性的概念，则环境因素就是证明智慧型经济基本理念各方面的当然"副线"因素之一。现在，副线有可能成为主线。为什么？因为向智慧型经济转型这个想法本身就意味着改进对未来生活方式的设想，以便保护好我们作为兼具生物性和社会性的主体赖以生活的世界。从某种意义上说，这个空间就是沃尔纳德斯基一度称为智慧圈的所在，尽管我对其有着颇为不同的理解。

大自然以其诸多相互联系的原因和结果导致了具有自我意识的智人的产生。智人构成并创造了独立于自然界的思维认知圈。其中的每个链接都很重要。

整个链条的无理破坏可能导致全球灾难。例如，昆虫正在走向灭绝，蜜蜂就是其中的一例。小昆虫已在许多地区绝迹。昆虫灭绝的速度在地质史上是空前的，而且在不断加快。就像以前的恐龙和猛犸象一样，昆虫也在走向灭绝。这将从根本上改变自然界。昆虫是食物链的一部分，它被蠕虫和鸟类所食，而鸟类又被其他动物所食。再者，如果没有昆虫，就无法完成植物授粉，草食动物就会丧失基本的营养来源，随后肉食动物也会丧失……换句话说，它们迟早会在很大程度上改变世界，事实上世界生物地理群落现在正濒于改变的边缘。

以前的生物灭绝还有可能归因于外部力量，而现在的生物灭绝则是间接

---

① Sycheva, L. 我们要在火星上建造城市吗？关于外层空间探索重要性的专家意见［EB/OL］.（2017–12–20）. AiF, 51.http://www.aif.ru/society/science/vladimir_polevanov_osvoenie_kosmosa_zhiznenno_neobhodimo_chelovechestvu.

② Sycheva, L. 弗拉基米尔·波列瓦诺夫：我们进入了宇宙大发现时代。博客［EB/OL］.（2017–12–11）. http://zavtra.ru/blogs/vladimir_polevanov_mi_vstupili_v_epohu_velikih_kosmicheskih_otkritij.

甚或直接由我们对自然界的干预以及我们有意识的活动（甚或毫无头脑的蛮干）造成的。由此看来，沃尔纳德斯基宣称的人已成为一种地质力量的说法是正确的。同样正确的是：人类对自然界的改造契合米丘林的箴言："我们不能等待大自然的恩赐，我们的任务就是向大自然索取。"我们在进行这种索取时，实际上破坏得更多。

而且，这不仅是人的需要问题。请回顾一下"智慧型经济"概念的一个关键细节：它关注的仅是非伪需求的满足。这意味着，如果我们的需求包含的伪成分越来越多，我们就是在肆意破坏地球。因此，智慧型经济的根本性观点是：我们要提高大家的知识和文化水平。一定要使人们认清并远离伪需求，并制定取代它的智慧型需求准则。

也许在智慧型经济模式下，我们能够超越于此而生活在一个比"真实"现实更为理想化的虚拟世界中，这表现在我们从事智慧型生产，但仍保有物质基础。科技进步使我们能做到这一点，但我们应加强社会知识，加强对社会结构的理解，并根据这种知识和理解重新建构社会，一如我们重新安排生产功能。我们要像重新建构其他功能那样，重新建构社会功能、国家管理功能、着眼于合理程度投资的储蓄及储蓄管控功能、经营管理与行政管理功能、对我们在各种圈子中生活的"行政管理"功能。这是一种普适性的观点，既是智慧型经济的观点，也是向新型管理转型的观点。

在智慧型经济中，资源将被合理使用，需虑及其再生性等问题。人生的虚拟化看来促成了更为合理的自愿消费。这涉及虚拟性问题。现在，一件罩衫主要不是用来御寒的，而是关系到地位、形象和其他炫耀性考虑。这是为了什么？想产生什么效果？想给人留下得体的印象。请让我解释下。

最近我参观了巴黎的奥赛博物馆。我决定更新一下有关印象主义和新印象主义的知识。博物馆当时正在举办一场新展览。梵高、雷诺阿还有康丁斯基。太好了，一切都很棒，很有趣；这唤醒了我的回忆，我从中感受到很大乐趣。这些画作使我觉得正置身于室外。我终于明白，这种美术流派和思潮之所以称为"印象主义"，是因为印象主义作者们努力创造出来的"印象"。观赏他们的画作就像透过打开的窗口观赏大自然。我尽兴后穿过五楼，再也不想看别的东西了。比如装饰艺术，没兴趣。我离开博物馆，乘出租车回到旅馆。在大约 1.5 小时的时间里，我仍沉浸在刚才的印象中，好像在野外度过了这么长时间。尽管这些艺术家的风格各不相同，但他们都成功地创造出一种强烈的印象，特别是那些风景画——乡村、大自然等。这些艺术家风格各异，但他们都成功地做到了同一件事——给观众留下强烈的印象。

他们创造出的印象使我仿佛看到了草地、田野或其他种种。这种印象是完整的：我仿佛闻到青草的香味，听到丛林沙沙作响的声音。好像这并不是幻觉，而是真实的存在。现在，让我们考虑这个问题：如果科技进步使我们在不久的将来创造出同样甚至更加强烈的印象，我们就无须在旅行上花费太多时间了，而且我们还能通过科技装置获取新的知识、新的认知和新的印象。不仅是在这个领域。

而且，这些装置使我们得以和其他人即时交流各自的印象和知识。仍以前述博物馆为例：人们漫步其中，相互交流意见。有这么多人来到这里，他们大多想学一些东西，理解一些东西。他们有这种需要，而且还在不断增加。看一下博物馆前长长的队伍就会知道这一点。我 25 年来一直奔走于欧洲各地，据我所知，这支队伍并没有缩小的迹象。看起来人们该满足了，实际上并没有。一代又一代新人来到这个世界，他们想学习、感受、铭记在心等。这样的人越来越多。博物馆也在变化，逐渐成为虚拟空间。

这个问题要从两方面看：一方面，科技进步使我们有可能实现这一点——无须旅行就能得到更深的印象；另一方面，我们能够得到这种印象，并将其作为人的新需要。这种新需要并不是关于某种艺术的，而是人的自我认知需要，而科技使人可以从两方面做到这一点。我们无须额外花费金钱和时间就能实现旅行的目的，同时用虚拟方式交换意见，就像我们现在在互联网上写诗一样。我们通过脸书或其他方式交换意见。进一步的相互交换将会进行得更快、更容易。举例来说，在收集信息以便发现谁喜欢印象主义时，更易于找到有着同样兴趣的伙伴。我们很快聚在一起，共同发现、讨论。看看这个，看看那个……这种做法带来的机遇远比只是看看画展多得多。它意味着更多的认知，更多的机遇。另外，科技通过创造更多机遇和需要提高了人们的文化水平。

顺便说一句，我还到过一家老佛爷的专卖店，尽管这是一间很大的店，我敢说按相对单位面积来说，光顾这里的人要少得多。不能说这些商店的需求在表面上明显减少了。至于前来老佛爷专卖店购物的顾客构成，我发现更多顾客来自亚洲，来自那些生活水平较低的国家，他们很看重这类商店的货物。以中国为例，这个国家新兴的中产阶级，以及其他刚刚达到较高水平的国家相对富裕的人们，兴冲冲前来巴黎购物。一些人硕大的购物袋中塞满了在我看来不必要或者说完全不必要的商品。他们买了这么多东西，把巨大的行李箱塞得满满的，我想知道这是为什么？这些衣物都是个人穿用的，一个人绝不会穿这么多。我还要说一句：他们仍不满足。

但是，光顾这类商店的欧洲人要少得多，为什么？这些国家的科技发展已经到了可以轻易满足马斯洛需求层次中较低层需求的程度，甚至还能满足一些炫耀性需求。现代科技能够通过定制方式更好地满足人们的需要，例如，定制服装等。仔细搜索一番就很容易发现这一点。

至于普通欧洲人——他们穿什么？他们穿着随意，甚至不穿外套，像我这种穿外套的已经过时了。他们穿较宽松的服装。牛仔裤和一些毛衣穿起来很舒服，没有任何不适。有时这近乎滑稽——对于我来说，这实在是太花哨了。但人们觉得这样舒适随意。这意味着什么？对，他们有钱买名牌产品——甚至不仅一种，而是很多，但他们不买这类东西，因为他们拥有的这类东西已经足够多，不再关注这些了。这类人确实存在，在20~25岁以上的大众中，这类人很多。也许，很多人对这种炫耀性奢侈品的需求实际上已经降低到一般水平。

这是一种趋势，即便不是已成定局的趋势，至少是即将到来的趋势。我想，还有一个原因。有些放在室外的东西，要是在几年前肯定早就被人盯上并偷走了。例如，放在大街上的各种踏板车，以及茶馆晚上打烊后仍留在室外的椅子和遮阳伞。各种物品都放在大街上，但没人拿。因为这些物品不像15年或10年前那样珍贵了。每个需要这些物品的人都已拥有了它们，因而也就没有偷取的必要了。我觉得这种变化也影响到商店的基础设施：看看商店，注意它们的结构布局有什么变化。可能你还记得，那时商店里通常有收款台、强制性隔离屏、收纳柜和控制装置。最近，我曾到过一家很大的商店（可惜我记不得其名称了），它销售书籍、信笺、光盘、儿童书籍等。当时，我听任兴趣驱使，想看看旧书。我感到好奇，而且也有时间。深入店内，实际上是在地下室，我看到那儿仅坐着一个人——这家商店的女主人。她正在打印着什么东西，同时核对收据，许多人——一百人左右——从这里走过，去地下室某处挑选书籍。这里的东西可以说是这条街上最全的，有书籍、光盘等，可以说应有尽有。每个想买东西的人都会找到她，付款，然后离开。你会看到，不再有人像过去那样急匆匆抓起东西然后拔腿跑开。当然，这仅适用于那些已经在物质上相对丰裕的人们。这种情况导致了交易系统的变化。为什么？因为这里有许多书，这些书内容各异，它们以其所探讨的内容满足人们的不同需要。而人们也有足够的购买力购买这些书。他们知道，如果这里没有他们想要的书，他们可以通过互联网订购。最终，不再有匮乏现象；而在过去，匮乏是一种普遍性的存在，它驱使人们追逐那些他们认为可以日后出售牟利的东西，因为他们知道这些东西不易买到（对于穷人来说尤其如此）、不易得到、不易碰到。这种匮乏导致了强烈的反人类欲望——抢夺、偷窃等行为。你的进步在于能够在满足一个人的同时"重新教育"他/她。

这个过程是自动进行的。人们不再需要这类东西了。他们会说："我不需要这个，我不需要那个，但我需要另外一种东西，而且我买得起。"人们变了，他们开始尊重自己，觉得自己"更像一个真正的人"，这一点很重要。

科技发展彻底改变人类需要的另一个方面是环境问题背景下的智能生产。我们所说的智能生产是什么意思？智能生产是指在生产过程中越来越多地用智能手段取代人工劳作。首先是人的双手被取代，随后是操纵杆，然后是大脑，一步步被运算功能取代，人就这样逐步摆脱了直接的生产活动。人们继续保有的功能越聪慧，他们就"越是真正的人"。

产品也越来越智能，越来越聪慧。智能成分的增加不仅影响产品，还影响人们对其需要的态度。人们意识到环境限制等因素，努力用最合理的方式满足其需要。因此，人们用来满足其需要的技术越来越智能化，从环境角度看也是如此。

人们还制造出更为精密复杂的产品，以便满足更高层次的需要。最简单的需要靠双手就能满足，当然也离不开牙齿的咀嚼之功。而当人们试图满足更高层次的需要时，他们就会制造更加智能化、知识化的产品，努力提高产品的智能水平和知识密集度。另外，生产环节还包括其他成分，如生产组织、劳动力、物质和技术等因素。这些成分也越来越智能，越来越聪慧。

人们在思考怎样满足其需要时，必然会思考怎样以人道的方式做到这一点。人们希望活成真正的人，生活在美好的社会、温馨的家庭、清新的环境和清洁的空间。因此，满足我们需要的技术也在"以某种方式"变得更加智能化，例如在环境方面更加智能化。同时，人类的任何提升都有一定的方向，即基于工业的方向。这一趋势正在变化。直到最近，人们还是靠尽可能多赚钱满足其需要的。然而，现在越来越多的人认识到金钱并不是第一位的，比这更重要的是保护自然环境，如伏尔加河。这一新趋势是沿着加强科技智能化的方向发展的。

5.4 全球化、金融资本与环境威胁

上述趋势的关键在于认识到了人类与大自然建立和谐关系的重要性，但这种趋势受到了基于现代经济主流标准的另一种趋势的干扰。全球化等现象和金融资本日益强大的作用有其自身的发展逻辑，而这种发展逻辑与环境安全问题格格不入。

全球化源于金融资本的扩展范围和功能多样化的需要，例如，金融衍生品等新型工具。金融资本在发展初期尚能服务于生产和商业，但很快成为其主宰。

正如鲁道夫·希法亭所言，货币资本的不断集中逐渐确立金融资本对生产资本的控制，其初衷是为了保障实体经济领域的利润水平以及金融资本对利润的划拨。最大的金融垄断集团和最大的产业垄断集团逐渐结合在一起。金融资本刺激并便利了大公司资本的跨境扩张。随着大型跨国公司资本在全球范围内相互交织，全球金融市场逐渐形成。这个市场逐渐成为偏向于金融资本的利润再分配主要工具。

目前是金融资本决定着各种政治力量在社会生活各领域的政策运作规则。由此产生了各种协会（主要指各种经贸协会）、贸易战，以及打着民主旗号的党同伐异，等等。

类似情境早已被卡尔·马克思预见到了，从某种意义上说也被列宁预见到了。如果透过表面现象看得更深入一些，我们就会发现，全球化进程是与人类社会和人类文明的科技发展密不可分的。信息与电子通信技术的进步促进了资本流动，拓展了其发展空间。在人"欠文明化"情形下，尚不能对人的需要进行合理评估，伪需要还有一定市场；在这种情况下，科技进步只能服务于金融资本的无限扩张。这种扩张有可能损害自然界和人类。

科技进步为满足人类需要开辟了新的空间，但金融资本助长了伪需要的满足。在满足人类需要问题上，就全球化涉及的诸多地缘政治领域而言，科技进步纵容了伪需要的满足。全球化使我们得以利用科技进步带来的不断增多的机会提高产品满足人类需要（包括迅速增长的伪需要）的能力。

全球化首先是金融资本的扩张，而这种扩张主要着眼于量的增加，无论

采用什么方法。这种做法助长了伪需要的满足。已成为金融资本的工具的科技进步创造了越来越多的新需要，但这些新需要的炫耀性成分越来越大。一方面，产品要售出；另一方面，购买产品的机会必须创造出来。同时，许多资源在这一过程中并未被触及，尽管它们在该过程涵盖范围内。

全球化进程将科技进步作为其基础。它将全球金融化进程推向新高度，占据了一切重要领域。有待占领的大块领地已经没有了。因此，现在只有一种选择：集约化。什么是集约化？利用自然，无视其造成的伤害。金融化驱使人类一味向地下深挖，甚至远及北极圈内，肆意在那里采掘矿产，破坏环境。它还制造出花样不断翻新的种种伪需要，戕害人的心灵。这种做法只能使人类归于毁灭。金融资本已侵入社会生活，改变着人们的态度，助长着消费主义，而大众性文化消费和其他精神需求对人们来说已经不那么重要了。这些东西都是在全球资本的作用下逐渐形成并深入人们头脑中的。

现在，每个产品都是耗用成吨天然材料的结果。例如，制作一双鞋需要耗用10~13吨淡水。商店货架上"漂亮而别致"的鞋子，有多少因无法售出而被处置掉，又有多少仅穿过一次。要知道，它们是耗用了许多自然资源、人力资源、心智资源和其他资源才制成的。

而其最终结局使这一切统统化为乌有。一个活生生的例子是柬埔寨。资本主义殖民者将橡胶树带到这个国家，并将丛林开辟为大型的橡胶种植园。在此后20~30年的时间里，这里的橡胶树源源不断地向橡胶业供应着胶液，然后就被废弃了，偌大的种植园成为死树的墓园，而其附近的丛林又被开辟为新的种植园。新技术的应用强化了这一进程。而且，其产品全部出口，因为全球金融资本屠戮并压榨落入其魔掌中的每一块土地。联合国预测，到2030年，柬埔寨将成为世界上唯一没有天然森林的国家，这要归咎于金融资本及其卵翼下的赌场、银行、影子资本、淫媒生意等。柬埔寨的人口构成在迅速变化，当地人有的迁徙到其他地方，有的流落到城市，城市里迅速增加的贫民窟就是他们的聚居地。目前，柬埔寨的GDP增长率高于中国，这是金融资本作用的结果。这种模式不仅破坏了某些森林及其独特的美景和动植物，更重要的是，它还破坏了人心、自然和社会。

"全球生态足迹网络"（GFN）是一个著名的国际组织，它发明了一种用来计算所谓"生态债务"的有充分根据的方法，并根据这种方法确定每年的所谓"地球生态超载日"，即人类当年自然资源消费量超过地球当年自然资源可再生量的日期。20 世纪 70 年代是没有这个日期的，因为当时还没有生态债务。自 20 世纪 80 年代以来（见"全球化时期的开端"，二者有着明确的相关性！），这个日期开始出现并逐渐重要起来。2019 年，地球生态超载日是 7 月 30 日！这些年来，累计生态债务相当于 16 年多的生态"预算"。根据基于"全球生态足迹网络"方法的推断，如果我们继续现在这种"白昼点灯"式的生活，则我们的生态债务到 2050 年将相当于 400 多年的生态"预算"！另外，这种方法未将污染率计入。这些堆积着柴油桶的极地岛屿，海上和陆地的大量漏油，西伯利亚或加利福尼亚的人为森林大火，三哩岛核泄漏事故等人为灾难，海洋上漂浮的大量塑料，每年数以百计的生物灭绝……顺便说一句，对于人类所消耗的淡水、新鲜空气和土壤的恢复，有一项较为全面的评估。1970 年，我们消耗了地球能够再生的资源的 0.9，而今天这一比率达到 1.75。增长率提高到以往的两倍之多，目前还在加快中。其直接后果就是全球气候变化，而且不可恢复！这是"动物园"型的全球化！

我们希望生活在这样的环境中吗？我们能吗？

如果认识不到合理自我限制的必要性，无法将"智慧型"方式，特别是科技进步机会，应用到我们的现实生活中；如果不能通过文化和教育加强人们对世界的了解；如果不能协调联动——我们肯定会陷入灾难。再重复一遍，我们的文明发展走到了岔路口，我们面临方向选择问题。我们可以不加理会地径直走过去，但我们很快就会感受到其后果。我们有两个选择：第一个选择是继续目前的"动物园"型生活和"动物园"型经济，然后面临上文所述的后果；第二个选择是逐渐转向 NIS.2 和智慧型经济。

那么，人们是否有这种认知？是的，他们有。整个社会也有，但金融资本对其百般限制。金融资本向人们灌输促进金融资本利益之类的内容——只要看一下有多少大学开设有关金融市场的课程就可以明白这一点。不妨对比一下，有多少人在深入研究文化问题？为数极少。金融资本会通过抬高"消费者"和"消费者社会"等手段扑灭这种文化。对于这个问题，唯一的对策是从小对人进行适当的文化教育，使其在成长中逐渐理解虑及公共利益的最终必要性，并真正认清是非对错。我们需要有文化素养的人。我确信，这样的人在成长和走向成熟的过程中，几乎不会想到通过向他人提供无益之物的方式赚钱，也不会向他人灌输人生需要这些无益之物的意识。你是否明白这一点？他们是一代新人。他们是社会需要培养的人——他们是文化专家、数学专家、工程专家；他们是思想清新、（在得到必要满足的前提下）不看重物质利益的人；他们知道自己真正需要什么，无视当今社会成批制造出来的"荒谬买主"的虚妄预期，甚至无视这个在伪需求驱使下将经商营利置于文化之上的社会。

这要在学校和其他场所加以培养，而社会在这方面要做的事情也很多：要改变整个教育计划，改变培训制度，改变教育和培训方法，改变任何需要改变的事情。

现在让我们再次回到危机话题。在这方面，还有一件事值得我们注意，即技术性风险问题。技术性灾难和问题数量之多超过了自然性灾难和问题，并且还在继续增长，而自然灾难是由自然力量引起的，技术和人为因素则制造和繁衍新的风险。技术网络人的数量在不断增加，它们的内部情况和结构也变得更加精密复杂。各种要素越复杂，它们之间的相互作用就越微妙，也就是说，它们越发难以相互"适应"。

这个问题现在应该看得比较清楚了。这样发展下去，体系注定要崩溃，除非我们现在就开始考虑怎样采取真正必要的行动，而不是在传统的经济发展的名义下兴建更多的水电站、桥梁和管道，因为这种做法破坏自然，也是对人类自身的戕害（显然这是出于对增进幸福的关切）。我当然没有资格确定人们现在需要什么，但肯定有哲人思考我们在未来社会应当做些什么。他们研究分析各种情况并给出适当的对策。

而我们则沉溺于各种琐事。无数的人在忍饥挨饿，因为少数人利用全球现行的资本主义机制损人利己，囤积居奇，而这种机制本身又将资源投放引向那些充斥着臆想的事务，如充斥着臆想的投资、开发等。发展什么？经济？智慧型经济？导致灾难的关系？这一切都是徒劳。我们能够吃饭穿衣，能够在电视上看到另一个自己或认识某些事物/某些人，能够到很多地方，能够得到治疗/教育/工作——从满足实际需要而不是伪需要的角度看，生活中有这些就足够了。这里所说的生活是指生活在现实世界，而不是生活在对永无餍足的消费需求无尽无休的追逐中。我们哪里用得着三台、五台、六台、八台甚至二十台电视机？是不是每个人都想拥有属于自己的"特朗普大厦"？

我并不是劝导大家自愿生活在"贫穷"中，我根本没有这个意思！科技向我们提供一切真正必要的事务（另一个问题是真实的需要是什么，也就是说，这些真实需要而非伪需要的数量及品质要求是什么）的能力日渐增强。

技术，如果能够以有目的、有良知的方式加速发展，很快就能满足人们的真实需要。这条道路"关系到 NBICS 技术聚合的形成和发展，其目的是创造新型和谐的智慧圈，使其三个组成部分——生物圈、技术圈和社会——避免冲突，而是作为相互联系的趋同要素相互补充。选择这条道路，意味着人类不仅能在不久的将来保护人类文明，还能确保其与地球的漫长地质生命相伴相生，甚至能在地球生命结束前前往外层空间继续生存下去。"[①]

但我们应注意，NBICS 聚合技术可以作为上述前景的基础，这有赖于拥有第五和第六技术模式的坚实工业基础，而不是"服务型经济"的幻影，更不是工业圈的衰落。人们对这种新的当务之急的理解颇为散乱：有的社会制度（如国家或国家联盟）抢先一步，积极处理再工业化问题，有的仅在讨论着手恢复物质生产的必要性。与此同时，地球上尚有数十亿人生活在落后之中，对他们来说，即使是第三和第四模式技术都仍然是一个遥不可及的梦想……

让我们暂时搁置这个话题，留待稍后继续探讨。

---

① Koval'chuk, M.B., O.S. Naraikin, E.B. Iatsishina. 科学与技术聚合，创造新型智慧圈［J］. 俄罗斯电子纳米期刊，2011–10–13. http://www.nanorf.ru/events.aspx?cat_ id=223&d_no=3747.

第 6 章

技术圈的发展演变：机遇与风险

不断壮大的技术圈现已开始突破生物自然进化过程的格局，甚至有可能陷入失控的混乱状态。然而，科技发展也为解决科技应用造成的环境负担问题提供了机会。这些机会在哪儿？我们应该如何分配有限的资源来推进它们？

6.1 文明的危机

我们之所以能够就看起来很遥远的将来提出问题，只是因为这一将来已不再遥远。这样的未来在 20~30 年后就会在主要经济体成为现实，甚至有可能更早一些，我们现在就要认识到这一点并准备好应对。火箭首先将人造卫星送入轨道（1957 年 10 月 4 日），后来又将苏联宇航员尤里·加加林送入外层空间（1961 年 4 月 12 日），但火箭的发展始于 20 世纪 30 年代，而不是 50 年代。电视技术在第二次世界大战后才开始普及，但其发展始于 20 世纪 20 年代。这种情况也体现在代表整个国民经济最大成就的科技领域一切质的突破以及它们在相应国家的经济关系和相关机构中触发的变化。

然而，科技及其固有的加速发展趋势对文明发展既有有利的一面，也有有害的一面。每当我们发明某种东西，我们就会设计出一种据称为满足某种新需求（或旧需求，但用新方式加以满足）所必需的实施手段。从一般的人类原则角度看，如果这种需求是破坏性的，则上述发明也是破坏性的；如果这种需求是积极性的，则上述发明就会被视为有益的。但真的是这样吗？其实，任何发明都是一把"双刃剑"，它带来的机遇并不仅限于满足最初的实际需求。然而，知识密集型产品中的智力成分所提供的机会问题并不是这么简单的。

科技能服务于多种目的，而且效率更高。人能够探索原子及核反应问题，进而制造出以摧毁敌人和保护自身为目的的原子弹，或生产用于和平目的的核能，但建立核电厂时如有安全隐患，就有可能发生爆炸，切尔诺贝利核电站事故就是一个很好的例子。但另一方面则是生产环节知识密集度的不断提高加剧了这方面的问题。文明发展提升了工业生产中技术、生产、组织和其他环节的知识含量，但随着时间的推移，文明发展道路出现了岔路，对于未来的前进方向，我们面临不同的选择。

现在，我们正在迅速走近另一个重要节点，许多人认为，这是一场文明危机。它将技术模式的改变与其他一些极其重要的事情结合在一起。这种危机有可能是由外部因素导致的，如冰雹、瘟疫等，但这并不是我要探讨的内容。我要探讨的是那些涉及向新技术基础甚至新技术模式转型的危机；这种危机的表现和影响变得越来越严重。每个创造了新技术机遇的新的技术秩序有赖于现有社会经济结构的重建——这是决定危机严重程度的因素。与人类以前所经历的危机相比，这种新兴的危机与技术的联系要密切得多，对文明发展的根本性影响也大得多。

这种危机意味着我们正在走向分岔点，这是一个没有退路的节点。向着NIS.2 社会前进的科技发展加快并拓展了我们满足人类需要的机会，使我们能够更为容易地满足人们不断增长的需求。但关于这种需求的"教育"和对这些机会的合理运用滞后了，新需求有可能堕落为最卑劣、最污秽的东西。走出这种危机的道路有多条，他们选择哪一条？没有人真正知道。也没有人真正思考过这件事。

已经深陷入这场危机中的我们甚至没有认识到其中的经济成分。我们有两种选择：可用过时的手段重新振兴前一模式所代表的正走向死亡的经济（采用"刺激性"的政府计划）或走向新常态，而不分析这场危机的根本原因。

我们要认识到，经济增长的量化指标，如 GDP，并不能反映满足需求的实际水平。GDP 只不过是个会计概念，无法对生活质量作出可靠分析，因为经济活动的主要原因是希望满足人们的需要。

正如 iPhone 这个例子，现在我们不用花多少钱就能满足人们的大量需求。甚至就在几年前，满足相同的需求则需要花更多钱。因为那时为此投入的资源要多得多。从 GDP 角度看，指标有所下降，但实际上满足了更多的需求。我们没有降低生活质量，而是提高了生活质量。

再举一个例子：个人电脑和互联网的到来终结了邮寄服务的大部分内容，终结了打字机的生产，也终结了打字员和绘图员等职业。用更少的资源满足更多的需要已成为趋势，这种趋势已经体现在某些新奇装置、无人驾驶车辆或不需要保安和管家的智能家居中。

由此看来，我们这个时代的危机在于科技进步速度的加快，以及社会经济结构和社会秩序的滞后。我们应设法减轻这种紧张，以防止其突然爆发。

在迄今为止的这场危机中，我们始终坚持现有的解决方案。然而，它们是不值得我们浪费时间的。我们最好集中精力提高生活质量，而不是追求抽象且难以计算的增长指标（这种生产是有益的吗？是必要的吗？谁需要这种生产？这种生产是否过剩？是不是破坏性的？）；或专注于医疗保健，以及大幅增加对教育和科学的公共投入，包括对基础科学的公共投入；或找出其他真实且尚未得到满足的需要。传统的 GDP 与这没什么关系，我们最好计算出生活中无疾病状态的持续时数，然后将它们加起来作为个人和社会健康指标。危机是多方面的。目前的科技进步态势使很多人失去了工作，这种情况使这场危机具有了某种人口及社会性意义。更值得注意的是，我们毫无芥蒂地食用转基因食物而无视其有可能造成热的后果。我们能够生产并食用更多的食物，但这些食物有可能使我们罹患疾病，而治疗这些疾病又会进一步抬高 GDP。显然，情况是危急的，危机来自科技，更准确地说，来自现行经济增长模式下技术的发展与应用。也许我们可以从更宽泛的角度说：危机来自人们在技术领域"欠合理"的活动。

这场危机可通过人类在其五千年的存在史上制造出来的所有物品总量的数据得到很好的诠释：根据地质学家的看法，技术圈的重量，即人类在其技术运用史上制造出来的所有物品的总重量，为 30 万亿吨（更具体的估测，见表 6–1）。

表 6–1　有形技术圈主要成分的近似质量，按质量从大到小的次序列示（其中，Tt=10^{12} 吨）

成分	面积（10^6km^2）	厚度（cm）	密度（g/cm^3）	质量（Tt）	百分比（%）
市区面积	3.7	200	1.50	11.10	36.9
农村住房	4.20	100	1.50	6.30	20.9
草场	33.50	10	1.50	5.03	16.7

续表

成分	面积（10^6km^2）	厚度（cm）	密度(g/cm^3)	质量（Tt）	百分比（%）
农田	16.70	15	1.50	3.76	12.5
实际利用的海域	15.00	10	1.50	2.25	7.5
土地利用及侵蚀土壤	5.30	10	1.50	0.80	2.7
农村公路	0.50	50	1.50	0.38	1.3
人工林	2.70	10	1.00	0.27	0.9
水库	0.20	100	1.00	0.20	0.7
铁路	0.03	50	1.50	0.02	0.1
合计（仅限于适用项目）	81.83			30.11	

资料来源：Zalasiewicz, J., M.Williams, C.N.Waters 等 . 有形技术圈的规模和多样性：地质视角 [J]. 人类世述评：2017, 4（1）：12.

将上述数字与如下数字比较：根据地质学家的说法，地球在其存在的 45 亿年中形成的各种生物群系的总重量，即大自然在此期间创造出来的所有生物体的总和，约为 2.5 万亿吨。这里有一些更为具体的计算："在人类出现前夕，生物圈的基本参数与现在没有什么不同。而且，下列特征很可能数亿年来一直没有什么变化：生物体总质量（约 2.4×10^{18} 克）、生物质的构成元素（氮约 0.3%、碳 3%、氧 75%、氢 10% 等）、空气中氧气含量（约 21%，总计 1.2×10^{21} 克）、原子转换周期（就碳原子而言，大气中一个二氧化碳分子所用的时间一般是十年）以及到达地球的太阳能（每年 167 千焦 / 平方厘米）。"[①]

人类在数千年时间里创造出来的物质是大自然数十亿年创造量的 12 倍。谁敢说这些事实不会引发重大变故和危机？

还要看到，生物多样性是基本的生物学规律，是生物族群健康的基础。在生物多样性方面，人们对生物物种的估计出入很大，大体上在 8 000 万至 1 亿之间，而人类创造出来的所谓技术网络物种大约是生物物种的 1 000 倍之多。

我们的创造速度比上帝快得多。上帝经过某些思考后用七天时间创造出了世界，但"按上帝模样创造出来"的人所搞出来的东西实在缺乏思考和想象力。这太令人抓狂了。

这些可怕的东西破坏着自然系统的稳定性。我们可以将这个系统想象为

[①] Korogodin, V.I., V.L.Korogodina. 作为生活基础的信息［M］. 杜布纳：Izdatel'skii tsentr "Feniks"，2000：106.

栓挂在树上的吊床，只要不急剧改变其状态，只要不将其置于过分紧张状态，它就会一直保持稳定，除非我们向其施加过大的重量。如果让其承载的东西过多，致使其受到的压力过大，某个部分就会断掉——吊床、吊带或那棵树。当系统紧张过度，无法保持稳定时，就会改变其当前状态。这时，呈现在我们眼前的是一个残破的系统——吊床出现破洞，或吊带断裂，或树枝折断。这是用来说明静态系统的一个简单例子，而稳定的动态系统可想象为骑车人不停地踩脚踏板驱动自行车前行。

人类文明系统显然就是一个动态系统。这种系统的稳定性基于某个"稳定要素"。动态系统还有让其保持运动状态的装置，而这种运动造成并促进其稳定性。人类文明的稳定性是以其能够前进为前提的，它在前进过程中获取新的认知并利用这些知识改进现有的技术。一旦前进乏力就会造成危机，正如自行车停下来就会倒在地上一样。人类文明是在科技进步中生存下来的。我们应准备好迎接现在看来近乎反乌托邦但终将在今后数十年形成的科技变革。

6.2 新技术展望

让我们想一下发生在我们眼前的一些关键性新技术。在前面几章，我们谈到了第五和第六技术模式下的技术，以及第六模式下的 NBICS 聚合现象。现在人们谈论得越来越多的是纳米技术、靶向基因组重组、人工智能，以及向增材制造技术、可再生能源电力和机器人技术的大规模转型。

而且，这些新技术形成了一种新的技术模式。这些新技术以前就是相互依存和相互作用的，现在则逐渐聚合在一起。

要理解其原因和方式方法，我们就要分析现代信息技术，特别是相关的技术电子化过程。信息与通信技术不同于其他技术，它能够嵌入任何技术过程，而数字化正在成为将多种各具特色的技术融合在一起的技术平台。"信息技术成为将科学与技术连接在一起的纽带。"[1] 这正说明了信息数字技术得以成为新技术模式核心的原因。

属于这个模式的其他技术有以下两个特征：首先，它们都能相互趋同；其次，这种趋同促进了现行科技发展阶段常见的两个基本趋势。第一个基本趋势是使人们逐渐脱离物质生产过程；第二个基本趋势是产品的知识密集度大幅

---

[1] Koval'chuk, M.V. 技术聚合——奔向未来的突破 [J]. 俄罗斯纳米技术，2011, 6（1–2）：14.

提高和产品制造环节物质成本所占份额的下降。

正如我们所见，技术协同在这个过程中发挥了重要作用。它使文明在工业进步的道路上加速推进。然而，更重要的是由此产生的另一个现象，即现代技术的发展及其不断提高的知识密集度也促进了技术的协同性，也就是说，我所称的"协同强度"（或"协同能力"）不断增长。这又为"进一步加快"科技进步步伐创造了技术及运行基础。

直到 3~5 年前，经历了数年的资料收集、分析和整合，在新型工业发展研究院研讨会上首次讨论这个现象时，许多与会者谈到了这方面的某些动向。有些技术在某些领域展现出越来越强大的协同潜力。我们讨论了确保协同的机制——技术的水平和 / 或垂直一体化（所谓 HIT 和 / 或 VIT 技术协同机制）、科技的相互嵌入、科技的跨学科转移转化（ITT 机制）等。然而，当时还没有多少能够确认和证实这种现象存在的重大或重要实例。而现在，这已经非常明显了。例如，建筑信息模型（BIM）技术广泛应用。这不仅是建筑设计从利用计算机程序制作传统图纸向三维建模技术转型，也是设计、施工、工程和运行方案的一体化。BIM 技术不仅使我们能够形象化显示所有建筑结构和工程设备，还能显示所有要素的特征，以及供应商名称、使用期限和更换时间。BIM 技术可用来监测系统在运行期间的使用情况，跟踪人事动向甚至员工健康。[1] 信息模型为此提供了来自各种不同来源的大量信息；它们可以利用区块链技术提供这种信息。[2] 正如米哈伊尔·戈尔巴乔夫过去常说的那样，"现在事情进展真的很顺利！"每个牵涉上述机制的新技术方案都会显著提高新的技术组合的协同能力。协同性增强也不同程度地改善了物质生产的各项参数，这是通过降低资源密集度 / 成本 / 环境负担、提高劳动生产率和提高产品质量实现的。

（美国）洛克汽车公司开发的一款名叫 Olli[3] 的新产品就是一个很好的例子：这是一种用于大众客运的自动驾驶客车；它以集多种功能于一体的信息系

---

① Klimov G. 新兴工程学解决方案与 BIM 技术协同作用见奇效［EB/OL］. Integral，2018-09-14. URL: http://integral-russia.ru/2018/09/14/sinergiya-novyh-inzhenernyh-reshenij-i-bim-tehnologij-daet-fantasticheskij-effekt/.

② Bukunova O.V. 和 Bukunov A.S. 区块链技术与不动产实物信息模型的一体化［D］. 对建筑和建筑问题进行 BIM 建模，SPb.：SPbGASU，2018：45-51.

③ 巧遇 Olli［EB/OL］. 刊载于洛克汽车公司网站：https://localmotors.com/meet-olli/.

统为依托，由机器人利用通过 3D 打印技术制造出来的要素组装而成。[①] 据称，其物质成本比传统方式下降了数倍，劳动力成本则下降了数十倍。关于生产这种班车所需的时间：生产全套零部件需用 10 个小时，自动化组装需用 1 小时，安装软件和检测系统并完成全部组装需用 1 小时，因此整个生产周期为半天时间，在此过程中无停顿，无须人力介入。为使这种当时还很罕见的车型对乘客更加方便和舒适，洛克汽车公司应邀参加了这个项目；该公司参加该项目后立即建议安装 IBM-Watson，[②] 这是一种应答装置，可以回答乘客提出的任何问题，如到达目的地还需多少时间，什么时候下车，交通堵塞持续多长时间；还能接打求助电话。这基本上是一种无人驾驶型机器人班车。乘客会认为这种班车和有认真负责的司机驾驶的常规公共汽车一样吗？不会！为确保这种车辆得到认可，生产商确保为乘客提供更好的乘车体验：借助多媒体服务向其提供旅途陪伴、咨询、向导、互联网、电视和其他便利，乘客当然还能在车上工作、学习和自我娱乐等。

这个例子包含了即将到来的新工业革命的三个标志性要素，即数字化、增材制造和机器人化。接下来的任务是解决这个直到最近仍像科幻故事（这不禁令人想起艾萨克·阿西莫夫的《我，机器人》）的复杂问题：机器人就要设计和制造它们自己了，这要求我们考虑到可能引起的后果、有关风险和应对方法。

这种技术协同不仅逐渐改变着产品（从以前仅在原有的基础上改进，直到后来创造出真正的新型产品），也改造着生产过程本身，从而创造出一代新型工业。例如，增材制造技术改变了原材料的利用原则（传统的加工方法则基于"削去多余"的原则，即利用金属切割机等工具进行切割、锯切、缝合等），从而引发了无视传统工业分类的全球性改变。这种增材制造设备是理论上能够用来制造鞋子、烧饼、药片、餐具以及你想要的任何东西（只需开动挤出机和装填原材料的容器，并改变加热参数）。

也就是说，我们正在见证行业界限的逐渐模糊，不同行业的聚合／融合，以及新学科的出现（正如一句很流行的学生戏谑之语："我要做的工作还没发

---

① Tess，Makerbot 3D 打印机打印出的洛克汽车公司无人驾驶型 Olli 班车［N］. 3D 打印机与 3D 打印新闻，2017-08-30. http:// www.3ders.org/articles/20170830-local-motors-self-driving-olli-shuttle-helped-along-by-makerbot-3d-printers.html.

② 洛克汽车公司正式推出 Olli，一款率先利用 IBM Watson 的无人驾驶汽车，IBM. 2016-06-16. https://www-03.ibm.com/press/us/en/pressrelease/49957.wss.

明出来呢！"），而且这一进程正在不断加快。我们将这一进程称为"横向转变"①，这与天体物理学所说的"红移"②有点相似。但与这种物理现象不同的是，这一趋势源自技术（在这里，具体是指增材制造技术）发展的"进一步加快"。物联网和类似技术使许多传统经济活动领域——从贸易到服务业和建筑业——所采用的方式方法发生了根本性的变化（这为未来创新创造了坚实的基础和强有力的平台）。同时，现代技术的协同潜力一旦利用起来就不会减少，而是不断增长，信息技术的发展就是一个很好的例子：硬件效率的提高导致了软件效率的提高，而软件的升级又促成了硬件能力的提升。

知识密集型技术从根本上改变了工业的面貌。生产组织就是一个很好的例子：生产管理系统升级了；产品设计采用三维建模方式；运输/物资/信息和其他要素的流动不断优化；管理决策自动化/"互联网化"——系统管理者变成了工厂管理者；等等。确实，可以说我们是在不知不觉中进入了 NIS.2 社会。

技术协同一直在我们身边：它反映了应用于技术中的知识的本质，不过也只是自第五技术模式以来才表现得这么明显。我对飞机仪表行业的观察证实了这一点。这方面的专业人士来自很多学科。他们是硬件工程师、程序师、金属与材料专家、计算机技术（如图像识别）专家、化学专家、热力工程师、控制论专家和材料工程师。协同效应是跨学科创造性人才共同努力的成果。这是"第二种"意义上的协同，其含义为：仪表、零部件和产品通常是复杂的，需要具有不同专业能力的人士通力合作。他们并不是专业程度有差异，而是专业性质不同；他们的协同有赖于多方面的知识，以确保"不同知识间"和跨学科的协同。

例如，要设计某种飞机仪表，就要知道这种仪表用在何处。在印度，设计师必须记住：外界温度有可能高达 60℃，因此飞机内也会很热的。外饰面会不会融化？油漆黏合得牢固吗？其他材料性能表现如何？是否有需要考虑的其他因素？在这个过程中，需要有物理学家把关，因为 3D 打印所需的各种成分是非常紧密地放置到打印板上的，这可能造成感应通量密度和相互干扰问题。计算机需要有认识具体干扰（无论是来自另一平面的干扰、人为干扰还是

---

① 这是指具有横向联系的不同各经济行业的相互聚合。

② 红移，即天体光谱的谱线向着较长的（红色）波长移动。这通常归因于多普勒效应，即波源（如光波或无线电波的波源）和观察者处于快速的相对运动状态时产生的波长变化。不列颠百科全书。URL: https://www.britannica.com/science/redshift。

内部干扰）或系统故障的能力吗？

在设计飞机仪表时，必须考虑到有可能影响其工作性能的因素。最后一点（仍以飞机仪表为例），我们应将特定条件牢记于心，例如，我们不是在从事种地等简单工作，因此需要各领域的专家（如导航专家、运动专家）。甚至飞机在爬升阶段和下降阶段的压力也是不一样的。另外，本行业需要能计算出 G 应力的专家，需要生物学家（因为飞机内有人），还需要知道飞行员用哪只手——左手还是右手——操作仪表的人机工程学家。如果用错了手，那一切都完了。

增压器和刀具会伤及用错手的操作员。我年轻时有一次搞错了，差点失去一只手。现在的仪表并不是这样的。为开动现代人机工学工程学意义上的机器或仪表，你需要同时按下相隔一米的两个按钮，因此你不能把手放错位置。但领会到这一点需要时间，而且这里面有许多微妙差别。图 6-1 显示了某个飞机仪表生产过程中各种技术和知识之间复杂的相互作用。

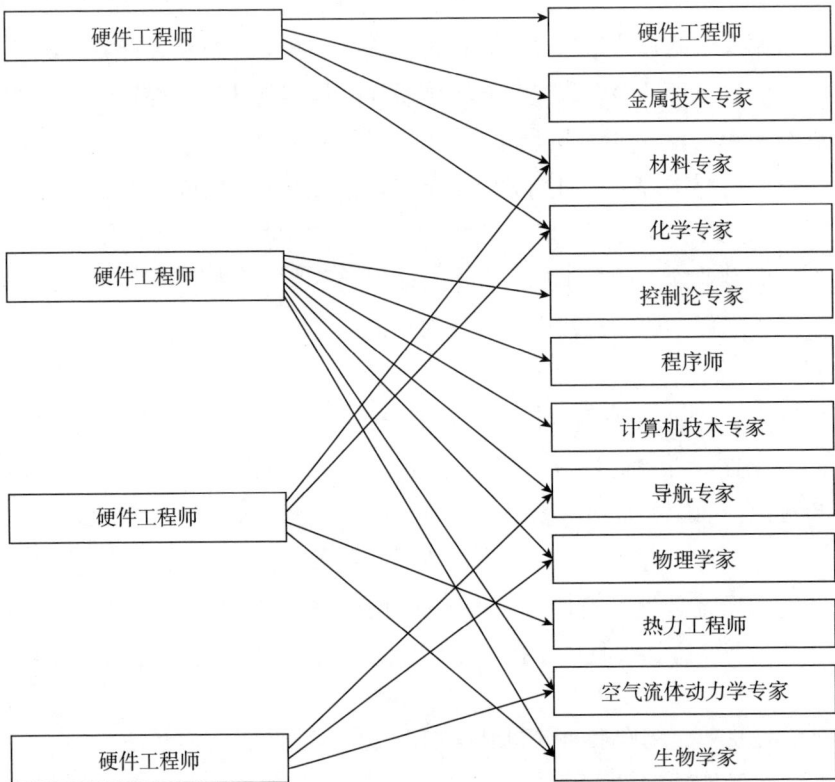

图 6-1　第五技术模式技术与专业人员的跨学科协同（以飞机仪表业为例）

事实上，探讨双重协同是有意义的。双重协同是指：第一，融合在一起的科学与产业的协同；第二，多种专业技术的协同。这种协同的首要推力来自需求。任何产品都是为顺应需求设计的，这是一项最重要的原则。例如，为顺应需求研制出一种在战斗及性能特征上超过同类产品的新战机，这些特征是：视野及射击距离更远；飞得更远、更高、更快而不被击落；保证飞行员安全；执行战斗任务；平稳着陆等。这些特征决定着产品的技术规格，应当深入分析实现这些特征的方式方法。

显然，新兴的第六技术模式知识密集度更高，是建立在对有机界与有机界原理进行的远比以往更为深入研究的基础之上。这两个领域的进步是相辅相成的。标志着技术转向原子层面的纳米技术的发展是促使生产环节物质及能量密集度显著下降的极其重要的因素。同时，纳米技术确保了基于无机界与有机界原理的技术聚合。我们以前在相对简单的无机装置中模仿生物界，纳米技术使我们得以抛弃这种传统方式，转而复制野生生物系统。例如，纳米技术与生物工程技术的结合具有重要意义，用来治疗愤怒激发的脓毒症的血液清洁装置就是在此基础上研制出来的。来自被感染者的血液与外涂人造调理素——甘露糖结合凝集素——从而捕捉各种病原体和毒素的纳米磁珠相混合。[1] 这不仅涉及"其他"界别，而且涉及人类自身，这体现为绘制人类基因组图谱。

与不同知识间及不同技术间的协同作用相互补充的另一个因素是向增材制造（3D 打印）技术转型，这使我们有可能抛弃造成大量原材料浪费的、过时的"减缩性"或破坏性技术过程。在这方面，减少能源消耗是成功使用替代性能源不可或缺的因素；而替代性能源的有效利用取决于在降低电能消耗上取得的进展。

只有内嵌到技术过程的计算机数字化管理（这意味着信息沟通网络的广泛应用）才能使其成为现实。这超越了第五和第六技术模式的"数字化"。例如，利用数字程序控制的机器，如拆除其程序控制装置，就是一台老式机器。但是，如果我们对 3D 打印机做同样的事情，这台 3D 打印机就无法运行了。如将工业 4.0 与网络分离开来，它所涵盖的全部工业就会陷入停顿。

数字技术还曾有裨于现代"智能"工业的产生，而在这种新模式下，人的才智在生产中的作用急剧上升，而伴随这一过程的是人逐渐脱离现场实际活

---

[1] Kang, J., Super, M., Yung, C. 治疗脓毒症所用体外血液清洁装置 [J]. 自然医学, 2014（20）: 1211-1216. https://doi.org/10.1038/nm.3640.

动。基于与物联网相互作用的工业 4.0 成为主要依靠人类才智的上述无人化生产的原型。

在第六技术模式下，得益于自我学习型人工智能系统，认知技术渗透进更多此前只能依靠人工的领域。人工智能系统已能搜索、积累、整理和比较信息，使它能够作出某些决定。目前方兴未艾的无人化技术过程（人机界面、人机系统和人机网络）是生物技术和通信技术成果的具体运用，而认知技术为实现人类与这种无人化技术过程的直接互动创造了机会。这类众所周知的互动系统有多种表现形式，如网络搜索引擎、在线市场、社交网络和多媒体在线游戏。[①] 这进一步推动了机器人生产，而机器人也变得更加灵活、适应性更强、效率更高[②]。

目前，人工智能远不能发现新知识（它只能通过积累和分析现有信息获取现有知识，并通过通信技术加以传输，但不能"发现"任何新东西）。这正是这种新技术模式对人们的研究和认知活动提出新要求的原因。因此，这些基于技术聚合的方式有赖于一种跨学科的方式。教育方面的聚合也反映了对技术聚合的特别重视。就截至目前的情况看，科学与教育的组织结构给这种聚合造成了很大的障碍。

技术聚合有赖于基础研究方面的突破，但将社会科学纳入 NBICS 聚合的进程并未走出多远。它涵盖的只是有关人们在下列情形下语言及心理反应的数据的实际应用：设计"拟人型"或"人机互动型"技术，以及将神经元网络组织原理运用于经济过程建模。

新技术相继在我们眼前诞生，我们要决定哪些新技术应优先发展，以便取得最大的发展效应。鉴于技术投入巨大，利用可靠工具就技术投入的分配事宜作出明智决策至关重要。

6.3 "嵌入"与"接应"

物理学家提出，我们视为普遍存在的规律，如万有引力定律，实际上并

---

① 关于此话题的评论，Tsvetkova, M.A, T.Yasseri, E.T.Meyer, J.B.Pickering, V.Engen, P.Walland, M.Luders, A.Folstad, G.Bravos. 理解人机网络：一项跨学科研究. 康奈尔大学图书馆. https:// arxiv.org/pdf/1511.05324v1.pdf.

② Cully A., Clune J., Tarapore D., Mouret J.B. 能够像动物一样适应环境的机器人［EB/OL］. 2014. URL: https://arxiv.org/abs/1407.3501 DOI: 10.1038/nature14422.

不适用于整个宇宙。他们或许是对的，但我想提出一个更为普遍的定律，我将其称为"接应—嵌入定律"。这是什么意思？粗浅地说，如果已知一幅拼图所包含的一个部分，那么它一定还包含与该部分相搭配的另一个部分，这两个部分总是搭配在一起的。

这具有多方面的意义。首先，所有的生命体都能觉察到并非"它们一部分"的东西。对于并非"它们一部分"的东西，它们能"让其嵌入"，也能"嵌入"其中。我认为世界上任何事物都具有这两种能力，无论物质性事物还是非物质性的事物都是如此，宇宙中的一切事物莫不如此！这一解释也许还能发展成某种世界观。世界是一个由无数个拼图组成的大拼图。这种做法怎样适用于科技？

技术是生产过程中的知识的升华。而且，技术是能够嵌入的（这种嵌入是由知识的本质决定的），既能嵌入其他技术（一类嵌入），也能嵌入第 1 章第 1.2 节所称的生产过程的其他要素（二类嵌入）。

在自然界和整个世界，有一个重要的普遍现象：相容，它涉及两个部分：插销和插座，当然这是一种比喻性的说法。每个事物都与其他事物搭配和结合，且这种搭配和结合是以某种方式进行的。新要素需要植入，但只有与现有要素契合时，才能"植入"。插销契合插座时，才能插入。技术也有契合问题，有的能较好地契合，有的则不甚契合。它们契合得越好，嵌入能力就越高。它们的嵌入能力越高，技术扩张机会就越大。

如果麦苗能"战胜"杂草，麦苗就会生长繁茂。否则，生长起来的就只能是杂草了。为使麦苗长得更好，有必要做好耕地和除草工作。只有这样才能为相应要素的嵌入提供良好的条件。在仪表工程理论中，这被称为对应部分或配套部分，如配套连接器。与嵌入相配套的是接应，或接收能力。

然而，这只是这一现象的一个方面。另一个方面是某个事物的嵌入和接应程度，这是与另一事物的嵌入和接应程度相比较而言的。它们可能完美地相互搭配和相互补充，也可能有着近乎于零的"容忍度"，也就是说，它们的嵌入和接应程度太低，使其不能相互"组合"或"结合"，而且它们的关系结构差异很大。

还有第三方面，这个方面更为重要。这种解释和接应—嵌入现象促成了新的特质（著名的量变引起质变定律只不过是这种现象的一个特例），这可能是某个特征，某种解释，或事物效应／特征的某种变化。简言之，这是一种新特质：相关性。因此，我们认为，任何过程的发展/存在都涉及接应与嵌入之间的相关性。我的意思是：我们创造出来的任何事物，如与其他事物结合，或卷入其他事物，都会产生一种新的认知。应循着这条道路走下去，无穷无尽。这就是世界的构成方式——是这种方式，而不是其他方式。

让我们以手表为例说明这个问题。如将摆钟的锚形擒纵器拿掉，则其轮齿必须与相应的擒纵轮托盘严密啮合。否则，如果这些齿轮没有恰当的接应性，或不能与锚相契合，或无从深入内部，则钟表就无法保证走时准确。锚与齿轮契合得越严密，钟表走时就越准确。如果它们不相契合，就不能产生新特质。如果它们相契合，就能产生新特质，而这正是钟表成为钟表的原因。一旦新特质产生，这种新特质就会传输到其他部件，如传输装置或中继器。如能做到这些，并达到适当程度的相关性，就会产生更进一步的新特质。这种过程可环环相继，以至无穷。

我敢说，这个定律是超宇宙的，在任何时间空间都正确有效。

当然，技术也不例外。只有在锚（无论其尺寸、重量、形状和构成）的嵌入程度达到能使其与齿轮相啮合并以其传输的力量拨动齿轮转动时，这种"锚—齿轮"传动装置才能正常运行。同时，齿轮应对锚有足够的接应性（这是从一般意义上说的——它含有多个参数），以便接应其传输的运动。这个定律还可推及生物系统，如哺乳动物的繁殖。另一个例子是病毒进入细胞的过程。这个过程导致了一种无可置疑的新特质产生，我们不妨将其称为癌症细胞。产生的也可能是赘生物。发生突变即意味着新特质产生。说到有机界，接应—嵌入是必不可少的话题。例如，在食物链中，苍蝇对于捕食苍蝇的麻雀来说是不可缺少的。当然，这些联系和相关性有可能被打破。苍蝇作为一个物种有可能灭绝，这是一个众所周知的问题。我们在农田里施用除草剂，清除杂草，开辟新农田（如糖用甜菜的生产等），这些活动打破了蜜蜂的食物链。我们解决问题的办法通常就很成问题。为重建这些链条，我们不惜用糖喂养蜜蜂。新特质还包括生命界成分的消失。

上述定律同样体现在社会领域。人生是社会性的。人的集体性、适应性和人际关系是始终存在的。

在人机界面领域，我们绝不会设计无法操纵自如的汽车方向盘，无论它是方向舵、方向盘还是操纵杆。我们设法使机械适合于我们，或使我们自身适合于机械。

显然，技术模式的形成有赖于某种嵌入能力更高的新技术诞生，而嵌入能力更高是指这种新技术与其他技术（不仅包括生产还包括与人生其他领域相关的技术，如社会性技术）相融合的能力高于其前身。这是理解新技术模式怎样以及为什么出现的关键所在。

6.4 根据"嵌入"与"接应"原理评估新技术的潜力

显然，在技术浪潮（当前的技术浪潮看起来越来越像是一场完美风暴！）中奋力前行的社会成为新兴技术模式和 NIS.2 社会的最终经济领导者。因此，现在就要不失时机地确定适当的方式方法，追随科技进步与工业发展的步伐，以免为时过晚。问题是从来就不存在一条现成的正确道路，而是有多条道路和蹊径，它们各有其特点：有的笔直，有的弯曲，有的人来车往，有的路狭人稀，因此我们无从猜测哪一条才是成功之路！

常见的应对之策是赶上科技变革的列车，行动要迅速，现在立刻行动起来！我们认为，俄罗斯要重返工业优先的经济发展道路。这是一条怎样的道路？我们认为，这应当是"一条本质上的新道路"。传统技术不再是工业发展的推动力量。那么，哪种技术可以？是否所有新技术都能成为发展的推动力？速度如何？它们是否能实现同样的速度和加速度？当然不能。你所说的本质上的全新是什么意思？"本质上"和"非本质上"的区别是什么？

鉴于我们必须要做些什么，鉴于所要求的投资巨大，且错误的代价高昂，我们在投资前要进行细致入微的考量。另外，鉴于目前的"进一步加快"形势，留给我们的时间不多了！另外，应加快新技术的推行、调适、改造、分支和派生。

因此，我们需要从符合科技进步标准的角度评估具体科技发展前景的工具，以及对"驾驭影响"情况进行全面评估的工具。这里所说的影响是指因实施某项技术引发的在一切相关领域的影响，以及对其长期性和滞后性效应的分析。

从实用角度看，我们需要指出每种技术的核心要素。

事实上，这件事很难办，但嵌入—接应定律可助我们一臂之力。技术是生产过程四个组成部分中的主要部分，另外三个部分是物质、生产组织和劳动力。技术是生产过程中最重要的要素，因为正如我们此前所讨论的，生产过程是利用知识的力量满足人们需要的过程。说明怎样制造物品的知识事实上就是技术，工具也是其中的一部分。

再者，一种技术会嵌入另一种科技，此为一类嵌入。

作为嵌入对象的技术，特别是知识密集型的，通常具有良好的接应性（也就是说，其接应能力较强）。通常是这样的，但不是必然这样。在这种情形下，技术嵌入的效果更大一些。在作为嵌入对象的技术接应能力相同的情形下，嵌入能力较强的技术得到的嵌入结果较佳。相应技术的知识密集度越高，其能力就越大，尽管它们并没有直接关系。

在这种情况下，我们应特别关注技术"关联"的特殊特征。这种关联的结果"技术协同"并不是固定不变的。在我们看来，这种结果是任何已知的理论（如波理论）无法解释的，因此这是个很有前途的研究领域。

我们将两个事物连接或结合在一起时就会产生"协同"，其效果既可能是积极的，也可能是消极的。这并不是双方简单"相加"，而是一方嵌入另一方，因而得到的结果并不是双方之和，而是被称为"技术协同"的某种新效应。

一项具体的二类嵌入能力是指它嵌入其他生产成分的能力，即融入生产物质、纳入生产组织和改善劳动力素质的能力（见图6-2）。

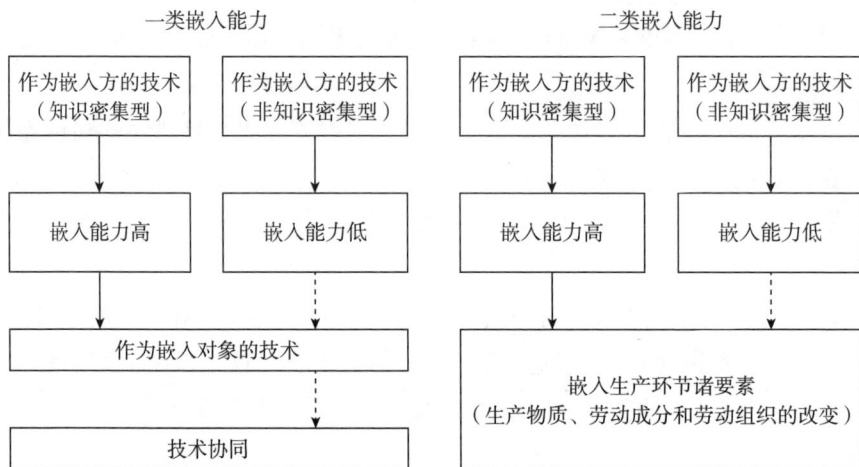

图 6-2　技术嵌入能力

任何技术都有两类嵌入能力。不同的技术体现着不同的知识，在嵌入方面的表现也是不同的。其实，具有同一嵌入能力的同一技术在嵌入不同的技术（一类嵌入）或嵌入生产过程的不同成分（二类嵌入）时，从效率角度看（如成本降低、物质密集度降低或产品的"小巧新奇化"特征加强）得到的结果也是不同的。原因在于不同的技术对另一种技术的接应程度不同。这一特点同样体现在生产过程的各要素甚至宏观经济。由于我们在这里未及探讨的原因，俄罗斯的宏观经济结构对于许多新技术是不适应的，而这正是本书作者及其同事所拥有的制造企业只得将其最近开发出来的 Cyphermint 技术（当今 Yandex 数字钱包的基础）投放到美国市场而不是首先投放到俄罗斯市场的原因！为什么？事实证明，美国市场比俄罗斯市场更易于接纳这种新技术。

我们将这种现象称为"接应"（以技术为接应对象的一类接应和以生产过程其他要素为接应对象的二类接应）。因此，在从这个角度描述某种技术或生产过程某个要素时，我们可以谈论它们对某种技术的"接应能力"。在我们给出的上述数字钱包一例中，美国市场（生产系统及其技术、生产组织等）的接应能力经事实证明确实高于 21 世纪初尚处于落后状态的俄罗斯市场（见图 6-3）。

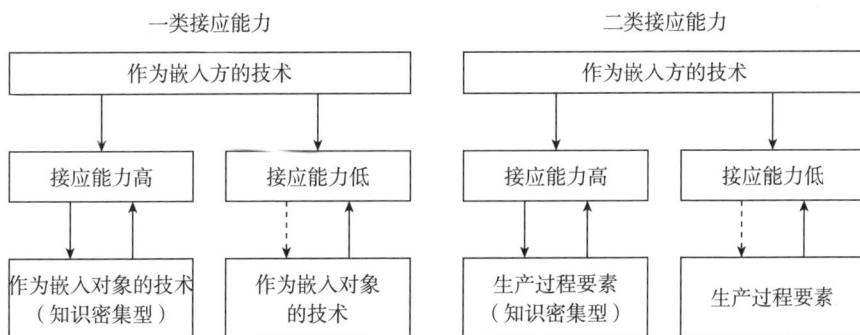

图 6-3　技术的接应能力

苏联院士 V.Y. 亚列缅科及其追随者早在 20 世纪 80 年代初就指出了不同技术对新技术应用的不同接应性，当时他们提出了新技术应用在苏联为什么表现得如此糟糕的问题。然而，他们并未深入探讨，只是承认新技术在相对落后的技术环境中一般得不到较好的接纳。这正是新技术应用在苏联失败的原因；在当时的苏联，不同行业间乃至同一行业内不同企业间的技术水平差异通常很大。亚列缅科写道：

当时，有限的技术资源最大限度地集中于最高层级，不同行业类别间本质上存在重大差距，相对较大的企业仍使用简单和中等程度的技术。在这种经济环境中，新技术的实施虽然刚开始时颇为迅速，但很快就会显著放缓，甚至陷入停顿。对新技术应用的需求有可能急剧下降。保持这种需求有赖于为降低妨碍优质资源流入的壁垒创造良好条件。[①]

然而，对于技术的相互影响和相互嵌入机制，几乎没有什么具体的研究。资源异质性概念提出来了；另一位俄罗斯院士 S.V. 格拉谢夫甚至又向前迈进了一步：将这一概念与经济领域中不同技术模式的存在联系起来。[②] 在市场改革之初，我们就宣布向创新性经济转型，可惜后来又放弃了。尽管如此，俄罗斯科学院经济预测研究所重拾这一课题，在研究上非常接近 M.N. 尤兹雅科夫就技术环境对新技术的接纳性给出的观点："只有当技术链中的后续要素能够接收并保持因实施创新而出现的本质上的相加，实施全新的技术才有意义。"[③] 就我们所知，这些研究虽很重要，但却没有在这个方向上继续深入探讨。

那么，我们怎样描述一种技术对实施另一种新技术的接应能力？

接应意味着接纳，但二者并不是一回事。接应是指接受某种变化或侵入的能力。相对来说，煤块"接受"锤子击打而散碎，这意味着锤子的力量见效了，它使煤块对我们用这种技术（锤子击打）作出的行动的接纳性高于其他物质，如石块或金属片，甚至也高于有着不同结构（和不同接应能力）的同种物质，如钻石。钻石也是由碳元素组成的，但它与煤炭的结构不同，因此不会被打碎。[④⑤]

同理，俄罗斯在实施创新方面失败了，因为它的接应性低。我们的社会（经济、商业、工业等）对创新解决方案的接应准备是很不够的。实施创新性成果所需的基础设施很差（如邮政服务低效、没有足够的仓库等），思维方式错误，人们因教育、文化以及其他许多方面的缺陷没有做好接受创新的准备。

因此，在这种情况下，全球的共同任务是提高社会对创新的接应性，并提高其在给定技术与社会创新嵌入（指嵌入能力）情形下的接纳性及其现实可行性。应该怎么做？在满足需求和推进满足需求的任何阶段，一系列相关观点

---

① Y.V. 亚列缅科. 多层面经济研究的理论与方法论（三卷本选集）[M]. 莫斯科：Nauka, 1997, 122.

② S.Y. 格拉谢夫. 长远性技术及经济发展理论 [M]. 莫斯科：VlaDar, 1993：61, 168, 171–173.

③ Uziakov, M.N. 定性及大量资源与经济效率的相互作用 [J]. 预测问题, 2001（1）：23–24.

④ 富勒烯是碳的同素异形体, 其分子是由通过单键和双键连接起来形成密封或半密封网的碳原子组成, 其稠环含 5~7 个原子。

⑤ 石墨烯是"一个原子厚"的碳的晶体；在这个晶体中, 通过强有力的西格玛键聚合在一起的碳原子按二维蜂巢晶格形式组合起来。

和相关科技的"传导性"应持续加强，有妨满足需求的环境"抵制"应设法减少。谈到俄罗斯经济，我们现有的机构制造了太多的摩擦和"抵制"，远未成为促进新技术应用的继电器、变压器、自动人行道或自动扶梯；它们作为创新技术媒体的"传导性"很低。在世界上其他地方，我们看到了在同一历史时期和同一技术模式下各国经济系统对新技术应用的传导和接应能力。

为什么会这样？

让我们再来看前述的技术案例。技术固然是以知识为依托的，但不用将技术的"知识密集度"概念与"嵌入能力"或"接应能力"概念等同起来。它们当然是有联系的，但这种联系并不是直接的。就某项具体技术而言，知识密集度提高通常导致其上述两种能力的提高，但这种提高并不是成比例的，也不是必然的。这源自知识的本质：知识是至高无上的、非离散性的、无限的，因此源自知识的技术应用是普通数学术语无法描述的，它遵循的规律也是这些数学术语无法描述的。举例来说，它不合乎重在阐述波的反射与叠加的波理论。知识密集度偶然相同的两种或多种技术可能有着不同的嵌入与接应能力。

选择作为重点突破（指标志着进入新技术模式的突破）对象的技术，要实现突破，就必须选择作为重点突破对象的技术，而这种选择的关键则是分析其嵌入—接应问题。分析这个问题须考虑：（a）作为嵌入对象的技术的接应能力以及生产基体的总体状况（相应技术模式的技术构成，以及现有生产要素的接应能力）；及（b）选定实施的新技术的嵌入能力。

进行此项分析还应切记另一个要点：鉴于研究对象的上述具体情况，分析结果不能绝对保证会作出正确选择。即使我们想象到我们在基本层面上成功地"用代数证明和谐"（普希金语，指足够准确地阐明作为供体的技术与作为受体的技术之间的能力关系），我们也未必能看到在能力"配合"层面上展现出同样的逻辑。在这里，波理论原理是不适用的，"波"的能力是不能用代数方式概括的。在这个层面上展现出的是积极或消极"协同"，前者将工业发展水平提高到未曾预见的道德高度，后者则产生相反的结果。

接应与嵌入——以及它们各自的能力——取决于什么？它们取决于知识及其在技术中的密集度，也就是说，取决于我们前进了多远。虽然我们不能准确计算出具体数量，但这再次证明那些敢于迎难而上的人提升其所处社会的能力、接纳性、坚固性或嵌入性；只有到那时，我们才能从一种技术模式跨入另一种技术模式。非常重要的是，进步只能通过知识实现。

其次，进步应以系统、全面的方式进行，这一点也很重要。

例如，谈到将生产、科学与教育融为一体时，我们通常指的是某种实用的东西。我们应向专业人员提供相应培训，使其成为兼有工程师身份的人。这项工作应作为统一的行动计划的组成部分系统化进行。技术中出现新知识通常伴随着更高的传导性。以后，"将事情搞砸"的指导者等中间人员少了，不向指导者提供正确信息和下达明确指令的工厂主管少了，涉及的政府职能部门少了，等等。通向知识、然后通向技术、随后通向产品的路径缩短了，这要归功于过剩信息负担阻力较低，精力与时间浪费较少，知识"通行能力"更强。在这种情形下，只要我们遵循将生产、科学与教育融为一体的道路，知识以及经济领域新技术的传导性就会增强。新技术，特别是诞生于这样一个社会的技术，其嵌入能力将会更高，它们诞生时就有较高的知识水平。上述技术的接应能力，即积极"接纳"的能力，也会更高。这种情形发生于在上述融合的基础上形成的"协同"出现时。"协同"现象将不断出现在这里或那里，然后逐渐普遍。俄罗斯"硅谷"斯科尔科沃也许并不是最好的例子，但我们还是对其进行一番探讨。只有这样一个地方是不行的，我们需要十个如同斯科尔科沃的地方。创建这样的机构旨在提高科技的知识密集度（以及它们的嵌入与接应能力）。同时，它们之间的相互作用促成了更高层次的协同。协同就是这样前后相继，逐步提升的。这个例子对我们应做的事情进行了颇为准确的描述。

在这类分析中，我们要选择适合被选作向更高层次转型的跳板的技术模式且具有最大嵌入与接应能力的技术。让我们以第三技术模式及其机械装置为例说明这个问题。机械手段的出现，即机械加工技术与生产机械化的出现，促成了生产环节知识密集度的急剧提高和发展阻力的降低，这实际上导致了突破。突破发生的原因何在？因为新兴的机械化技术具有比体力劳动更高的嵌入能力。难怪这种技术会获得成功。尽管这种技术的主要受体是较低层次的技术模式，但后者对这种技术的嵌入是接纳的。换句话说，原有技术的接应能力不太弱，不太低，或不太小，能够接应这种新技术。例如，在石器时代，"机械化"是得不到接应的。

我们也可以考察随后的某个阶段，如电气时代。电气是怎样成为相应技术模式的普遍技术手段的？因为电气知识密集度较高。电气是一种允许其他技术快速嵌入的技术。电气首先嵌入其他技术，然后嵌入生产过程其他要素，最终它改变了我们的生活。电气使我们用上了白炽灯，让我们能够在晚上读书看报。这提升了我们的知识密集度。新的需求开始出现。人们读书学习，这促进了新需求的出现。新秩序就是这样形成的，这完全归功于嵌入。

今天，信息／通信（数字）技术发挥着同样的作用。它们拥有无与伦比的嵌入能力，而对它们的接应是非常能动的。也就是说，在既有基础上接应这一技术的能力很高。这就是为什么会出现加速的加速度：因为以前的层级是"加快"层级。然而，假如我们在以前的层级上实施了这一技术，会有一些加速，但没有加速的加速。科技发展的突破是正确选择技术潜力的结果。一旦新的、嵌入能力较高的技术开始"嵌入"，就会产生协同效应。阻力减小，技术传导性上升，新技术俨然成为改变世界社会环境的万能钥匙。再者，就生产与生产过程而言，相对于同时提高众多要素的接应能力，通过下述方式提高加速度更为容易：采用某种嵌入能力较高的技术，或采用属于同一类的若干种技术的基本组合。同样重要的是确定发展接应方技术的接应性并能提高其潜力领域；关键是确保从前一层级的可用技术中选择对作为嵌入方的技术接纳性最强且能产生最大协同效应的一系列技术，因为正是嵌入与接应之间的相互影响，即它们之间的反射和"反射之反射"，才产生了协同。这是一种相互的"镜面效应"。

反射是一个哲学观念，在现实中则是一个基本的自然现象。我们看到的水面或镜面普通反射是最简单的，是这一过程的表层部分。如从更广泛的意义上理解，反射是一种包含了对"被反射物"改造的反应，而这种改造"与反射事件是相契合的"。因此，相互嵌入构成了相互反射。这是每个事物间的相互嵌入，但在每个侧面都采用不同于其他的方式。通过这一作用，它创造了世界并推动它发展。

第 7 章

智慧型生产：技术变革与社会结构

从根本上决定并推动着转型智慧型生产的技术变革引发了社会生活所有领域的根本性变化：人们脱离了直接的物质生产，这彻底颠覆了现有的社会关系。既然人类活动的性质经历着如此深刻的变化，甚至使经济监管机构成为过时的事物，既然人类特征有可能不可预料地变化，那么，社会应该怎样变化，以便迎接这些挑战？

7.1 驱使人们脱离物质生产和经济关系

新技术模式下的技术终将在人类史上首次使人们彻底脱离直接的物质生产。新模式下的生产中，人的心智和知识既是生产的主要资源，也是生产的监管者，所以我们将这种生产称为智慧型生产。

早在 19 世纪后半叶，卡尔·马克思就富有预见地指出，人的知识将在工业生产发展中发挥越来越大的作用。[①] 但只是到现在，我们才能首次或多或少地准确确定使人们得以脱离对物质生产的直接参与但仍充当其"管控者和监管者"的具体技术基础。

这种根本性的技术变革不可避免地导致了社会关系的根本性转变。如果人们脱离了直接的物质生产，则以前围绕生产活动形成的社会关系也随之消

---

① 马克思指出"生产过程从简单的体力劳动到利用自然力量服务于人类需求的科学过程……直到富有创造性且与生产有关的经验科学的转变"（马克思，《经济学手稿》1857—1859 年。// 卡尔·马克思和弗里德里希·恩格斯。Sochineniia［选集］46，2，第 208、221 页）。

失。生产关系逐渐消失，生产不再是传统意义上的经济活动形式，因为生产圈的运行不再有人类的直接参与。我们熟悉的经济正在变得过时。取代它的将是什么？人们可能脱离生产，但生产依然是人类生活的现实基础，因此必须设法掌控社会关系。由于人们不再直接参与生产活动，传统意义上的经济也就不复存在，取而代之的是智慧型经济，它代表着一种新型的社会关系，这种关系并不是人们在其直接参与的生产框架下形成的，而是围绕智慧型生产形成的。在智慧型生产中，人们并不直接参与生产活动，但仍将其置于人的心智监管和指导下。

沃尔纳德斯基 50 多年前给出的关于智慧圈起源的结论直到 20 世纪才逐渐被知识界接受。然而，经济学家无视将生物圈转变为智慧圈的问题，也不触及生物圈自身的问题，主要关注的是环境保护的成本问题，甚至从未考虑过智慧圈这个概念。智慧圈是从经济发展出来的，同时也在改造着经济；人们的需要将更多地体现为非经济形式。再者，传统意义上的经济，即人们围绕生产和产品交换形成的经济关系的总和，将逐渐萎缩，直到完全消失；这并不是因为生产所需的原材料和能源的成本不再重要，而是因为人们不再直接参与相关活动，无从形成与生产有关的人际关系。人们将脱离直接的生产活动，让技术圈的产物——电子技术生物——负责全部工作。

传统意义上的经济成为多余的。经济过程将成为"自在之物"，即自主自维持的系统，我们对它没什么兴趣。马克思断言，随着人们脱离直接的生产过程，"经济的社会结构"将走到其尽头。继马克思之后，后工业主义理论家预告了"后经济社会"①的开端（尽管他们更喜欢用"后工业"而非"后经济"）。

然而，这种对后经济社会的"后工业主义"观绝不同于马克思的观点，尤其不同于本书给出的观点。后工业主义者完全无视人们脱离对生产过程的直接参与问题，一味谈论物质生产相对于服务业的重要性不断下降，以及人类需求结构的变化。然而，在服务业，人们依然直接参与生产过程，即使我们不考虑司机、门房、店员、女佣和洗碗工，仅分析后工业主义者钟爱的"创造性阶层"，即经理人、广告商、营销专家、金融经纪人、媒体制作人等，也会得出这一结论。另外，后工业主义者向着非经济性的动机和观念转变完全归功于那

---

① Kahn, H. 二十世纪最后三十多年的变革力量［M］. 纽约：哈德逊研究所，1970；布罗克韦，G.P. 经济人的终结：未来经济学原理［M］. W.W.Norton & Company，1996；Inozemtsev, V.L. 十年以来，关于后经济社会概念［M］. 莫斯科：学术界出版社，1998.

些劳动所含脑力和创造性成分较高的相对较小的社会专业群体。

他们所称的后经济社会很像某种精英俱乐部。例如，彼得·德鲁克认为："脑力劳动者在未来的知识社会并不是多数……脑力劳动者占主导地位的社会受到新的阶层冲突的威胁，冲突的一方是在社会上占少数的大批脑力劳动者，另一方是在社会上占多数的仍按传统方式生活的人们。"[①] "后工业主义的鼻祖"丹尼尔·贝尔持同样观点。[②] 由此看来，后工业主义者的想象仅限于改善一小部分劳动者的工作条件，即使在这方面，变化也仅是部分的，而不是全面的，既有的经济动机、经济目标和经济观念并没有消失，甚至也没有淡化为背景。

著名宣传大师弗朗西斯·福山的观点显得更为激进，但也更为肤浅，其程度有甚于前者：他宣称，随着生物技术改变人类的本质属性，后工业社会即将到来。[③] 他没有意识到其中的风险，但与新技术革命相联系的社会转变远比福山所认为的广泛：他在评估生物技术带来的诸多挑战时表现出的是自由主义与保守主义偏见的奇怪混合。

我们的方法则更为深入。我认为，源自技术革命的智慧型生产将彻底改变经济组织。

马克思对劳动的知识密集度提高所带来的经济变革的深刻洞察被其追随者接受。20世纪60—70年代，苏联该学派的学者以某种附带性和试探性的方式提出，（在他们看来）即将取代资本主义社会的新型社会不仅仅是一种新型的经济结构，还是一种本质上全新的社会关系体系，而资本主义生产方式的终结意味着马克思所称的"必然王国"和"史前阶段"的更大社会体系的终结。[④]

在我们看来，智慧型经济（对其定义的辨析如前所示）是一种将超越了物质生产的人们组织起来的非经济性的生产组织模式。换句话说，智慧型经济与传统经济的差异在于前者没有人们在物质生产过程中形成的关系。

在人类进化史上的以前各阶段，个人总是处于在物质生产形成的关系中，而智慧型阶段的本质是关系形成于文明结构中的两个不同领域，即智慧型生产

① Drucker，P. 社会转型年代［J］. 大西洋月刊，1994，11（274）：53–80.

② Bell，D. 后工业社会的到来。社会预测尝试［M］. 莫斯科：学术界出版社，2004：171，301.

③ 福山，F. 我们的后人类未来。生物技术革命的影响［M］. 莫斯科：AST，Liuks，2004.

④ 卡尔·马克思《政治经济学批判。导言》。卡尔·马克思和弗里德里希·恩格斯选集（第13卷）［M］. 莫斯科：政治家，1959：第7–8段. 参见 Vaziulin，V.A. 历史的逻辑。理论与方法论问题［M］. 莫斯科：LENAND，2015：第319–321、335段.

或技术圈与人类社会（见图 7-1）。

现代文明 智慧型经济

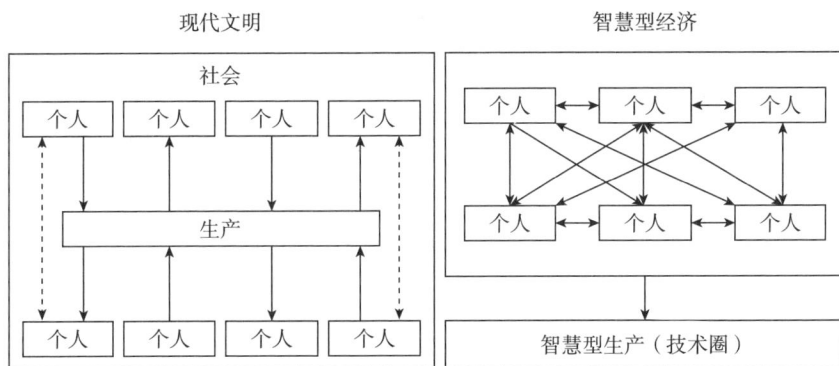

图 7-1 向智慧型经济转型过程中文明结构的变化

不仅是社会结构，人类文明结构也在经历着根本性的变化。作为人类文明组成部分的社会凸显起来，因为技术圈从某种意义上说正在与社会分离开来，这是有史以来的首次分离。以前人们之间的关系是通过参与技术圈的活动形成的，现在人们是以"管控者和监管者"的身份定位其与无人化物质生产的关系的，而人们之间的关系则是由他们对"无人化生产"领域的影响决定的，正是这种影响决定着无人化生产的发展道路。

这种关系不再是具体的经济关系，而是与生产无关的任何其他类型的人类活动中的相同关系。具体地说，公共生活的经济形式将逐渐淡化，以至最终消失。

作为主要经济关系之一的财产关系将逐渐丧失其重要性（这要归因于利益的获取机会不断增加，产品的价值不断下降）。这首先发生在人们的商业活动中，最终从社会关系中消失。随着财产关系的消失，经济本身也会消失，因为经济是建立在财产的获取与处置关系基础上的。

为什么财产会丧失其重要性？因为从历史上看，财产的价值在不断下降，终将使每个人都能满足其非伪需求；我们越是向 NIS.2 社会推进，满足这种需求就会变得更容易、更迅速。每个人都能顺利得到其想得到的东西，劳动者不再通过获取其劳动成果和财产而得到劳动报酬。

为什么便宜了？因为在以前，生产是以下二者为代价的：（a）自然资源——尚未被占用者，以及（b）知识。从本质上说，知识是从原有的自然资源中取得另外某种东西，它存在于生产过程的所有四个组成成分（劳动力、生产工具、技术和生产组织）。每个新事物都是新增的知识，而不是其他。实际上，物质是尚未被占用的，知识量是不断增长的，知识在产品中所占的份额也是不断增长的（这要归功于新产品研制过程中的信息处理成果以及在此过程中积累下来的由每次"重来"构成的阶段）。然而，如果知识是排他性的，上述过程只能使新产品更为昂贵。但幸好不是。知识在刚"出现"时也许是排他性的，但很快就会普及起来。

按现代说法，这是"信息产品的成本在其用户中的分配"，它在单位成本的降低与用户数量之间建立起比例关系。这种效应基于这样一个极端例子：产出增加得益于信息复制与配送的成本极低。[①] 但在现代价格构成中，这种成本属于"采购"费用。在向 NIS.2 社会推进的进程中，如果价格能够降下来，购买产品的价格就会越来越低。也就是说，那时，一切产品的价格都将以近乎指数级的幅度下降。因此，财产的重要性将会不断下降，届时，财产将不再"值钱"，而现在恰与其相反：财产是积累起来的"物化劳动"，是满足日后需要的不可替代的物质储备。在未来，财产将不再是劳动的"物化"形式。那时，财产的含义是什么？"某人自有的"这一说法将彻底消失。也就是说，那时，没有什么是某个人自有的，一个无须目前传统意义上的"劳动"的世界将满足人类的一切合理需要。同样地，你不能说某座山是你的；的确有座山，仅此而已。

7.2　知识获取：从工业时代、NIS.2 时代到智慧型经济时代

劳动是我们为取得 / 应用满足我们所需的知识而付出的努力。即使知识的应用也是知识！因此，对"知识生产"和"知识经济"的谈论有可能发生误导。个人是不会生产知识的；知识有赖于社会的集体努力，它是在前人努力的基础上通过探索和发现取得的，因为这种探索和发现促成"意识的扩展"，即扩展个人乃至全人类截至某个时间所掌握的知识领域。

导体的电阻、电流强度和电压之间的关系是欧姆发现的，因而被称为欧姆定律，但这种关系早在欧姆以前就存在，那时还没有欧姆。他发现这种关系和瓦斯科·达·伽马发现通往印度的新航线是一样的。是发现，而不是创造。自然界和人类社会的规律是独立于我们而存在的，我们可以增进有关这些规律的知识，意识到这些规律，从外部世界提取这种知识，但我们制造不出这些规

---

① 阿瑟，W.B. 不断增加的回报与新型商业世界［J］. 哈佛商业评论，1996（7-8），74（4）：100-9.

律。现在，我们在"知识获取"方面观察到了与在工业方面相同的技术变革。最近几十年来，科学活动（包括其所有方面：组织、成本、成果、旨在满足公共需求和兴趣的实施活动）经历了如此急剧的变化，以至于我们甚至会说它从单纯的研究活动转向某种新事物，以便应对与人类文明开始向 NIS.2 社会转型相联系的社会转型挑战。

根据有些估计[①]，仅在 20 世纪，科学家的人数就有了令人震惊的增长（4 500%~7 500%）。就时间投入而言，以 PPP 衡量的科学活动增长了 1 000 倍以上[②]，很少有人质疑其进一步增长的必要性和必然性。

这只是些最浅显的指标。如果从 NIS.2 社会的角度考察，还能揭示更多的内容。

在 NIS.2 社会框架下，知识密集型生产的发展是以知识优先于其他一切生产成分为基础的。而在传统工业生产的初始阶段和后来的成长壮大过程中，物质资源发挥着关键作用，工业产品的成本主要取决于原材料和"非知识密集型"劳动的投入量。

因此，科学知识作为工业资源的重要性不断提高，逐渐成为工业的基本资源。这种新的地位推动着科学发展的巨大变革。

NIS.2 社会的进一步发展有赖于生产、科学与教育的一体化，即三位一体，这是 NIS.2 社会蓝图的基石。加尔布雷斯的新型工业社会概念暗含着这样的一体化。然而，他认为，生产起着关键作用，而科学与教育则起次要作用，它们是"服务于"工业需要的。而在第二代新型工业社会，它们的地位发生了逆转。在这种三位一体的关系中，知识起着基本的作用，成为知识密集型生产的推动力量。事实上，知识成为主要生产资源和直接生产力，即意味着它取代了 NIS.2 社会生产环节的"物质部分"。

让我们将其置于科学与生产的关系背景下加以考察。

工业生产是以从个人手工劳动转向大规模生产为前提的，这一转型使资本主义关系接管了工业。工业生产的"资本主义化"不仅彻底改变了社会关系，也彻底改变了生产本身。相关变化包括资本主义的资源利用与产品处理方

---

① Allahverdian A.G. 苏联和俄罗斯科研人员的动力：历史比较研究［M］. 莫斯科：CogitoCentre 出版社，2014：53；Avdijskij V.I. 科学在培训新时代专业人员中的作用［EB/OL］. 俄联邦政府金融学院，2014–02–21. URL：http://www.old.fa.ru/science/iscience/Pages/science–role.aspx.

② Radzihovskij L. 资产阶级科学［N］. 俄罗斯报. 2016–10–10：229（7097）.

式、营销技术、促销、商业流程与程序的组织。

科学是否将遵循同样的发展道路（科学完全服从商业利益，将所有的科研成果转化为商品），成为 NIS.2 社会生产发展的基本资源和主要推动力量？

众多事实证明了这些现在看起来很明显的东西：科学大体上遵循生产的发展道路，从个人化的科学研究转向"群体科学"和"科研能力"的集中。我们还见证着科学的"金钱化"和"资本主义化"。过去科研只是一项脑力工作，现在则成为充斥着公关、营销和资产溢价等说法的科学商品。获取科学知识的创造性行为成为可售或已售商品。各种科研成分深受研发投入增长和组织规模膨胀（如种种官僚主义程式）负面效应的影响，甚至还是这些负面效应的亲身体验者。科学与科研逐渐"工业化"了。

这种情况能持续多久？

在资本主义社会关系框架内，科学只能成为资本管控下的直接生产力量和基本资源。还要看到，这方面有种种问题和陷阱，有些我们已经预料到并有所准备。

NIS.2 社会不仅意味着新的物质生产方法，还意味着知识的特征和特定属性所要求的新型公共机构。这些特征和特定属性意味着无论怎样用边界和版权对知识加以限制，但知识是社会性的和"可复制的"，而不是私人和排他性的。知识还有其特殊性，这要归因于人们消化知识的方式方法。

NIS.2 社会将改变知识的作用以及利用和获取知识的方法，使我们不再把知识视为商品，转而认识到知识的原创性、主要是创造性本质。

知识获取途径将会继续向着更为公共化的方向进步和演进。随着知识成为劳动功能中不断增进的要素，它将使其拥有者占据上风，有助于他们从资本的权力下彻底解放出来。现在已经有了可以观察到的明显趋势：作为资本家的雇主越来越依赖拥有稀缺而重要能力的雇员，扭转了劳动者对资本的传统依赖。这种反向依赖通常比传统依赖强烈得多。有些年轻的千万富翁是科技企业的拥有者，他们不需要很多初创资本就可以创办企业。这些趋势表明，当今的高级技术解决方案恰逢已经被之前的技术"施肥"的肥沃土壤。之前的技术对区块链和虚拟货币（名列福布斯榜单的年轻企业家维特利·布特林就将其财运归功于它们）等高新技术具有较高的接应能力。这些相互联系的趋势推动着我们奔向 NIS.2 社会以及推动它前行而又受惠于它的社会力量。

NIS.2 社会已开始消灭某些经济形式。但取代它们的将是什么？诚然，

NIS.2 社会的生产，恰如创造性的"知识生产"和"文化生产"活动，不可能存在于社会关系之外。

否则，人们怎样对无人化生产施加影响？他们怎样决定将其引向何方？其中应予管控和监管的是什么？生产将存在于人类关系之外，但不会脱离人们而孤立存在。毕竟，人类的生活仍将有赖于生产。

在这里，人们面临两个选择：社会未能利用 NIS.2 社会创造的机会，被错误的目标和观念所驱使，永远不能前进到智慧型社会和智慧型文明；或者社会采取智慧型方式，改造目前的文明环境。

在智慧型阶段，就生产的目的和目标而言，生产依然服从于社会。设定目标以及管控其实现手段依然属于人类的职责范围。在智慧型生产模式下运行并自我完善的技术主体仍依赖人类社会管理它们的活动、范围和属性（见图 7–2）。

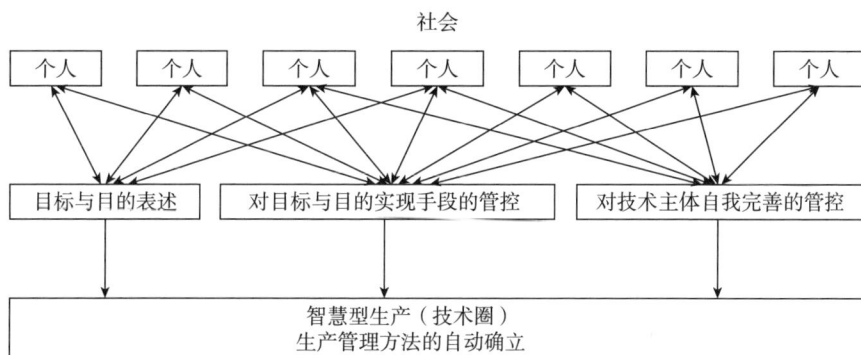

图 7–2　智慧型生产监管过程中的人类关系

在这里，我们不谈论反乌托邦话题。这一过程正在进行中，人们已开始脱离生产。谁敢说正在向我们走来的基于物联网的工业 4.0 不会确保为这种变革做好充分的物质准备？

我们无从充分想象这样的未来，也无从认清其全部成分；应该明确的是，我们正经历着远比考虑环境要求对生产的限制深刻得多的转变。

这促使我们提出智慧型生产的社会形式问题。哪些当务之急支配着人们赖以生活的物质与精神条件的生产，以及对其加以调控的社会关系？整个智慧圈的条件严重依赖于此。

7.3 人类能坚持下去吗

现代科技发展产生了一些令人担忧的影响，尤其是对社会和人们的影响。请看一下目前的人口状况：欧洲、美国和加拿大出现了专家所称的"人口结构转型"的现象，即人口结构的根本性变化。作为科技进步的直接后果，高死亡率与高出生率的平衡现正逐渐被低死亡率和低出生率取代。在 NIS.2 社会模式下，进一步延长寿命预期的需求可能导致根本性改变人类"躯壳"的期望：用人造器官取代人的自然器官，甚至完全用人造躯体取代其有机躯体。那时，这样的"生物"还需要现实世界的实物吗？这个问题看起来有点夸张。这样的"生物"的需求显然不同于我们，其物质躯壳（现在我们还无法确知它将由什么技术物质制作）是将其与物质世界联系起来的唯一东西。听起来有点牵强？即将到来的人类"生物技术性杂交"所需的先决条件其实已经存在了。

让我们首先探讨一下年青一代即所谓 Z 世代的一些趋势。在过去的十年里，他们的信息负荷（信息消费，以及信息需求的满足）激增到每周数十个小时。不仅是信息消费的数量在变化，其质量和结构也在变化中：Z 世代将其关注对象从电视转向智能手机，后者在单位时间里提供的信息比前者多得多，而且这些信息都是定制化的。认知变得碎片化，人的注意力在不同的信息碎片间快速跳转。一种以新的信息媒介为背景的新存在模式出现了。新生代不是一味获取更多信息，而是利用新的技术手段在信息媒介中搜索和巡视，利用新的工具搜索和消化信息。

这些新的信息沟通机会本来能够为人们打开一个全新的世界，但这一趋势现在通常呈现出一幅丑陋、荒谬的模样。虚拟空间固然能扩展沟通机会，但也有可能减少沟通机会，使人愈加自我孤立。写到这里，我想起了日本的"蛰居族"：他们常年坐在电脑旁，拒绝日常沟通，甚至拒绝正常行为，如按时吃饭，及时换衣服，健美与健康……信息消费变成了信息泡沫、冒牌知识……这就像信息口香糖或媒体毒品。

制造伪产品和伪需要的手段早在 20 世纪 60 年代"反文化"运动时期就被市场中的人熟练运用。再者，从文字到图像和碎片化思维的演变不可避免地造成了知识吸收过程中逻辑性和系统性的缺失。当然，积极的方面也在必然地发展着，如社会学家研究表明，年青一代对物质方面的兴趣在下降。

促成了主要智慧型发展目标实现的文化圈的兴起成为一个重要论题，值得专门评述。正如我曾经指出的那样，马克思（2018 年 5 月是其诞辰 200 周年纪念）早在 19 世纪就指出，人类的未来，即"自由王国"，从根本上说存在于物质生产之外。[①] 马克思的追随者，即苏联"解冻"时期的知识分子、俄罗斯现代思想家 Evald Ilienkov、Vadim Mezhuev、柳德米拉·布拉芙卡等人[②]，在一个世纪后强调指出，"自由王国"的发展事实上是文化的发展。他们以充分的理由说明，对于理性的人和"理性"的社会来说，文化构成其生活的主要领域。

然而，他们似乎忽视了马克思这段论述的第二部分，这位德国思想家在该部分强调指出，文化世界的兴盛是以适宜、高效的物质生产为基础的。

正如野蛮人必须与大自然搏斗才能满足其需求、维持其生命并繁殖后代，文明人也必须这样做，无论其处于什么社会形态和生产模式。随着文明人的发展，物质性的必然王国因其需要而拓展，而满足其需要的生产力也在提高。

……超越了它即开始了本身即为目的的人类能量发展，即真正的自由王国，但只有建立在必然王国的基础上，它才能兴盛起来。[③]

这正是我为什么要重新回到开头时的话题——认识到战略目标指导下的智慧型生产的重要性，但也不忽视紧急的策略性任务。

7.4 克服现有的不平等，制造新的不平等

我们对向智慧型社会阶段转型的预测并非针对目前这个充斥着冲突的社会而设想出一个没有矛盾的、和平欢愉的新社会，因为这样的社会是没有发展动力的。因此，我们认为有必要研究智慧型生产和智慧型经济模式下出现的不平等的性质问题。

---

① 卡尔·马克思（1962）. 资本论. 卡尔·马克思和弗里德里希·恩格斯. 选集（第 25 卷第二部分）[M]. 莫斯科：IPL 出版社，1962：386—387.

② 伊利连科夫，E.V. 哲学与文化［M］. 莫斯科：政治家，1991；Mezhuev，V.M. 历史、文明和文化：哲学解析尝试［M］. 圣彼得堡：SPbGUP，2011；Mezhuev，V.M. 马克思反对马克思主义：有关这个不受欢迎话题的文章综述［M］. 莫斯科：Kul'turnaia revoliutsiia，2007；Bulavka，L.A. 苏联文化现象［M］. 莫斯科：Kul'turnaia revoliutsiia，2008；Zlobin，N.S. 文化与社会进步［M］. 莫斯科：Nauka，1980；Bibler，V.S. 从认识论到文化逻辑：给予 21 世纪的两个哲学思考［M］. 莫斯科：Politizdat，1990.

③ 卡尔·马克思. 资本论（政治经济学批判）（第 3 卷）马克思恩格斯选集（第 37 卷）［M］. 纽约：国际出版社，1975：807.

尽管它们促成了满足人类非伪需求方面的令人惊叹的关键性突破，但这并不是没有矛盾的，而是仍存在种种矛盾，包括一些根本性的矛盾，如私人生活的个人化与社会经济环境不断增长的重要性之间的矛盾，对隐私的天然需求和满足这种需求的机会严重缩减之间的矛盾（而这竟发生在技术意义上开放的社会）。另有一种矛盾，即人们寻求对知识这种基本资源的平等权利和人们因能力不平等而不可能实现这种权利平等之间的矛盾。还有一种矛盾，即 NIS.2 社会要求从业人员有较高的能力水平和具有决定性意义的很大一部分社会成员达不到这种水平之间的矛盾。

这种基本社会矛盾的变化在很早以前曾被提及。20 世纪末，V.L. 伊诺泽姆采夫在评论一些西方学者的著述时指出，新的冲突将会在另一种情境下发生；在新兴的后经济社会，实力是建立在某种新的有限资源基础上的，分别处于两极的两个阶级终将吸纳现有的一切社会集团。同时，我们已能非常肯定地指出新型社会最重要的资源到底是什么——是吸收和创造赖以推动科技进步和形成新的社会性技术的知识的能力。[1]

他认为，这种阶层分化取决于个人内在特征而非社会特征。

目前构成精英阶层的人们，无论我们怎样称呼他们——新阶层、技术官僚阶层或精英集团，都有不受外部社会因素左右的品质。今天，无论社会还是社会关系都不会把个人变成统治阶级的一员，或赋予他们统治别人的权力；人们按照那些能使其进入顶尖社会阶层的特质塑造自己。[2]

米哈伊尔·迪里亚金表示了同样的态度："人们以无师自通、与生俱来的创造能力竞争。相对于目前的社会竞争，下一个阶段主要依靠生物性竞争。也就是说，一个没有什么禀赋的人拥有的机会将比现在少得多。"[3]

但我认为，我们不应低估认知技术培养人的创造性思维能力和改造现实的能力。再者，人的智力差异并非仅与其个人能力有关，更有可能受制于其能否享有高质量的教育、智力资源和各种文化财富。[4]

① 伊诺泽姆采夫，V.L. 分裂的文明［M］. 莫斯科：Academia-Nauka 出版社，1999：550.

② 伊诺泽姆采夫，V.L. 超越经济社会的极限［M］. 莫斯科：Academia-Nauka 出版社，1998：435.

③ Deliagin, M. 当代人类变革与后苏联地区的当务之急［EB/OL］.（2011-6-4）. http://www.odnako.org/blogs/transformaciya-sovremennogo-chelovechestva-i-imperativi-postsovetskogo-prostranstva/.

④ 对伊诺泽姆采夫关于后工业社会不平等性质所持观点的批评，见 Buzgalin, A.V. 和 A.I.Kolganov。全球资本（2.理论：全球资本霸权及其极限）［M］. 莫斯科：LENAND 出版社，467-70.

我们在上文曾提及得以迎头赶上的经济体与未能做到这一点的经济体之间的冲突，当然也曾提及与全球地缘经济关系转变有关的矛盾发生的不平等问题。

因此，这种新的不平等不应视为目前主要被追逐物质财富所驱使的消费自然资源的机会不平等。这是一种另外的不平等——满足文化/精神需求方面的不平等，个人发展机会的不平等，以及创造性能力和文化需求发展机会的不平等。

这些因素也决定着各国经济发展的差异。这正是我国经济的未来在于无条件放弃目前这种将出售石油和其他自然资源的收入用于化解重大社会紧张的做法的原因。为不至于沦为智慧型时代的"尼安德特人"，我们要将更多资源投放到那些决定着人类能力发展的领域。

"投入于人的培养是值得的，因为能力高的人能够取得更大的经济效益。"这一主张虽说颇为流行，但极少付诸实践。而且，这一主张本身也是有缺陷的。投入于人的培养是值得的，因为这将逐渐成为智慧型生产的目的，最先领悟到这一点的人将会胜出。摒弃财富方面的社会差异而竞逐于精神（科学、文化等）发展领域的自我完善将为人类社会的发展创造新的、最广泛的动力和机遇。

为了理解不平等在智慧型社会阶段的作用，有必要回顾一下人们对平等和不平等问题的一般看法。

在我们的文明发展中，我们的所作所为无非是以越来越完善的方式（这要归因于我们持续"增进认知"，而这个过程则构成了基于知识本质属性的必然结果）利用知识满足我们不断增长的需求；应该说，我们在这方面并不是完全成功的。在最基本的层面上，有的人会认为，我们对自身需求满足得越充分，我们就变得越平等，因为在理想的智慧型社会，每个人都能得到"最充分的"满足，而满足的质量与速度本身也构成要满足的需求。这种将平等视为平等消费的基本方式（"把任何东西都拿来平等分享"）根本不值一提！因为它根本不考虑需要。婴儿是不需要课本的。我们认为应采取迥然不同于此的新方式。

经典的马克思主义方式，即"各尽所能，各取所需"，总归要好些。但马克思从来不认为这是用来解决平等问题的方式。事实上，需要可能平等吗？不可能，就像能力不可能平等一样。机会平等也是不可能的：就拿一个馅饼来说，每个人都有平等的机会吃一口，但每个人吃到的量是不一样的，因为他们的口的大小是不一样的。因此，这种方式不能用来分析（不）平等问题！

但让我们继续探讨下去。个人平等可定义为个人需求／需要满足程度的平等，尽管个人需求／需要是不同的，但都能用平等的尺度得到满足，使每个人高高兴兴，别无所求，这时——也只有在这时，才能认为每个人都是平等的。从这个角度看，平等是确实存在的。然而，有可能实现吗？显然不能。

因此，我们断言（这是一个相当坦率的论断），法国革命者梦想的、俄罗斯狭隘的革命者以及标语口号和歌曲编写者们拥护的平等是根本不存在的，也是根本不可能存在的。

正如一句白俄罗斯谚语所说："上帝是按不平等的尺度赐福的。"不同的人获得知识是不同的，因为他们的个性是不同的。这是需要个人自由的根源。对于个人来说，正如决定于他们心智的任何现象一样，这种需求是永远不会完全满足的。

这意味着一个人仅是某个程度的知识"量"或其心智的反映。即使每个人最初的知识量是相同的（当然这只是我们的想象，实际上是不可能的），但每个人在传输该知识量时，也会有意无意地添加个人推断，扭曲这种反映。扭曲程度的大小取决于当事人的心智状态。个人差异就是这样产生的。正是因为这种差异，才形成了不同的需求。只有相同的需求才能用相同的方式满足，而不同的需求只能用不同的方式满足。

所以，没有什么平等所言。在俄罗斯，许多囚犯都有一句流行语刺青："不是没有美满结局。"虽说幸福并不是平等，但人类对幸福的永恒梦想总是（出于某种原因）被升华为平等的概念。总的来说，法国大革命的口号"自由、平等、博爱"是不现实的，因为它在许多方面自相矛盾。

所以，没有平等。俄罗斯数以千计的囚犯身上有文身，宣扬着流行的智慧，"没有幸福的结局。"虽然幸福不是平等，但人类永恒的幸福梦想一直（出于某种原因）被升华为平等的概念。总的来说，法国大革命的口号"自由、平等、博爱"是不可行的，因为它在多个方面自相矛盾。

无怪乎明智的革命者总是设法绕开这种对平等的基本解释。例如，恩格斯写道："把社会主义社会当作平等乐园的观点是源自'自由、平等、博爱'这一旧口号的法国人的观点。这个观点在当时当地代表着认识过程的一个发展阶段，从这个意义上说它曾经是正当的；但就现在而言，这个观点和以前诸多社会主义学派的一切片面观点一样应当被取代，因为它只能引起混乱，还因为现在已经有了阐述这个问题的更精确的方法。"① 后来他提出了一个更准确的定义："在这两种情况下，无产阶级平等要求的实际内容都是消灭阶级的要求。任何超出这个范围的平等要求，都必然流于荒谬。"② 传统的马克思主义思想家几乎未曾论及消费平等（同工同酬仅在《哥达纲领批判》谈到共产主义第一阶段时被提及；但马克思在这里同时指出，消费不平等仍将继续存在下去）。③他们仅把消费平等（"按需分配"）与劳动成为生活的第一需要时的社会发展阶段相联系。

那么，为什么对于幸福的梦想总是与平等相联系呢？我认为答案很简单：因为不幸福总是与赤裸裸的不平等有关。这是一个简单明了的答案，尽管并不完全准确。上文所称的不平等是社会发展到一定阶段的必然情况。而且，一定程度上的不平等对发展是必要的，也是有益的。一旦超过这个程度，就会出现对平等的呼吁。④ 这不是理性阐述的纲领，只是表达抗议的一种形式。"自由、平等、博爱"只是用来鼓动群众并向其赋予公平社会梦想的抗议口号，但并不是一个建设性的纲领（这是法国资产阶级革命的重要口号，但美国和其他国家的革命从未把这句口号当真）。

对经济不平等（或任何经济问题）的分析只是在智慧型社会形成前的阶段才有意义。这种分析会产生很重要的结果，有助于理解文明发展各阶段各社会阶层需要满足程度（速度）和需要增长程度（速度）之间的关系。我们必须承认，最

① 弗里德里希·恩格斯.给奥古斯都·倍倍尔的信.（马克思恩格斯选集）（第24卷）［M］//纽约：国际出版社，1975：71.

② 弗里德里希·恩格斯.反杜林论（马克思恩格斯选集）（第25卷）［M］.纽约：国际出版社，1975：99.

③ "平等权利对于处于不平等地位的劳动者来说就是一种不平等权利。它不承认阶级差别，因为每个人都是和其他人一样的劳动者，但它默认劳动者的个人禀赋不平等，以及由此导致的工作能力不平等，这是一种天然的不平等。因此，就其内容来说，它和任何一种权利一样，是一种不平等的权利。"卡尔·马克思.哥达纲领批判（马克思恩格斯选集）（第24卷）［M］.纽约：国际出版社，1975：86.

④《关于不断加剧的不平等的社会后果》，博德鲁诺夫，S.D.，J.K.加尔布雷斯.新工业革命与不平等问题［M］.莫斯科：俄罗斯普列汉诺夫经济大学，2017：50-51.

近学者开始越来越关注这个问题，并对其进行了大量的实质性研究。①

此项研究得出了社会经济体系正在走向混乱和毁灭的观点。上述关系堪称指示标，标志着社会紧张已经接近沸点，很快就要爆炸，从而进入新的状态。由此看来，不平等、不公正是社会不安的标志，它表明多数人感到他们可能得到和希望得到的东西与其实际得到的东西差距太大。

和高压锅一样，如果一个系统的温度/压力不加控制地升高，就会爆炸。在这种情况下，锅内的东西就会溢出并冷却下来。或者，当指示标达到临界值时，细心的厨师（而就上述系统而言，则指"理性"之手）可能将锅内的东西翻动一下，或将高压锅从炉灶上搬开，将锅里的东西"舀到盘子里"（就上述系统而言，则指具有上述理性的人将该系统的内容物转化为他们认为有用的新状态）。由此看来，不平等在智慧圈社会也不会消失。这种不平等将和现在有所不同，但令人痛苦的程度很可能并不低，而且这被认为是不可避免的。应认真监测不平等特征的变化情况，以避免社会体系的过分紧张，并及时将其转化到新状态。

不平等还将继续存在下去，但这并非满足需求的机会不平等，而是运用和觉察这些机会的能力不平等，因为这种能力对每个人是完全开放的（请回顾上文所述的接应能力）。例如，一个具有精神禀赋的人才谈得上要满足其精神需求。如果没有一定的文化素养，就不可能充分欣赏音乐（即使天生拥有完美音高）或文学。而且，如果不吸收大量的文化知识，就不能成为能够在某个领域从事创造性活动的真正专家。圣彼得堡国立大学教授、俄罗斯认知学权威塔蒂亚娜·切尔尼戈夫斯卡娅在《自由经济》杂志上作出了如下论述（尽管这是就某个不相干的论题作出的）：

我们需要能够很好地思考的员工，事实上我想说的是要求其能够跳出常规思考，因为电脑也能很好的思考。人是必不可少的，因为在可预见的将来，总有一些工作是电脑不能胜任的，如创新突破。我们看着目前的玻璃杯就能做

---

① 对于这个论题，有很多研究。博德鲁诺夫，S.D.，M.Traub-Merts，M.Voeikova. 收入不平等与经济增长［M］. 莫斯科：Kul'turnaia revoliutsiia，2014；Wright，E.O.，L.Perrone. 马克思主义阶层划分与收入不平等［J］. 美国社会学评论，1977（2）：42（1），第32~55段，Wolff，E.N. 贫穷与收入分配［M］.Wiley-Blackwell，2008；Piketty，Th. 21世纪的资本［M］. 马萨诸塞州：哈佛大学出版社，2014；Stiglitz，J. 价格不平等. 社会分层是怎样危及我们的未来的［M］. 莫斯科：Eksmo出版社，2015；国际劳工组织. 2014/15年全球工资报告：工资及收入不平等［M］. 日内瓦，2015. 作者的立场见博德鲁诺夫，S.D.，J.K. 加尔布雷斯. 新工业革命与不平等问题［M］. 莫斯科：俄罗斯普列汉诺夫经济大学，2017.

出物理学上的重大发现，或画出一幅奇妙的画。你知道的，莱昂纳多·达·芬奇、莫扎特和施尼特凯不是电脑，而是具备难以置信的行动力的人。从现在起，我们就要培养我们的孩子和学生对重大解决方案的敏感性。这意味着我们应将音乐、绘画、美术等学科纳入学校课程。这不是教育适当性问题，也不是一个出生于良好家庭的孩子应该知道维瓦尔第是谁的问题。人们在大量阅读、倾听、旅行和观察花鸟中展开的广泛联想使其得以在他们或许已成为先行者的领域发现有重大意义的解决方案！①

这些话说得太对了。但我们也要知道，并不是每个人都能像达·芬奇、莫扎特或爱因斯坦那样。并不是每个人都能精通那么多东西。然而，如果不掌握某个领域（数学、物理、材料、基因等）的一定知识，就不能充分满足研究相关领域的激情。即使没有社会壁垒阻碍人们获取这些机会，禀赋的差异依然是不平等之所以存在的因素。事实上，这是唯一因素。

这种社会气候（和社会不平等）依然是一个非常遥远的想象，当然这是另外一回事了。因此，我们要承认不平等问题的存在，无论其目前和未来体现为什么形式，并认清其根源和有可能产生的不利后果，当然还要明确克服这个问题的方式方法。在即将到来的 NIS.2 社会，我们应扭转与社会力量和社会经济体系有关的不平等不断加剧的趋势，使其逐渐减弱。鉴于 NIS.2 社会满足非伪需求的机会不断扩展，这个问题的解决有赖于认识到限制非伪需求的必要性逐渐转向智慧型社会消费（需求的形成与满足）。

迄今为止，我们仍未能脱离造成不平等的现代社会力量，因为"……锅里还煮着东西呢……"这当然是个比喻性的说法。同样明显的是，我们要在怎样从现行状态经 NIS.2 社会发展到智慧型社会。自我限制因素、需求的自我限制对伪自我完善的拒绝是在何时以及怎样开始发挥作用的？从这个意义上说，NIS.2 社会是一个危险之地：当需求满足的无限可及性变得几乎不可能时，差距就有可能出现；但理性自我限制的需要尚未被人们充分认识到。

目前不断加剧的不平等是当今"经济"世界的问题的一种体现。但看上去倒像是这种不平等加剧了该体系的问题。在这里，我想再次强调，这种不平等只是一种表象，而非问题爆发的主要原因。这只是一个旁注。事情的实质在于该体系的混乱化是因为不断增加的矛盾而加剧的。一方面，科技进步为满足

---

① Chernigovskaya T. 促进未来发现的文化［J］. Vol'naya ekonomika, 2018, 5（1-3）: 97.

人们不断增长的需求，包括越来越普遍化的新型需求，即教育、文化和其他无形的知识相关性需求，提供了越来越多的选择。另一方面，获得这些选择在各层面（人群、地区和国家）变得越来越艰难。新常态之类现象的出现证明了全球文明世界中技术与社会转变的加速融合造成的极度紧张。

同时，我们应切记世界上有很大比例的人口（事实上高达数十亿人！）至今仍面临缺乏饮用水、营养不良、不识字等问题。他们在原始的挣扎求生中面临着不平等问题。我们应时刻注意这一问题，因为它很可能酿成冲突，并引发有关地球资源负担的问题。

除了这个问题外，另一个问题也凸显出来。"教育贫民窟"①一词已被广泛使用，它是用来描述美国的情况的。它指的是无法取得优质初等教育，因而无从取得后续阶段教育和高薪工作机会的社会群体。按知识渠道的档次对人们区别对待是引起发达社会中社会对立的最关键根源，这种区别对待阻碍着科技进步，包括创新的深度、规模和步伐。

不平等（不平等值是用经济与社会计量方法衡量的，这些方法从某种程度上说是用算术方法计量生活的不和谐程度的）的进一步加剧导致了冲突的升级，尽管总体趋势是向着 NIS.2 社会前进的。低估这一事实将导致危险后果，在我们的文明进入深刻的根本性变革阶段的今天尤其如此。如果把传统经济模式（在这种模式下，赚取利润，即剥夺他人，成为——注意！——民法第一条内容）比作海妖斯库拉，把进入"科技文明主义"衰退期的人类文明比作卡律布狄斯旋涡，则人类历史就如同为前往作为目的地的 NIS.2 社会而艰难穿行于海妖斯库拉和卡律布狄斯旋涡之间的狭窄缝隙中的航船。

---

① Rist，R.C. 学生的社会阶层与教师的期望：贫民窟教育的自我实现语言［J］. 哈佛教育评论，2000；Forman，S.J. 贫民窟教育［J］. 华盛顿大学法律与政策期刊，2012：40.

第 8 章

智慧型生产：人类新课题、新需求和满足需求的新方式

智慧型生产彻底改变了人类的特性、需要以及赖以满足其需要的社会结构。在本章中，我们试图更好地理解这种改变，特别是探讨人类是否及怎样选择恰当的途径，以便培养高品位需要，而不是陷入日益低俗的物质消费。关键在于探索人类活动的新性质。

8.1 需求形成与发展中的矛盾，伪需求

随着科技和劳动内容的变化，左右需求形成的社会关系也在变化。市场或货币形式逐渐失去了其重要性，进而走向消亡，这是一个逐渐但确定无疑的过程。

首先，21 世纪的市场不再符合马克思《资本论》第一章或宏观经济学教材给出的概括。尽管二者在确定价值或成本方面有所不同，但都认为市场是由寻求价值最大化和成本最小化的各独立主体间的关系组成的系统。

马克思主义和当代经济学教材结论部分（当然也可能是开头部分）均认为现代经济包括私人与公共产品、各种社会转移等。我们还可断言，在当今主要经济领域，员工、消费者和企业主所追求的不仅仅是收益最大化和成本最小化，还要开发人的潜力（包括在非市场领域这样做），提高工作满意度等。那些制定了员工激励制度的企业主都会很好地意识到这一点。因此，人不仅有其

"动物性"的一面（以前尤其如此），更有其"智慧性"的一面：具有领悟能力，践行世人准则（其定义见正文结尾部分）。

遗憾的是，正当人们越来越多地践行更高层次的价值准则时，市场经济不再致力于生产旨在满足人们实际需要的产品，而是越来越热衷于生产用来满足伪需求的伪产品，这类需求是通过基于信息技术的营销、公关和消费者操纵等手段人为制造出来的。让·鲍德里亚[①]从社会哲学角度详尽地研究了用来满足虚幻需要的伪产品的性质和作用。然而，伪产品不仅仅是一种社会现象。伪产品的大规模生产为其创造了广阔的市场，使其成为一种重要的社会经济现象。[②]

改变了需求结构的技术变革也参与了制造这种虚幻的、"被诱导出来的"需求。

与真实需求相比，这种虚幻需求的增长更有可能失控。

伪需求来自哪里？和其他生物一样，人类也是从相应生物体进化来的；人类在进化过程中逐渐认识到自身的利益并将其生产活动制度化，并利用对其自身、其需求以及满足需求的方式方法的认知增加储备和提前至少一步预先筹划，使其生产活动带有某种永久性和可预测性。

这也许看起来有些琐碎，但这是蓄积观念的源头，这里所说的蓄积是指囤积现在不需要，甚至将来也未必需要的资源！从某种意义上说，这也是一种需要，一种较高层次的需要。最终，这种需要会变得过分，成为伪需要、伪需求的先声。对有用物品的需要在某个时间跨过了某条线，于是你再也搞不清自己到底需要多少。现在，即使将积累量算上也未必够。需要这一现象发展到了超过理性界限的程度。你可知道阿列克谢·库德林（俄罗斯前财政部长）是怎样积累储备资金的？一方面，他们抱着需要积累储备的想法（根据这一想法，他们认为有必要投资于美国债券而不是工业发展），漫无节制地积累。另一方面，事实证明：危机爆发时，即使这些储备也是不够的。你抓住了重点。这些资金是要用尽的（除非我们足够幸运，有机会再次补充）。

在充满不确定性的环境中希望防范一切可能的风险，这是一种很自然的需要。这种需要是在什么时候膨胀成伪需求的？人们在什么时候开始考虑：为什么不储备得更多些？为什么不为子孙后代多储备些？或者为什么不为其他目

---

① Baudrillard，J. 对标志的政治经济学的批判［M］. Editions Gallimard，1972.

② 有关伪产品和伪市场的分析，参见 Buzgalin，A.V.，A.I.Kolganov. 伪市场：古典政治经济学视角［J］. 互联网，2012（2）：65—91.

的多储备些？我们怎样增加储备量？

伪需求就是这样超过实际需要而不断攀升的。然而，区别还是有的：伪需求是有可能得到满足的，尽管这种需求是虚幻的。不妨考虑下资本家。他们个人是不需要亿万美元的。甚至百万美元都嫌多。然而，他们仍很看重其"另类需求"并以成为亿万富翁的方式满足这种需求。他们有这种内心感受。伪需求和非伪需求之间仅隔着细细的一条线，我们应对其有所了解。

有些需求是对理性需求的纯粹模仿。这种需求永无满足之时。我把这种需求称为"幻影"。第一类伪需求是过剩（见图8-1）。资本家对于过剩非常熟悉。不过，也有些资本家，比如希望消除艾滋病的比尔·盖茨，生活在幻想世界里。鉴于目前的科技发展水平，消除艾滋病的目标尚未实现。另外一些人还有更离奇的想法，如德国作家詹姆斯·克鲁斯书中的主人公蒂姆·塞勒，他靠卖笑赢了所有赌局。[①] 就目前的技术水平而言，还做不到这一点，或许以后有可能实现。

日常需求升级后一旦得到满足，会导致进一步升级。这就是需求升级原理的实质。这种升级的动力以科技进步为后盾，对于伪需求同样有效，二者的基础是相同的。二者的逻辑也是相同的，因此我们可以想见伪需求的升级。

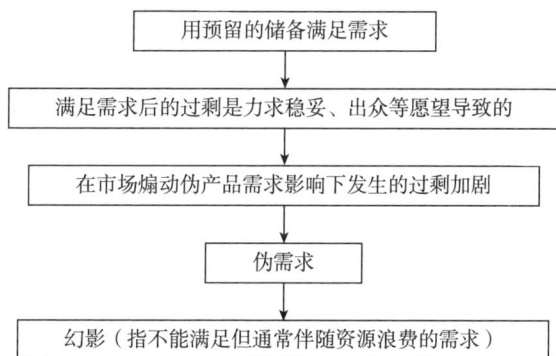

图8-1 伪需求的形成

今天，我们疾行在需求升级和——接下来就是听起来颇为耳熟的车轱辘话了——勉力满足不断增长的不合理需求的道路上。我们的经济模式就是为此量身定做的！我们总是希求更多。但我们可曾注意自身目前的需求结构？目前占主导地位的是非伪需求还是伪需求（更不用说各种幻影了）？当然，随着科

① Krüss J. 蒂姆·塞勒或售出的欢笑［M］. 汉堡：Verlag Friedrich Oetinger 出版社，1962.

技进步，许多幻影变成了可以像正常需求那样得到满足的伪需求；随着伪需求的增长，它在全部需求中所占的份额越来越大，而且这个过程本身也在不断加速！只有当我们学会限制我们需求中的虚幻成分时，这个过程才会停下来。我们怎样才能学会？

这个问题有一个值得注意的重要特点。

科技发展造成了伪需求升级，但也能将伪需求转化为非伪需求（反之亦然）。需求可以从幻影转化为仅是有些过剩的需求，直到最终转化为正常的常规需要。例如，随着食糖生产效率的提高，美食文化转而提倡多吃糖，以满足人体热量和审美需要，这在以前是从未有过的。然而，随着我们逐渐认识到食糖对人体的影响，加之糖尿病患病率的不断提高，还由于美食向着更为精致的方向发展，食糖消费成为一种伪需求。

曾经的伪需求有可能转化为正常的常规需求，反之亦然（见图8-2）。这两种情形的原因是同一个，即知识进步，它促成了生产能力进步和科技进步，为满足需求创造了新机遇。

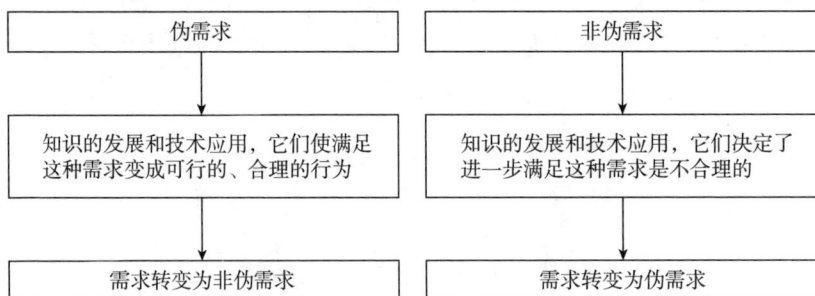

图 8-2　伪需求转变为非伪需求，以及非伪需求转变为伪需求

有的人可能以为需求的无限发展是美好的。但是，伪需求占用了更多资源，应对其加以限制。同时还要看到，如果限制过于严格，也会阻碍进步。每次转变都会把以前的所有成分保留下来，例如俄罗斯套娃。每个新"层次"的需求都（大体上依靠前一"层次"需求的限量和合理性）在检验着与其相伴随的新机遇，看其是否适宜。例如，人作为一种生物性存在满足其需求方面有一些不可克服的生理局限，且不说这些需求在多大程度上出于虚幻的、市场诱致（或制造）出来的期望。比如说，一个人不可能吃喝掉超过一定量的食物和饮料。又如，一个人不可能同时用五部手机。这种矛盾将导致什么结果？这将

导致人们期望获取资源以满足上述"诱致"的需求，人们即使不通过产品形式"消费"这些资源，也要设法用掉它们。在这个例子中，许多食物生产出来了，销售出去了（也可能没有……），但没有被消费掉，而是变成了废弃物。这种情况同样发生在智能手机领域：在流行观念的影响下，一部智能手机在还能用时就被抛弃，并代之以新的智能手机。

最贴切的例子莫过于在无所不备的酒店（食物和饮料都很精美，而且全部免费）下榻的游客：一个游客怎能吃得下相当于其三倍食量的东西？我们不妨想象一下：技术让我们的胃口扩大到原来的三倍，一个游客一天要吃喝掉九倍于其正常食量的东西！我们不禁要问："你不怕撑破肚皮吗，宝贝？"我们也许会想起普希金《渔夫和金鱼的故事》中那个丑陋的老太婆：她一再要求神奇的小金鱼满足她不断抬升的希望，甚至达到过分的程度，最终她失去了一切……

如果沉溺于精致繁复且越来越虚幻的享乐，最终就只能像中世纪的蒙古帝国那样迅速败亡。蒙古可汗征服了中国并迅速采纳了中国宫廷的礼仪制度，很快沉溺于难以想象的奢靡和空虚无聊的享乐，逐渐被同化，丧失了征服者的特质，最终被由普通农民组成的"红巾军"推翻。

我们应将真实需求和伪需求区分开来，否则就会陷入听任需求不断升级的危险中，这会扭曲人作为生物性存在的本质，戕害人的本性。

这种可能性已不再是科幻。举例来说，麻省理工学院的研究人员已经在编辑人类胚胎基因，有意识地除去某些特点，而添加另外一些特点。另一家美国学院（斯特里普斯研究所）走得更远。他们在生命界现有的四个基因外发明了两个人造基因，并将其纳入活细胞的 DNA 中。随后，他们成功地复制了母体的某些特性，并将其转移到子体。最后得到的产物是半合成蛋白质！[1] 因此，我们很快就会看到的并不仅仅是有着大象般肌肉的人——现在，我们还很难想象基因工程对人体的改造程度。

这类发展是听任人类继续保持其迄今为止作为生物社会性的存在，还是将人类变成另外一种生物？我们谈论人类时，总希望采取一些明智的限制手段，以防止这类发展的不良倾向。

拓展了科学知识边界的科学专家显然是被其良好的意愿所驱使：他们试

---

① 梅德韦杰夫，Y. 六个字母的生命。首个用合称 DNA 制造的细菌［N］. 俄罗斯报，2017-12-12：7448（282）；更多细节，参见用六个字母组成的 DNA 制造出了生命体［EB/OL］. 2017-01. XXII 时代。发现，期望，威胁。大众科学门户网站。https://22century.ru/biology-and-biotechnology/42655。

图研制出新药，或纠正基因缺陷，等等。但他们并不否认其科学成果可用来创造新的生命形式，并"编辑"人的生物学特征。

和其他所有矛盾一样，根本性矛盾需利用知识加以解决。有必要认清各阶段伪需求出现和对系统造成非理性负担的临界线。所有的社会关系和社会习俗都是在基于一定物质基础的社会变革基础上形成的，而这种物质基础的关键要素是体现在技术应用中的知识。然而，现代市场经济在追求销售量时倾向于将伪需求扩大到超越任何合理尺度的程度。看来最近几十年来伪产品的生产与消费如此泛滥并不是偶然的。这种现象的根源在于20世纪七八十年代之交发生的社会生产结构的转变，当时全世界都迷失在后工业经济的神话中。这种神话并不是没有来由的：一方面是漫无节制的服务业增长，另一方面是甚嚣尘上的去工业化，还有作为这两方面推动因素的无所不包的虚拟化，这三者构成了伪产品生产不断扩大和伪需求不断膨胀的物质基础。

这些变化在一段时间里把我们带入了死胡同。这个过程虽然进行得很慢且断断续续，但确实在不断推进。经济学家看问题往往比较滞后，但在这个问题上也开始意识到后工业模式已经用尽了其所拥有的一切。对于新型工业发展研究院的专家和本书作者来说，这已经不是什么新闻了。我们对这个问题的探讨已经超过15年了。这个问题现在变得越来越炙热，但我们在十年前写的一本书中就论述过这个问题，这本书已在两年前出版。[①] 新型的社会和经济模式现正变成现实，但我们应思考明天将会出现些什么。

因此，我们应对"不合理"的需求施加理性限制。这条线将划在哪里？怎样划定？

8.2 新知识，新需求，新理念

后工业主义的虚妄正在成为过去。伪产品市场终将遭受同样的命运。然而，一个根本性的矛盾依然存在，这就是作为人类生活物质手段的生产和作为人类个性发展领域的生产之间的矛盾。

随着人类知识的增长以及旨在以不断降低的成本满足生活需求的知识密集型技术的发展，这个矛盾正在逐步得到解决。同时还要看到，精神需要在我们的总体需要中所占的份额越来越大。物质生活条件基本上日益得到保障，已

---

① 博德鲁诺夫，S.D. 新型工业社会的到来：重新装载［M］. 莫斯科与圣彼得堡：S.Y. 维特新型工业发展研究院，2016：93–102.

经不再是满足需求中的主要关注点。

人类历史见证了反映出精神价值越来越重要的多次浪潮。列夫·古米列夫的激情理论发展了这一观点。

人体需要与人的内在需要之间的平衡是时而变化的。在历史上的某些时期，如基督教早期和文艺复兴时期，有些人（当然不是所有人）将精神成分置于首位。

文艺复兴时期的技术与经济模式（组织同业公会的城市手工业，市场发展）促成了向精神需求的转变（最初仅限于总人口中的一小部分）。这种转变体现在新的艺术技巧和新流派、新乐器的出现、大学的建立……

这种转变并不是物质生产变化的直接结果。它们之间的关系是间接的，居于二者之间的由各种社会条件构成的复杂系统对这种转变有很大影响。科技发展的飞跃带来了技术模式的变化，并与社会制度和国家结构的变化相互交融。事实上，这正是 J.K. 加尔布雷斯在《新型工业国家》中论述的内容。

精神需求重要性的提高通常是因教育系统的危机而表现出来的。中世纪的大学是为顺应当时社会上新兴的精神需求而建立的。

这种危机现在日益明显。随着知识的重要性提高，人们掌握知识的能力受到重大挑战。显然，我们不可能使所有人掌握所有知识。个性化的教育根据学习者的个人能力定制获取知识的方法，以便提高认知效率。

新的沟通工具也对这个过程起到了促进作用。赖以提供无限的虚拟信息获取途径的个人装置日益普遍。在这种虚拟空间中，出现了使人们重新思考和重新评估他们自身以及他们对周围世界的态度的新型通信格式。

新型社会不仅要建立新的需求层级体系，还要建立新的价值层级体系。走到前台的是个人的内在价值需要，即发展个性的需要、沟通的需要、得到公共承认的需要以及提升自尊的需要。也就是说，人的个人化趋势不断推进。然而，在目前的社会秩序中，个人化被视为人们在超越其控制的社会力量面前无助的标志。著名社会学家齐格蒙特·鲍曼指出，当今的特点是"个人应放弃单打独斗的做法，因为有许多事情是单靠个人力量无法完成的。"[1] 他还指出："作为命运的个性和作为自我彰显实际能力的个性有着越来越大的差距。"[2]

---

① 鲍曼，Z. 个性化社会［M］.英国剑桥：政治出版社，2001：6.

② 同①，第47页。

个人化被视为个人自由意志不加限制的表现，这也造成了很大风险。如果自由意志导致人与社会脱离或对立，人就会退缩到自我的小天地中。然而，人们终将认识到：单枪匹马是不足以成事的。因此，个人一般借助与他人沟通以得到自我实现或靠得到大家承认解决这个矛盾。

与个人主义的无限肯定相关的威胁，我们不妨借用费奥多尔·陀思妥耶夫斯基笔下德米特里·卡拉马佐夫的话回应："是的，人们放纵了，实在太放纵了。我要把他们收紧些。"[①]陀思妥耶夫斯基对这样的事实感到震惊：自由意志可使一个人同时拥有最高尚的理想和最邪恶的堕落。

然而，真正的危险是人们实际上是"收紧"的。也就是说，他们对自身和对实际需求的理解是狭隘的。这是人们应该放开而非收紧的领域。只有理解了人类文化赖以存续的物质与精神产品的正确应用，我们才能消除或减少陀思妥耶夫斯基论及的人们在期望、行动以及善恶交织问题上无所适从的状态。诚然，人们能用刀叉吃饭，也能将其插到他人身体中。即使如此，能解决这一矛盾的并不是外在的社会禁忌（尽管这些禁忌的作用不应低估），而是人们为自身设定的内在界限。

对外在世界和自身均有相当的认知意味着对施加于自身的限制的认可。身份意味着对差异性的承认。如果我把自己定义为一个通情达理的人，这意味着我把自己与那些我认为并不通情达理的人区分开了。当然，我们都在试图超越自身的局限。然而，这种愿望只有处于人们自行设定的底线约束下，才有可能是积极有效的和建设性的。

社会发展领域的专家管理论的支持者通常低估文化的作用。然而，对于工业及科学迅速进步导致的许多问题，应从文化方面寻求解决办法。

让我们来看一个简单的二元对立问题：网络安全与黑客。每种新的加密方法，都有新的黑客破译；每个密码，都有能破解它的人；每台电脑，都有病毒。如果没有鼓励正确行为和贬斥"错误"行为的适当文化准则、社会规范和规则，这种矛盾就无法克服。

还有另一个方面值得我们认真思考：这是运用技术成果满足人们希望长寿幸福的内心梦想的结果。医学、生态、营养、卫生和体育领域令人惊异的科技进步大大延长了人类寿命，也造成了人口日益老龄化。NIS.2 社会和更高层

---

① 陀思妥耶夫斯基，F.M.卡尔马佐夫兄弟［M］.纽约：企鹅经典系列，2003.

次的智慧型社会将会变成一个充斥着老弱者的社会吗？

要防止这种情况发生，有赖于有关社会机构开展协调而有针对性的工作。除延长寿命外，我们要在当今视为高龄的年龄段保持身心健康，将其保持在可以践行有助于保持头脑活跃的积极生活方式和劳作活动。这可以通过适当的技术开发实现。

8.3 知识的普遍性与人类的统一性

在劳动生产率提高但需求 / 需要没有相应提高的情形下，工作时数会减少，其重要性也会下降，同时自由支配的时间增加。NIS.2 社会使人们有了大量的业余时间，但这未必会立即带来"幸福的增加"；我们应学会怎样利用自由时间实现自我发展（通过优先满足精神需求和提高文化素养等方式实现）。

汉娜·阿伦特怀疑增加业余时间能否真正用于个人发展，这种怀疑是可以理解的。她猜想，人们将把业余时间完全用于缺乏思考的消费。

作为劳动动物的人绝不会将其业余时间用于除消费以外的任何地方；留给他支配的时间越多，他的胃口就越贪婪，贪吃的欲望就越强烈。他的胃口越来越讲究，其消费不再仅限于必需品，而是主要集中于那些远远超过生活需要的东西，这虽然没有改变社会的品性，但蕴含着世界上一切东西都要成为消费对象并通过消费而消失的严重危险。①

诚然，这正是我们目前所处的社会类型即所谓资本主义的情况，因为资本主义就是给人们留下足够的业余时间去消费他们在工作时间生产出来的东西，以便他们有足够的精力重返工作岗位赚钱，然后再消费更多的东西。可见人们是在外力驱使下为了消费而进行消费和生产的。一个人陷入追求物质产品的恶性循环中，是没有机会实现个人发展和提高文化素养的。

社会是可以走出这种恶性循环的，但不是通过禁欲、强制配给、减少消费或宣传崇高理想的方式，而是借助缩短工作时间（其先决条件是现代工业生产造就的）和倡导在业余时间从事创造性活动。

然而，实现从将业余时间用于吃喝玩乐到将业余时间用于提高文化素养的转变并不是简单的，也不是很快就能奏效的。

在新型工业社会第二阶段（NIS.2 社会），只要从事创造性活动所需的物质

---

① 阿伦特，H. 人的条件［M］.芝加哥—伦敦：芝加哥大学出版社，1998：133.

条件——自我教育工具、物质改善、科学及艺术创造性——充分具备，人们就能从事创造性活动。

另一个必不可少的先决条件是工作与业余时间之比向着有利于后者的方向变化。同时，向下一个阶段——智慧型生产——转型是一个空前广泛而深刻的任务，这个任务包括有助于人们在科技进步中取得突破和有助于其理解个人发展方向和界限的新知识的获取。智慧圈中休闲的性质是从需要完成上述任务和参与科技应用（社会实际应用）的角度重新定义的。

尽管阿伦特是从观察当时的社会得出结论的，但她忽略了这样一个事实：改变人的活动以便使其适合获取新知识的做法将会逐渐改变人的需求及其结构和根本性内容，进而改变休闲内容。

其中所含的信息和知识将成为比以前人们认为有价值的物质成分更有价值的东西。我们已经开始实现这一前景。世界正在接近古代玛雅人所说的"大周期"的终结。知识以及用来表述知识的语言逐渐令人瞩目。《圣经》有言："太初有道"。道显然也在终点。终点当然是新的起点。什么的起点？

在新型社会中，当然有更根本性的转变。旧有的知识和工作岗位将丧失其价值，转型是很痛苦的。这是有历史先例的。16~17世纪的英国农业革命催生了大量受到严厉压制的乞丐和流浪汉，而18~19世纪的工业革命则导致手工业者普遍破产和"产业后备军"的痛苦。许多不幸的人在痛苦中挣扎、死去，也有些失去土地的农民变成了合同制农场工人，或被不断增长制造业吸纳，而手工业者则加入了迅速壮大的工业无产阶级。

同样地，即将到来的技术革命会使许多工作岗位成为多余，也会创造出新的工作岗位。新技术将催生新需求，而满足这些需求则有赖于新技术。新的工作岗位将取代那些因自动化和劳动效率提高而消失的工作岗位。再者，（在转型阶段）"知识经济"所占的份额必然是不断增长的，获取新知识的需要越来越迫切，这需要大量的劳动力。如果我们筹划得当，这些造成的社会痛苦会小得多。

随着生产的技术基础变化和向智慧型生产过渡，"职业"和"岗位"观念将会发生剧烈的变化，甚至完全消失。"职业"一词是指依靠某种技能挣钱的方式，这个词很可能会消失。这些职能将由电子技术人进行，人类将从目前限制着他们活动的狭隘专业分工下解放出来。那时就没有我们现在所理解的职业了，人们将致力于掌握绝对知识，即通识。获取知识和信息的新工具，如神经元网络和人机系统，将会发展起来。

智慧型经济要求人掌握的通识，并不是指每个人无所不通，而是指它为人们提供了新的机会，使其得以掌握几乎任何应该掌握的知识。主要转变得益于信息通信系统的采用，它使每个人都能接触到人类积累下来的任何维度和任何深度的知识。

我们来举例说明这一趋势，尽管这个例子并非完全贴切：随着技术的改进，电脑显示屏（或电视机显示屏）显示的图像终于从普通印迹型发展成为像素型（像素是指屏幕上显示的作为发光团辐射部分的二维数字图像最小逻辑要素）。随着单位面积的像素数量增加，图像越来越接近原始视觉形象。也许它还能继续深入下去，最终达到人的裸眼分辨不出的细微程度，使其组成的图像比原始视觉形象还要准确。一个人借助光学装置（如望远镜）看到的东西与裸眼看到的东西是全然不同的。正如米哈伊尔·罗蒙诺索夫这样写道："繁星密布的深邃空间打开了！"同样地，要探索微观世界的奥秘，需要逐次配备放大镜、显微镜和电子显微镜。

这肯定要求人们提高自身的能力，掌握探索任何知识领域的能力。

这种通识是完全可以实现的，前提是对教育系统进行相应的重组，恰如人的本质属性一样（请回顾我们必须意识到并划出的线）。教育的主要目的不是向学生"灌输"某个学科的知识和技能。学生不再是现成知识的被动获取者和"积累者"；他们要学会怎样"获取"和运用知识。当然，如果没有旨在教会学生怎样畅游于知识海洋的广泛的基础教育，就不可能做到这一点；培养和谐、健全的个人是早在一个世纪前就制定的目标。

以培养全面发展的自学型人才为导向的过渡阶段是以推行"全民教育"和"终身教育"为特征的，这是向 NIS.2 社会发展所必需的。再者，应使学生能够开发和掌握获取知识所需的先进、通用的工具，这种能力是极其重要的。

这意味着应消除目前妨碍教育平等的资金障碍和其他因素。在这个新领域，信息技术和认知技术也能有所助益。妨碍知识转移的另一个因素是语言差异，这也能用现代技术加以克服。信息技术提供了越来越先进的机器翻译。随着认知技术能力开发，所有人都能理解的通用语言将逐渐出现，而民族语言将在某些角落继续存在，权且充当人类社会民族及文化多样性的注脚。

在智慧圈文明中，那些今天看起来"天然""永恒"的教育/科研机构将会消失。语言多样性将成为一种文化古董。我们已经谈到现金的没落——那时它只能用作博物馆样品或古钱币。还有太多的东西将消失或变成古董。

8.4　个人的发展与人类的活动类型

人的通识是在应对技术革命、新需求形成和满足需求的新方式过程中出现的。它将把我们和经济带向何方？

我们面临这样一个选择：是减轻智慧圈的资源负担，还是在欲望诱惑下走向超级过剩？

我们走向智慧型生产的正确道路应该是致力于"造就人类自身"，而不是造就人类生存的物质条件。人类需求结构将发生相应的变化。自我发展需求、精神需求以及沟通和公共认可的需要将成为重点。这些需求将成为评判那些以满足物质需求为目的的技术应用、制成品和生产组织本质属性的重要尺度。需求结构方面的这些转变取决于人类文化的演进。

另外，人们不再从事生存所需的物质条件的创造。马克思作出的人们将脱离物质生产过程的预测将变成现实。人们将用知识的力量而不是自己的双手影响这一领域。智慧型工业生产因生产与消费之间的再生产关系的新属性而得到加强。人的需求以及满足需求所必需的知识并非在直接的物质生产活动中形成（因为人们不再从事物质生产活动），而是在人们创造性的自我发展过程中形成。

这些需求和这种知识将构成自动运行的无人化直接物质生产领域应当考虑和处理的对象。这些任务由技术圈自主解决（见图 8-3）。

那么，鉴于经济目标逐渐消失，我们怎样概括智慧型经济的决定性目标？可将其定义为通过在人类文化各领域的精神活动实现的个人成长。个人成长的一个重要方面是要对伪需求进行有意识的自我限制（这种自我限制，加之对新技术选项的运用，将大大有助于高效利用资源型发展战略的实施）。

我想再次强调，上述自我限制不会成为某种外在催迫。在向智慧型社会过渡期间，外在的道德催迫、解释、劝导以及合理的自我限制习惯的养成肯定对限制伪需求具有一定的作用。然而，内在的自我限制才是更有效的。它源自由人类活动与社会关系的属性和内容所决定的需求结构。我想，即使在今天，那些严肃对待工作的人们，如绘制人类基因组图谱或开发火星探险技术的人们，无论其收入如何，都不太可能热衷于在法国里维埃拉购买大游艇或别墅。

对于专注于这类工作的人来说，这种需求是荒唐的，因为满足这种需求只能分散他们的精力，妨碍其实现自我设定的目标。

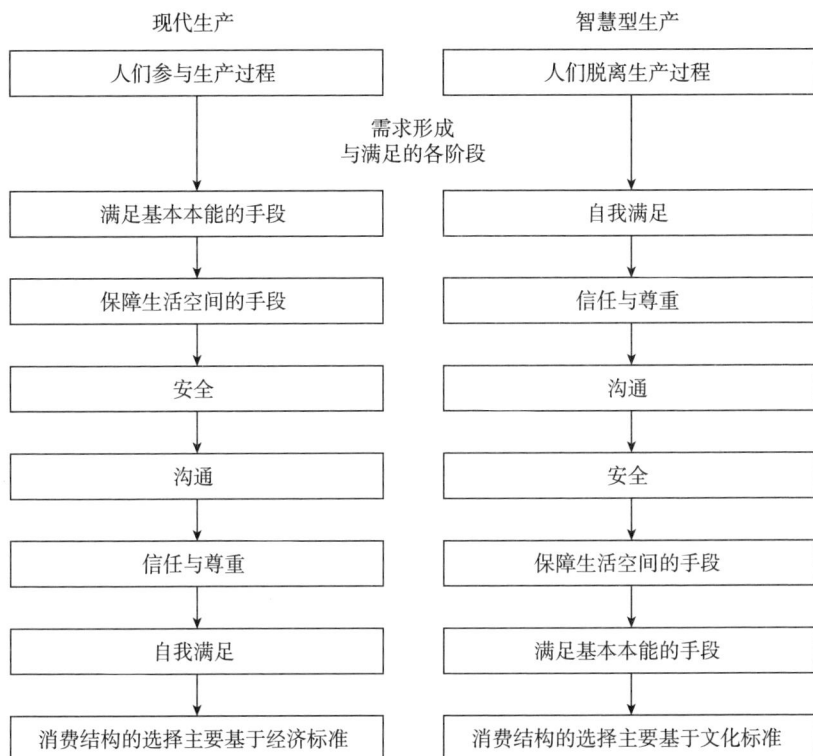

	现代生产		智慧型生产
	人们参与生产过程		人们脱离生产过程

图 8-3　现代社会和智慧型社会各自的需求形成与满足机制

从长期角度看，个人成长有赖于无人参与的生产领域持续的科技发展。但已经有人作出了下列预测：

根据技术模式理论，同时考虑全球历史进程中的所有重大技术革命，我们预测，这场革命的最后阶段始于 21 世纪 30~40 年代，一直持续到 60~70 年代。这一阶段是以逐渐转向自导系统（指在极少或没有人员参与的情形下，能够自动管控其活动的系统）广泛应用为特征的。①

这种个人成长观与马克思的著名论断"在未来社会，每个人的自由发展

---

① Grinin, L.E., A.L.Grinin. 即将到来的技术革命与全球风险 [J]. 全球化时代，2016（4）：43.

是所有人自由发展的条件"① 是相关联的，列宁也持有同样的观点。② 在苏联，这些规定享有"社会主义（共产主义）社会经济组织基本法的地位"。③

我们谈论的是进化，不谈论随机发展（见上文自我限制概念）。我们的行动基于这样一个事实：个人发展的各种道路起着不同的作用，而对于我们来说，精神发展是最重要的。

人类发展中精神和文化成分的质量决定着其他成分的发展方向，并将其他成分置于最佳文化素养的指导下。

在智慧型文明模式下，个人发展本身不是目标。智慧型文明应当可持续地发展。这个系统应当是稳定的；不得检测其限值，而应加强其可持续性，以便保持其作为系统的存在。鉴于我们达到的科技发展水平，这个系统能确保其生存和进一步发展。我们应选择能使我们保持作为真正的人而存在的发展选项。

这包括保护将走在前列的新人作为其可持续性的关键要素和基础的系统。这正是我们需要的"新"人。由于缺乏明确的蓝本和标准，苏联的"创造新人"观点是不明朗的。

对于我们来说，"新"人是社会这个系统的一个要素，是这个系统和整个人类文明得以存续的前提。"新"人确保这个系统的可持续发展。如果这个系统由适合于"老"系统的"老"人占据，它就无法生存下来。它将变成另外一个系统，即电子技术系统。

作为系统的人和人类也是由社会关系系统塑造的，人们意识到并遵守各种社会规则。应建立起旨在促进智慧型社会发展而不是试图保持全球现行资本主义体系的基本规范。

因此，我们需要技术（尽管这种说法也许令人感到有些意外），只是我们所需要的是另一种技术。在不久的将来，我们将从信息技术转向认知技术，这是因为：如果不发展人的能力，不为人们深刻认识自身及其周围的世界以及消

---

① 卡尔·马克思，弗里德里希·恩格斯.共产党宣言，马克思恩格斯选集（第6卷）[M].纽约：国际出版社，1976：506.参见卡尔·马克思.哥达纲领批判.马克思恩格斯选集（第24卷）[M].纽约：国际出版社，1975：87；卡尔·马克思.资本论（第一卷）.马克思恩格斯选集（第35卷）[M].纽约：国际出版社，1975：588.

② 弗·伊·列宁.对普列汉诺夫的第二个纲领草案的意见.参见列宁选集[M].莫斯科：进步出版社.1961：第6卷，52.

③ 关于发达社会主义的基本经济规律[J].经济问题，1973（5）.

化吸收现有的大量知识创造更多的机会，我们就不能确保智慧型社会的实现。因此，我们不应把工作重点泛泛地说成 NBIC 技术，而应重点指出其中的认知技术，因为 20 世纪 50~70 年代处于技术前沿的纳米技术、生物技术和信息技术早已进入正常发展状态，无须特别关注。我们应将工作重点放在认知技术上，因为它们能确保我们实现智慧型设想，而且只有实现这种设想才能使我们对未来多少有些安全感。

定义人们在这种情境下所从事的活动的最佳方式是运行管理，这意味着人们不断地、有意识地思考他们所做的事情，这种方式不应仅是一种技能，而应成为一种生活方式。正如技术转移现已不是孤立现象，而是现代生产固有的、持续存在的要素，人们应采用同样的方式管理自身和社会。我们应彼此互动。

第四部分

奔向智慧型经济

~~~

　　要奔向智慧型经济，就要否定人类"动物"性的至高地位，更要将人类提高于其创造的技术圈之上。技术圈的发展不再是以金钱量级表示的追求物质财富的自发过程。经济范畴正在让位于一种新型的人类理性。然而，在奔向智慧型经济的道路上，我们仍有许多障碍要克服，更有许多极其复杂的问题要解决。

第 9 章

经济：从自然到智慧

人类走出自然王国靠的是认知过程。在人类发展的某个阶段，自然现象就不再是人类的主宰，因为人类掌握了利用自然现象服务于自身需要的方式。我们的知识不断进步，改变了既有的"有用"和"理性"观念。在此过程中，文化而非经济意义上的必要性成为理性确定人类需要的主要标准。

9.1 人类与自然界的分离 / 人类与技术圈的分离

智慧型社会中生产的社会结构代表着生产结构的新发展。

制造产品的过程是以人的劳动、原材料、技术和生产组织作为最重要要素的生产过程。

这是生产的四个基本要素，回答了以下四个问题：

我们用什么制造产品？（原材料）

我们借助什么制造产品？（工具与技术）

我们怎样组织生产过程？（生产的组织与管理）

我们怎样工作？（劳动的内容与特征）

随着我们知识的增长，这些要素也随之变化并改变生产，进而改变社会关系与规范。反过来，后者也影响着生产过程的这些要素，促进或阻碍着它们的发展。

它们之间的相互作用非常重要。当前的生产发展阶段是以提高知识在生产及其各要素中作用为导向的，导致物质资源的占比下降。这种转型是怎样影响社会的？

基于知识密集型技术的生产在 NIS.2 社会已经发生了很大变化，"工厂"布局不复存在，人们被迫脱离直接生产过程。因此，人们之间的社会关系必然是在生产过程以外发生的，同时管控着生产。

随着智慧型生产的发展，人们甚至不再组织生产。那时，生产将是在智慧型技术自我发展的基础上自动进行的，无须人的参与。

然而，"无人化"生产不能轻而易举地实现，这不仅涉及技术方面的问题。

在人类历史的长河中，人们在劳动和生产中越来越多地借助介于他们与大自然之间的知识和技术的力量，这使他们越来越脱离大自然。人类历史就是人类通过技术圈的发展逐步减少对大自然依赖的历史。

技术圈以各种建筑物、房屋和城市及其无数居民和人造生命支持系统的形式存在，直到完全脱离自然环境而独立存在。沙特阿拉伯就是一个很好的例子：该国人均淡水消费量很高（每人每年 926 立方米），但该国几乎没有自然水源，全国主要使用淡化水（占淡水总消费量的 86%），[①] 数百公里的输水管道穿越沙漠，将其输送到一座又一座城市。

同时，我们还要看到历史的另一面：由于自我意识的原因，也由于人类精神与周围世界脱离，人类依然是大自然的一部分，然而这种"孤立"实际上进一步导致了"精神"意义上的人与"自然"/生物意义上的人的分离！人作为自然/生物意义上的存在就这样与其作为思考及社会意义上的存在发生了冲突。人作为社会意义上的存在"人化"了其生物性需要，但这种"人化"有可能压抑这种需要，或使这种需要变得悖谬起来，或这种需要的实现是以作为大自然一部分的人损害大自然的其他部分为代价的。这种人为扭曲有可能导致对自然的公然轻率干预，这体现为改变外在的自然环境，或内在的人身环境（如改变人自身的生物属性）。

这一过程涉及应用机械、化学、物理和生物过程知识进行生产，推动着社会经历了一个又一个技术模式迭代，每个技术模式都是以长期积累并投入应用的大量知识为依托的。

现在，我们即将进入塑造 NIS.2 社会的最新、可能也是最后一个（这是从

---

① PwC Strategy. 在海湾地区实现可持续供水部门：管理供需，建立机构［EB/OL］. 2014-05-08.
https://www.strategyand.pwc.com/media/fNe/Achieving-a-sustainable-water-sector-in-the-GCC.pdf.

传统意义上说的）技术模式。

每个模式的基本技术总是将前一个模式的技术纳入其中（我们必须记住这样一个事实：我们是从点点滴滴中逐渐认识现实的，我们应该永远无法认识全部现实）。

即将到来的技术模式的核心是信息技术和认知技术。然而，信息已成为纳入沟通过程的近乎升华的、"纯粹"的知识。我们将这种知识作为一种基本资源"服务于"生产，从而达到了技术中知识密集度的极限：今天，技术本身实质上沦为对知识的操控。

当我们说某个模式下技术知识达到极限时，我们并不是说已经达到了知识的绝对极限。认知永远不会停步。这是因为某种技术模式下知识（量的）积累不可能永远持续下去，每个模式只能"容纳"其知识容量——如果你愿意，也可将其称为接应能力——所允许的知识量，以及每当我们进入下一个阶段时，总会大幅增加知识，以偏向于后者的方式改变"物质与知识"的比例，现在我们即将进入新的技术模式，该模式下的知识量之大几乎将其"淹没"，而其基本技术则是建立在信息或近乎"纯粹"的知识基础之上。

这种新的文明是什么样的？

我们只能猜测。在这种模式下，知识密集度的提高不会像以前那样依靠对"外部"自然力量的认知，而是更多地依靠人们对其自身能力的发现。这主要体现为依靠人们现有的能力，同时要改善这种能力，还要用技术的力量加强这种能力，而不是改变人的本质属性。这样做的目的是使人机系统——这里指人类与技术圈的相互渗透——构成新技术模式的基础。同时使人们有机会彻底改变自身，形成一个全新的自己，并在此基础上创造新的技术。

基于 NBICS 聚合技术的第六技术模式已为向智慧型生产转型创造了充分的条件，这意味着技术圈与人类社会的最终脱离。人们尽管仍将保持与技术圈的联系并享受其成果，但无须直接参与其运行。取而代之的是"智慧型社会与智慧型生产"关联，但这种关联更像是"瓶颈"，即二者相互作用的通道，因为二者并不是一方融入另一方的关系。

围绕这种关联的相互作用是辩证的。当人们近乎完全孤立，在生产过程中断绝了与自然的直接接触时，实际上是以新的方式回归了自然。他们不再试图"征服自然"（指其传统意义），而是享受自然，研究自然，以便利用自然过程服务于他们的需要，避免轻率地侵犯或损害自然。

因此，长期以来实行的旨在使自然服务于人类目的的"与自然斗争"转变为合作。社会与自然的关系将变得更"技术化"与智能化。人类与自然（包括人的自然存在）的相互作用将会越来越和谐，不再具有毁灭性。人类现在已经脱离自然，再也无须像个掠食者入侵自然。

这也促使人们更加认真谨慎地对待自己的自然存在，防止在一时的技术冲动影响下抱着重构个人身心的目的而对其轻率干预。

这正是沃尔纳德斯基所称智慧圈是"智慧人"活动范围观点的依据所在，因为这一观点的实施是以消除上述矛盾为前提实现和谐的。

9.2 不断增长的知识和自我认知对社会关系的影响

促进人对世界的认知，包括理论和实践方面的认知，意味着同时形成相应的社会关系。个人通过认识周围的世界来认识自身和他人。这是社会关系形成的起点。

想想走路时不小心踢到石头的情形，你就会试着对二者加以区分了。随后你就会认识到：如果这块石头是个凶猛的野兽，它就会在你踢到它时立即作出反应，对你造成很大伤害。这使你进一步认识到：他人和你一样，所处的情况也相似，你也在注意着他们，进而将他们作为你的同类与自然的其他部分区分开来。由此看来，认识世界也包括认识自身和社会，归根结底，是认识到自身的利益。

我们现正接近这个自我认知过程的转折点。随着认知加深和技术改进，劳动的本质属性也在不断变化。随着产品中知识的积累，产品的"物理性"减少，更多的工人将转向"脑力"劳动。

这就是所谓"脑力战胜体力"。脑力越好，需要付出的体力就越少（即使一件简单的体力工作也有提高效率的余地——请回顾一下"技能"概念）。

现在，我们走到了"分节"点。人类将与现在全然不同，他们不再受限于其作为生物意义上的存在，将把越来越多的知识运用到生产中。但我们要做到哪一步？

人的创造性，即其自由意志的产物和认知能力，使其有了一定程度的自由，这是一种有限范围的自由，它创建了作为最广泛意义上的精神圈的文化世界。

让我们暂时放下这个话题，思考下文艺复兴。人们认识到这一点，把自己想象为"等同于上帝"的"创造者"——准确地说，是艺术的创造者。启蒙伟人——没有深入探讨事物起源的问题——认为自己无师自通，无所不晓，因而不需要上帝。

然而，现代人认识到，仅仅是创造及认知能力（包括艺术及科学才能）不足以使其"等同于上帝"。作为"现代人"，我们致力于解决我们自身（通过"神赐的冲动"）固有的、不断增长的需求与我们自身有限的能力之间的矛盾。我们的"神性"源自这样一个事实：我们都是"按上帝的形象"创造出来的。同时，我们的个人发展和文明发展源自我们内心的"神赐的冲动"，我们将其付诸行动时不免有很大偏差，且伴随由我们作出的非最优/不完美的决定导致的种种冲突（根据《圣经》，这有赖于上帝之子降临人间，采取适当行动，以加强人们的宗教意识，指出并阐明指导个人发展但个人往往不能或不愿因付诸实施的最高准则）。

冲突和不均衡的进步呈现出某些规律，但这些规律既不是直线型的，也不是抛物线或正弦曲线型的。从某个阶段（NIS.2 社会）开始，这种演进进入持续加速状态，即在加速的基础上进一步加速。但进步的不均衡性是显而易见的，有点像一个患病但能恢复健康的人复杂的心电图上升曲线。

对于这个产生了诸多冲突的过程，历代思想家以不同方式阐述其基本原理，他们的推断散布于《圣经》、古代和文艺复兴时期的人道主义、启蒙运动时期的人道主义、马克思主义、存在主义的人本思想、生态社会主义，以及弗罗曼、沃尔纳德斯基等的著述。他们指出了人类在与自然和谐相处中进步的重要性，以及存在于"经济必需范围以外"的文化世界进步的重要性。援引这类内容的作者卡尔·马克思也认为，某个历史阶段将终结人类的"史前史"而进入"自由王国"，这是一个消除了疏离的世界，一个文化持续进步的世界。现代科学专家也认可这一观点，这使我们想起了卡尔·李卜克内西的一句名言："共产主义 = 文化。"[①]

正如我们在上文所指出的那样（尽管是以另一种方式指出的），这一趋势也是后工业主义者认可的，他们将其视为物质生产阶段的结束和"后经济社会"的开端。

---

① 布拉夫卡，L.A. 共产主义正在重新归来［M］. 马雅可夫斯基，2006. N. S. 兹洛宾也曾回顾说，事实上，对于李卜克内西来说："将来，人类除了文化史以外，再也没有别的历史。"他将这些话作为引言写到文章中（兹洛宾，N.S. 作为文化的共产主义［M］. 互联网，1995：1，2）。

然而，对于这个过程的实质，现在仍缺乏明确的定义。正是（且主要是）物质生产——这里指工业发展类型——事实上构成了"后经济世界"出现的基础。这个世界将逐渐改变而非摧毁或消除财产（包括私有财产）、金钱等观念，同时消除社会关系的经济性和经济学。

因此，我们应认识到研究与发展的根本意义，认识到从 NIS.2 社会到智慧型工业社会的新型工业化，以及文明进程中智慧型技术及其应用的加速发展，以便以文明方式实现社会的"文明化"。

在智慧型工业社会，技术圈和非技术圈以及各个相关知识圈相互聚合而构成一个完整的认知过程；正是这种智慧型工业社会为清除接连不断的冲突、保护人类文明及其持续发展创造了基础。

"智慧型"的英文"noo"所指的范围大于拉丁语的"ratio"（分寸），其含义不仅是"心智"，还有"考虑"和"考量"的意思。值得注意的是，"ratio"不是绝对的，而是动态的。它的界限是移动的。每个阶段、每个系统有其具体的"ratio"。也就是说，昨天"合理"的，今天未必"合理"。

毕竟，理性意味着符合某种标准，而标准是变化的。

什么是理性？俄语"razumnost"一词还可翻译为英文词"reasonableness"（通达），其含义不仅是"聪敏"，而是"聪敏且与外物相通"的意思。一个人可能"聪敏但不明达"。为什么？因为一个人可能聪敏，但不能立足现实，因而是不理性的。

理性的界限来自哪里？界限是我们构建的标准体系。我们利用知识做到这一点：我们知道并能认清有关情况进而建立适当的"边界标志"：喂，这是界标——你可以走到这儿，因为这样做是明达的，但不能越过这儿，因为这样做是不明达的。如果你只是站在房顶上，这是不明达的；如果你把身体拴牢，在确保自身安全不致坠落的前提下，在房顶上进行建造和修理作业，这是明达的。

这个坐标系，或称标准体系，是动态的。我们的知识面越宽，这个空间就越大，这又拓展了我们有关该标准体系的知识。由此可见，界限和标准是参照彼此进行拓展的。

例如，不同族群的着装（或不着装）传统是在完全客观的标准依据基础上形成的，主要与气候有关。遵从这些传统的意识已深深扎根于其文化土壤中，而偏离这些传统必然招致道德谴责。今天，我们对天气条件的依赖性大大弱化了，人们在日常生活中不再像过去那样牢牢附着于某个气候区。由此可见，评估理性的标准是变化的。现在，我们对此不会作出特别严重的反应了，我们不会烧死传统道德的"背叛者"了，因为评判标准在转变，具体到这里，则是指文化土壤在转变。但转变并不限于这方面，其他方面也在转变。例如，饮食也不是一成不变的，它是随着社会的发展而发展的。

这种趋势因个人获取新知识的能力提高而得到强化。这是在哪种框架下进行的？这是在满足人类需要的框架下进行的，这里所说的人类需要包括对新知识的需求，特别是关于哪些东西"好"以及"好"的界限是怎样转变的知识。因此，知识也是这种现象的基础因素。这一点非常重要，因为知识有助于我们理解这个世界是怎样运行的，以及它为什么"走向疯狂"。是界限的变化——也就是说，越过了既有的"分寸"界限——造成了这种"疯狂"。这就是为什么经常（尤其是现在）我们研究了多年的东西对分析未来、理解未来和获得一定程度的自我实现丝毫无用的原因。

数学、物理和其他"精密"科学使我们对这个世界有了部分的绝对理解，不过只是部分。但即使是这些领域的知识也是"可拓展的"。让我们以传统的数学范式为例加以说明。毕达哥拉斯和欧几里得占据的是同一个空间，这是众所周知的。然后是罗巴切夫斯基和里曼，于是新的空间"产生"了。事实证明，一个空间是另一个空间的一部分，而该另一个空间又是另一个新空间的一部分，依此类推。现在，我们能够像物理学那样，提出大量的构想和基础理论，就外泄知识的现行层次寻求解释，并在该水平上建立新的标准基础。

随着（所有！）知识范围的打开，许多事情都依赖于进一步的实践（包括从技术开发角度考虑的计量、构想等的正确有效性）。因此，知识得到"证实"和"拓展"，标准依据得到完善、"转变"、调整和拓展，一切都在合乎"分寸"的范围内。

过去，试图飞到其他星球的愿望被视为异想天开，人们（人们根据千百年来的标准依据）将其视为伪需求。围绕地球飞行也曾被视为荒诞的梦想。而现在它们都已成为事实。你可以花费2000万美元进行一次太空旅行，当然你得出得起这笔钱；这种旅行对于宇航员来说是可行的，但对于一个单纯的太空游客来说就太奢侈了（尽管也可行）。但总有一天我们都能飞到太空，正如我们现在都能搭乘飞机飞行一样。这是水到渠成的事情。也就是说，这些事情逐渐改变、调整和适应。"理性"空间及其标准依据也在改变。

随着某些伪需求转变为现实可行的非伪需求，随着那些被明确认定为不可能的/荒诞的/无意义的/超越当前"分寸"的东西得到遏制，我们就会面临我们应当遵从的理性程度问题。我们应当相信什么？

我们应当相信我们所在的具体标准依据。知识转化为技术才能满足我们的需求，使我们更好地理解世界，实现各种需要，包括伪需要和非伪需要及其变化过程，正是它们促成了新的合理性空间、非伪理性和合理的真实需求适用的标准依据的出现。

这个问题触及了看上去与其相去甚远的我们生活的另一个方面，即信任程度。事实上，它与我们讨论的问题并非毫无联系。就特定现象的有效性或无效性而言，它实际上决定着我们每个人的标准依据门槛，从而形成了作为某种"信任领域"的上述空间。

因此，我们现在要提高信任度，因为活动范围和知识领域越大，所要求的信任程度就越高。

弗朗西斯·福山这样论述他所称的信任半径：我因信任我的邻居而信任我的家人（反之亦然），我信任他们远甚于当地政府，更不用说国家了（因为要信任颇为抽象的国家是不那么容易的）。

然而，福山没有说出最重要的事情，即他是否信任他的信任所存在的空间，即"半径"范围内正确的标准或规范。但是，有必要探究信任程度：是80%、30%还是0？如果他们认为不值得信任，就会自行寻求真相，或真正的知识。如果他们不再信任家庭或国家，就会将其拆解。我们可扩大、增进和加强信任，提高信任程度，包括通过技术应用方式做到这一点。我们将据此更加有效地证实"是"或"否"，真或伪，以及是否认为这是对某个空间部分、某个技术方案、某个社会现象给予的真正正确、合理的理论表述。

从这个意义上说，与用来增进我们对国家的信任的无数其他手段相比，这种区块链（目前众多人造"信任技术"中最先进的）可大大促进有助于走向智慧型阶段的民主发展和更为合理的社会发展。这不仅是（甚至不是）因为它"证实"了选举结果，而是因为它能（根据现有的标准依据）选出最有能力处理事务的领导人。

我想在此指出，技术只不过是进入实际物质世界的知识问题。从这个意义上说，技术是知识的反映，那么知识呢——知识是什么？

我们知道2+2=4，至于是怎样知道的就无关紧要了。我们反复核对，坚信这是对的，任何人都不能说"2+2=5"。我们也不会相信，我们绝不会相信"2+2=5"，绝对不相信！同样地，我们相信美国的选举远胜于他国选举，我们相信美元是可靠的，美国银行享有远胜于他国银行的技术保护，美国公民的存款在美国法律下得到良好的保障，不法分子会受到严惩，这是俄罗斯法律无法做到的。从技术角度看，"他们"的信任得到了更好的保证。因此，我们更相信他们的货币和他们的选举。

基于经证实的物质世界规律的技术在我们周围随处可见，我们证实并坚信在此基础上确定的评判标准——即我们在头脑中形成的观念——的正确性。因此，我们在发展这些技术的过程中，越来越深入地探索世界，包括探索那些使我们远离伪产品和伪需求的东西。为标准依据增加新的元素：让我们想想萨特、圣西门或其他最先开始讨论人类观念、真相等问题的人。这些东西不是凭空出现的，它们来自认知、认识和承认，来自明辨事情的对错，来自对其标准依据的调整。

随着这一基础中新要素——使向这些空间施加人为作用成为可能的要素——的出现，新的文化标准和要素创造出来了，它们构成了我们大力宣扬并引以为荣的新型文化，我们会说："看，我是这样的人，我赞成这个而反对那个……"我们所处的文化环境使我们认识到应在公共交通工具上给妇女让座，不得侵犯弱者。我们认识到应允许穆斯林进入美国。但特朗普却不允许。

这种斗争事实上是在创造新的标准依据。正是这种标准依据的变化促使安格拉·默克尔说出这样的话："嗨，特朗普！我们始终热爱穆斯林，而你没有。"为什么会这样？因为特朗普认识到的是一件事，默克尔认识到的是另一件事，而另外一个人认识到的则又是另外一件事。这种情况同样发生在其他认知领域。认识到事物真实与否以后，我们就对现有观念中哪些部分是真实的有了一定的信念。

这种信念在实践中多次重复而得到加强。正如他们所说，如果实验结果能一再得到验证，那么它就是正确的，我们就会承认其正确性。即使这种正确性被以后的实验推翻，但我们在此前某阶段坚持的标准依据（知识）使我们在当时有理由坚持这种正确性。

也就是说，在哲学思考层面上，我们认识到，我们接受和理解的一切知识使我们相信某些事物的正确性或不正确性。从这个意义上说，我们头脑中发生的"转变"是指"知识"转化为"信念"。我们在此基础上作出了一些论断，如"绝对知识意味着绝对相信"。

在这里，我想回顾一下 L.A. 布拉夫卡一再重申的意思，他强调指出，文艺复兴伟人说："我和你是平等的，上帝，因为你是造物主，我也是。你创造了人类和这个壮美的世界，我则创造了油画、公式、布局……我也在创造。"①

在我看来，这种"文艺复兴"方式是不准确的。为什么？从知识角度看，上帝是无所不知的，上帝代表着绝对知识。知识是客观存在的，我想强调的是：知识的存在是客观的，无论我们是否意识到、我们是否努力认知、是否有能力认知和发现些什么（也就是说，我们发现了它，它就在那里，在一个"盒子"中，因此我们首先应学会怎样打开这个盒子，也就是说，我们不仅要学习知识，还要学会怎样学习知识）。从这个例子可以看出，知识从其产生时就是客观存在的，还要永远存在下去。

这是什么？这与我们对上帝的看法有什么不同？上帝是造物主，他赋予人类认知世界的能力，使人们得以认知他们周围的世界，认知上帝本身，至少是部分认知。可以说，我们是通过认知上帝而走近上帝的。我们走近上帝靠的是一点一滴的逐渐认知……

如此看来，一直在努力认知世界的我们也许与上帝有着同样的机会。这是什么意思？这是说上帝无所不知，上帝自然有无所不知的能力。人们也能获取知识，发现新的知识，扩大知识范围。我们是上帝的一部分，上帝根据其创造（更准确地说，是再造）自我的逻辑赋予我们认知自我的能力。

这正是任何知识的发现和转移以及人类在其发展进程中用知识做成的任何事情只不过是一个认识过程的原因。这里所说的认识是指随着认知的深入，我们逐步认识到更大部分的知识是存在于我们控制范围以外的绝对存在。《传道书》上说："曾经是什么将来还是什么"。也就是说，它一直以来是这样的，并不是因为它是物质的（很有可能不是物质的），而是因为它是由客观存在的知识决定的，无论我们是否能发现它，它都存在于我们的意识之外。

为什么说它是客观存在的？因为它不是主观的，它并不依赖于我们的意识而存在。"主观"是指在我们的意识范围之内。我们依靠主观推断得出结论；在我看来，重要的是：当我们在谈论拓展知识范围时，应认识到知识是无限的。列宁甚至在其哲学著述中说，自然是取用不尽的，是无限的，物质产生于

---

① 布拉夫卡，L.A. 文艺复兴与苏联文化［J］. Voprosy filosofii，2006，12（36）.

原子，等等。[①] 他说得很对：我们不知道也永远不会知道知识的绝对深度。认识绝对是不可能的，但我们被赋予了接近它的能力，即认识、认知和接近它。我们能以越来越快的速度越来越靠近。我们就是这样不断深化对知识的认知，对知识结构的认知，对元知识的认知，等等。作为生物的人类的发展也遵循着这一路径。与经济一样，技术也是一个过渡性的阶段。在这个使我们能够作为生物性的人而存在的阶段，我们应将我们作为生物性的人所需的一切物质托付于未来技术。

随着认知范围不断扩大，我们的认知难免会偏离我们所认知的标准依据的真正价值。随着认知范围的"拓展"，我们逐渐认识到标准依据中的错误发生在哪里。一旦我们改正了这些错误，就能继续前进了；同时我们还要认识到以后仍会有错误、不确定和不准确现象，因此我们要提高知识的正确性及合理程度。这最终导致什么结果？标准依据变得越来越"真实"，推动着我们逐渐接近绝对知识，即我们对认知内容的绝对信念；在我们坚信某些事物的正确性这一信念框架中，社会最终"减缓"直至"停止"增加就目前发展阶段而言显然是诈伪的需求。

需求的标准依据以及从伪需求到非伪需求的转变秩序越来越完善，其对绝对知识的接近达到这样一种程度：一方面，我们觉得能够满足任何非伪需求；另一方面，我们在信念层面上（请回顾康德"我内心的道德律"）从内心真正感到，这是道德的和正确的，尽管这是伪需求，但不应受到侵犯。为什么？因为在这种具体的标准依据中，它是不理性、不合理的，不是一个"智慧行为"。这是对正确的东西的"明确信念"。

知识使我们能够明辨需求的真伪。知识不仅使我们明达事理，还重构我们的内心世界，使我们认识到标准依据是正确、真实的。我们相信这种原则，也相信这种原则是应当被"遵守"和遵循的。标准依据应符合目前达到的认识水平和自我实现水平。如果做不到这一点，就说明标准依据是狭隘的，应对其加以拓展。换句话说，伪需求是客观知识所否认的。

人们尽力使其标准接近绝对的真实、信任和信念，但他们（像往常一样）发现在这个问题上还有更完善、更明智、更理性的解决办法。

[①] "电子和原子一样，也是不可穷尽的，大自然是无限的……"列宁，V.I. 唯物主义与经验批判主义（第14卷）[M]. 莫斯科：前进出版社，1977: 262.

9.3 经济理性的风险：奔向智慧型经济中的新理性

根据我们对近年来开始的客观进程的分析，我们认为智慧型社会的社会生产作为一个系统包括下列方面：

- 优先发展知识密集型"智能化"生产（我们不妨去掉引号，直接称其为智慧型生产）。
- 将生产、科学和教育融合为一个统一的再生产体系，进而促使一种新型再生产模式的形成，我们将其称为智慧型再生产，它确保智慧圈发展条件的优先形成。
- 功利性需求和伪需求的地位逐渐下降，一种新型的需求兴起，这是"智人"的需求，我们不妨将其称为智慧型需求。
- 与智慧型需求相适应的、不再具有经济性的物质及精神生产主体行为准则及动机的发展。
- 在向这种状态过渡期间，经济关系与规范向着社会化和人性化的方向发展，这是积极实施市场经济智慧导向性发展规划的结果，是旨在优先发展"智能化"生产的积极工业政策的结果，是为实现这些目标而加强公私合作的结果。
- 最后很重要的一点：保障智慧型发展主要任务得以实现的文化环境的兴起。

随着智慧型生产的发展，不仅技术完全成为集中体现为研究对象的科学，这种情况同样发生在正向智慧型经济过渡的现有经济中。你可能会问："当代各种理论性及应用性经济学科是什么情况？经济现在真的是建立在科学基础上的吗？"

要评估现代经济的"科学性"，只需问这样一个简单问题：经济学是否足以使人掌握经济活动？

人们很早以前就学习怎样利用技术进行生产活动。也就是说，自技术出现时起，我们就能采取旨在实现理想结果的行动了。但在最初，这种结果主要是通过试错方式取得的，没有什么保障。然而，人们通过认识世界及其规律得以完全控制自然过程，进而将其转变为技术过程，因此他们对于哪些行动能取得理想结果变得越来越自信。

我们目前对经济活动的管理与以前在农业技术方面的管控大体上处于同

一水平。例如，你在春天播下种子，这些种子几乎肯定会发芽，并结出远远超过这些种子的果实。但这些种子也有不发芽的可能，或者结出的果实比当初用掉的种子还少。这完全取决于天气和超越人力控制的其他条件：从旱灾到洪灾，从冰雹到啮齿动物啃食或蝗灾，或其他任何庄稼病害。

同样地，我们能在一定程度上预测我们在经济领域中的行动后果。最终，国民经济得以保持扩大再生产，大多数企业家能从经营企业中获取一定利润，大多数人有稳定的工作收入。但无论是个人还是整个国家都不能绝对避免自发的市场波动影响。供需关系转变、价格波动、汇率变化、竞争者行为、股市恐慌、失业率或通货膨胀率上升——我们学会了在一定程度上影响这些因素，但不能完全掌控它们。同时，我们还要看到，经济预测通常像咒语或古代的祈雨舞，其准确性无从保证。

也许，我们还远远没有认清经济现实。我们可以用我们喜欢的任何方式评估我们的经济知识，但这不是关键。关键在于当代经济的性质，以及人们固有的经济理性。直到现在，经济理性主要不在于掌控经济活动，而是适应超越人力控制的现象。我们不能掌控这些现象，这并不是因为我们知识贫乏，而是因为经济本身取决于无数追求自身利益的个人各自进行的、缺乏协调统一的活动。

而且，有些经济学派竟认为应禁止对经济活动的任何有意干预，在他们看来，闯入神圣、未知的经济基础领域实在太傲慢了。我们不应当插手超越我们意志的事务，不应当冒昧地认为我们的意志能扭转事情的发展方向，使其向着好的方向推进。

例如，弗里德里希·冯·哈耶克认为，实际上整个奥地利学派也都认为：如果对个人活动的市场协调，以及其他道德传统和惯常做法，源自对比任何人察觉其或想到的更多具体事实的自然、自发和自我条理化的适应过程，则要求这个过程必须是正当的或具有其他道义特性（见本书第7章）显然就是一种天真的拟人观。当然，这种要求对理性指导下的活动过程的主导者或做祷告的上帝信徒来说也许是适当的，但对于上述非个人的自我条理化过程来说就是完全不适当的。在一个范围如此广大，以至于超越了任何人的理解和指导的体系中，从公正角度看或根据约定的尺度，很难用某个统一的要求确定若干成员的待遇。

应当承认，哈耶克的观点在某种程度上是对的。在基于"自发且自我条理化过程"的经济中，人为干预的机会事实上是很有限的。但这并不是如哈耶克所说人的心智薄弱，而是因为既有经济现实是由无数不可控制和不可预料的个人行为构成的，这对任何有意追求的人为目标构成了重大挑战。关键不在于我们处理经济行为者行为的巨大信息流的能力有限——事实上，我们很早以前就能利用科学手段根据大量的自发情况研判其未来趋势了。关键在于这些行为来自（并非基于统一标准的）利益相互对立的行为人，正是由于这个原因，在此基础上形成的力量通常是不可预测的，总是充满了不确定性。

但在向智慧型生产转型方面发生了哪些变化？我们为什么认为在将来的智慧型经济模式下将会是另外一种情况？

事实上，随着人们脱离直接的生产活动，以及人们停止争夺满足实际需求（和伪需求）所需的资源，经济不再是各种自发行为混合体的混乱无序。智慧型生产能自动满足人们的需求，无须人工介入，而真实需求的限额是根据相应的智慧型文明时期的标准依据确定的。这种自动满足需求的模式消除了着眼于财务盈亏且影响着人们各种经济标准和经济关系的行为"理性"。

要使智慧型经济运行，需要形成新的理性，即对目标进行科学论证和选择实现这些目标的方式的理性。这种选择不得以任何方式——哪怕是最民主的方式——强加于人（否则，弗里德里希·冯·哈耶克担心发生的后果就会不可避免地发生）。目标及其实现工具的选择应当是自愿的。问题是这种自由选择应建立在什么基础上，才能使其成为真正理性的选择。

这给我们提出了选择目标的标准以及选定的目标实现方式在多大程度上可以接受的问题。在这方面，我们会面临一些很危险的选项。

当代技术本源引导着人们进入技术圈这个按照自己的规律演变、极为错综复杂、近乎不可掌控的世界。一个基于资本主义工业关系、将利润和其他经济指标（如 GDP）放在首位的社会秩序不太可能考虑将技术用作追求利润的工具造成的风险和威胁。这将导致全球性的技术本源过程和技术过程失控的危险，这不仅会危及我们周围的环境（指广义的环境，即地球上的生物圈），还将危及我们自身，致使我们的本质属性发生不可预测的变化。

随着具有空前知识密集度的新型生产的发展，随着技术威力的不断增强，随着满足人类需要的机会不断扩大，一代新人逐渐形成。这种新人是什么样的？他们绝不是预先确定的。我们已经能够看到人类在新型工业文明中的各种发展方式。

我们是否能有效应对新兴的电子技术或技术基因文明的挑战？我们是否能进入以人道主义和广泛的"知识创造"型人类活动为特征的社会，一个使人类与自然和谐共处并解决了社会冲突的社会，一个使人们醉心于获取新知识的社会？随着物质财富私有化以及满足根本性物质需要的手段失去其以往的尊崇地位，我们是否能看到一个人们不再斤斤计较于物质限制的社会？或发生的情况刚好与此相反……

当然，我们认识到，不能排除走上另一条道路的风险：我们有可能成为这种技术文明的奴隶。

发达国家的人们被几乎无限满足需求的机会所淹没，他们可能禁不住过度消费的诱惑。在欠发达国家，数十亿人长期消费不足造成了新的技术能力被用于超过理性限度的物质产品生产无节制增长。这两种趋势都充斥着助长非理性、虚幻和伪需求的危险。在第一种情形下，这体现为追求炫耀性消费，即购买用来满足伪需要的越来越精致、先进的伪产品，从某种意义上说他们自身也变成了这样的人。在第二种情形下，这体现为亦步亦趋地模仿"先进"国家的人们的所作所为，胡乱囤积越来越多的传统产品，直至为满足其虚幻的需要而竞相攀比。

我们看到现在到处都是这样的消费者：他们抱着傲视一切的态度持续不断地寻求虚幻的利益。地球资源受到的压力不断增加，尽管我们有机会大幅度降低生产的资源密集度。诚然，纵情消费迟早会用尽地球上现有的自然资源并将废弃物塞满地球，甚至使人类陷入争夺物质资源的混乱中，为满足生产所需致使资源枯竭……

这制造了一个使人陷入孤立的世界——他们疏远他人，脱离社会，最终丧失其本性。个人的人性也受到了戕害，已经不再是真正意义上的人了，这给他们自身以及他们生活的环境构成了威胁。对于地球来说，他是个异类。对于所有人来说，他像个"外星人"。忘掉那些科幻作家和他们笔下的"外星人"吧，"外星人"就在我们身边。地球上有太多的人陷入盲目追求消费增长的旋涡中，他们消耗了很多实实在在的资源，包括自然资源和人力资源，如人的身体和灵魂……

是否有办法避免走入这个死胡同？

当然有。因为在向新型工业社会第二阶段发展过程中，另一种人形成了。在工业发展过程中和知识的技术应用基础上，我们有机会用我们为自身创造的机遇建设另一种未来。

人是唯一能将由实物构成的物质世界转化为由知识构成的非物质世界的生物。我们曾经说过，人们只能在认识世界的过程中逐渐接近绝对的、无限的知识。但是，在认识世界的过程中，我们也在认识我们自身，认识我们周围的人们，认识将我们每个人结合起来的社会联系。在获取新知识的过程中，我们建立并完善我们作为社会存在的某些标准，并加以证实、更新和优化。同时，我们认识到自身仅是这个世界的一部分（而且是能够自我认知的一个特殊部分）。

因此，对科技进步和文化进步的选择并不是二元对立、非此即彼的。二者是相互联系的，这种联系达到了密不可分的程度。当然，在相当长的时期，人类的科技发展和文化发展是明显对立的（实际上二者一直是相互依存的）。然而，人类文明蕴蓄的危机和即将到来的技术革命促使我们用另一种眼光看待科技进步与文化的关系。

现代科技发展强烈要求与其人类相适应的、有助于促进科技进步的积极变化，同时为文化发展创造物质条件。

然而，我们远未走上这条明智的发展道路："主要围绕经济市场规则发展起来的文明与自然和文化的冲突导致了生态危机和精神危机，这不仅表明这种文明发展模式走到了它的极限，还表明将这种模式遍施于全球是不可接受的。"最新技术要求并促成了人的知识和意识有适当的变化，而文化转变是其必不可少的产物。

只有在自我认知以及将人们赖以评估其生活的标准合理化的基础上，我们才能建立其有效防止冲动性追求炫耀性消费的屏障，走上智慧圈文明发展的道路。弗拉基米尔·沃尔纳德斯基早在一个世纪前就论述过这个问题。这种自我认知还意味着人的文化世界的完善，因为只有既博学多识又有良好文化素养的人才能以真正的人的态度看待自身的需求，看待他人和自然。

这正是我们要克服在当前社会体制下形成的物质文明与文化文明之间的差距的原因所在。同时，这条道路也使我们——创造了以知识的技术运用为主导的新型物质生产、新型产业和新领域的我们——避免了因争夺实际或虚幻的利益导致的种种冲突。

沿着这条道路，人类文明发展新阶段的基础形成了，我们建议将这种发展到新阶段的文明称为智慧圈文明。在这种文明模式下，生产是以人的心智

（它基于智慧型工业生产的纯物质性过程，因为脱离了这个过程，它就不能确保自身的存在或发展！）而非机器为主导的。

同时，知识的社会性作用迅速增强，这表现在人们利用知识：发现满足人们合理需求的新的、更有效、更经济的方式方法（而目前在消费方面只是量的增长，这是有明显局限的）；解决因深刻的技术与社会转变造成的矛盾与紧张。

同时，文化也是塑造新型社会文明规范关键要素的工具，而这种关键要素，即人们内在的自我限制，指引着我们从以前听任漫无节制的消费增长和追逐各种虚幻不实的东西转向将需求及相应利益的品位置于优先地位的"智人"需求（智慧型需求）。文化也是工作及创造活动以及社会生活中新型人际关系赖以形成的基础。同时，科技进步为改变人类文明体系中的文化规范提供了巨大的可能性。

让我再重复一遍：这不是在专家政治与文化之间加以选择。我们不能将专家政治与文化分离开来，应将其视为"一体"。为什么？如果我们不自我培育出另一种精神，就不能恰当运用我们称为科技进步、工业进步或其他任何进步的人类发展成果。

如前所述，一个正常知识培养出来的人知道怎样用锤子楔钉子，大概不会想用锤子砸自己邻居的头。退一步说，即使他这样想，也绝不会这样做。还是让我们想象这样一个难以想象的情境吧：某个人不知道锤子是做什么用的，想也许是用来砸别人的头的，然后就真的这样做了——砸别人的头。也许还有这样一种人：他们什么都知道，但他们还有第二人格。要是没有道德约束，这种人会时常用锤子砸别人的头。这种道德约束完全就是文化制造的。

这正是核弹和加勒比海危机所发生的情况。我感到高兴的是，美国竟有人故意将核弹或某些要素的秘密泄露出去，从而挽救了人类。他们这样做也许是为了金钱，但我猜想他们是为了更为崇高的理由（他们在物质方面相当富有，不至于为获取金钱而出卖情报）。当然，俄国人自身取得的进步很大，但从美国所获得的信息使其避免了许多错误，加快了"报复性武器"的研制，这些信息作用不可低估。这的确挽救了人类，因为俄国人借此恢复了势力均衡。这种知识，也许人类获取得稍早了一些，是能够毁灭世界的，但在文化和文明规范的作用下，恰恰是这种知识挽救了人类。我认为，如果我们认识不到这一点，就会面临严重问题：我们不能沿着社会发展的道路顺利走下去，而是陷入难以自拔的冲突。

对这些（以及其他类似的）风险和威胁的意识应纳入人类文明的新兴文化规范中。我们能否实现这一目标决定着我们是否变成相对于对方、相对于我们自身和相对于地球的"外星人"，或我们是否值得称为大写的"人"。

9.4 从经济社会向非经济社会的过渡

任何社会，只要马克思所说的经济关系已经形成，而且存在经济这种社会结构，我们就将其称为"经济社会"。

什么是经济？经济是一种管理模式，更有人认为它是一种科学。它产生于人类历史发展进程中的某个时期，并在某个时期结束。经济源自希腊文的"oikos-nomos"，意为"家庭"；尽管这经济有多种含义，当其作为术语使用时，其含义是明确而唯一的；经济是一个术语性结构，可与其他词语构成新的术语。家庭在含义和规模方面各不相同。对于家庭经济、国家经济、工业经济等，有许多可谈论的东西。例如，过去我写过有关航空仪表制造业的文章，描述制造设施的具体特征，向读者介绍本行业及其经济成分的特点。为什么？因为其中有特殊的生产关系，有某种合作，有某些相互依赖的表现。

由此可知，经济是一种管理模式。

它存在于什么社会？

存在于经济社会。这是被称为"经济"的管理模式的共同特征。除了满足某种需求，它意味着获取利润。这种模式逐渐发展，直到整个社会成为"经济性"的，也就是说，直到我们从旨在满足我们需要的生产活动获取利润，但仅限于以自然而然的方式满足需要；直到我们的劳动成为"经济性"的；直到社会也成为"经济性"的。

我不想把社会发展进程划分为原始公社、封建社会等，因为它们没有什么差别。在我看来，社会形态是无关紧要的，因为社会形态属于同一个经济社会，它经历了若干次技术革命，使生产关系和社会上层建筑发生了相应的变化。但无论怎样，它终究还是一个经济社会。此前一直存在的是非经济社会，它一直持续到经济产生，而经济消失后，人类将进入后经济社会。这正是智慧型社会的特点，它基于既有条件，克服了即将到来的危机，呈现出良好的发展前景。

我认为，从经济起源角度看，最初是前经济社会，现在是经济社会，以后将进入后经济社会。迟早如此，这只是个时间问题。

另外，还要认识到其基础。从前经济社会向经济社会的转型已经发生，因为人们正在改变其对所用财物的态度。财产从一般物品中被拣选出来，财产的概念出现了，由此催生了经济关系。财产是经济关系基础的集中形式。一般来说，财产关系也是经济关系。

我认为，这不仅是就私人财产来说的，而是就一般意义上的财产而言。另外，还有私有财产、私有权关系等。财产关系是由其使用者创建的。在历史发展进程中，它是根据规则、关系标准和法律确立的。财产权并不是没来由的——那么，什么是财产权？财产权是拥有、管理、让渡和转让财产的权利——是一系列根本性的权利和权力。尽管财产权在不同的国家和地区执行方式各不相同，但其含义很清楚。在"某种东西"从公共使用转化为"我的"前，在这个概念提出并被接受前，人们是不可能谈论财产问题，也谈不上经济关系。因为财产交换催生了当时家庭型社会的经济关系，这时的家庭型社会实际上已成为经济社会。此后，相继出现了不平等、财产积累等现象。后来又出现了资本，迎来了发展——市场的发展，以及我们赖以在上述经济关系基础上建立经济社会、运作、改造和斗争（这种斗争的例子有很多，我们至少会想到20世纪初的俄国革命）的方法手段的发展。

为什么要与经济社会或者说一般意义上的当今社会作斗争？因为它被视为经济性的，催生了许多负面情况。为什么说这些情况是负面的？我们怎样看待它？人类具有双重性，一方面具有天然的"动物性"，另一方面具有不同于其他动物的智慧性，这表现在人能够为其生存而斗争。因为社会不仅具有（动物性）经济关系，还有与其相对立的其他关系。这方面有一个基本矛盾，即人们一直试图依靠经济社会解决非经济问题，这是一个永久的困境，永远存在的问题。教育就是一个这样例子：我们——经济社会——试图解决高质量教育问题。经济社会对于教育意味着什么？举例来说，这意味着教育商业化。我们俄罗斯就已经将教育商业化了。我们从中得到了什么？教育成为一种制造品。因此，出现了许多荒谬的东西，如教育产品、教育服务、知识生产、知识即资本、教育资本以及其他名目的资本。于是，人类生活中的一切非经济成分都被拖入了经济泥沼中，经济吞噬了一切，一切都用经济语言表述。

重要的是，我们要认识到：经济社会的机会是什么时候出现的？智人是在什么时候开始发现满足其需要的方式方法的；从某种意义上说，这些需要超过了实际需要。如人的需要通过某种被认可的方法得到满足，就会产生相应的新知识，这种新知识远比功利性地回答"某种需要应怎样满足"问题广博得多。知识以其本质属性改变了人们的需要观，催生了新的需要。因此，一些需要得到满足后，尚未得到满足但能被他人予以满足的另外一些需要就会出现。我们看到的结果是：经济关系出现。财产和经济关系。这是知识的作用——如何满足需要。在我们这个时代，这种应用到生产中的知识就是技术。借助某种方法实现的知识已经成为生产。

可以说，历史进程是一系列技术方式前后相继的过程；我们绝对不会把任何浪潮绝对化（抱歉连用两个绝对，有些累赘了），无论它们是怎样表述的。这方面没有很大差异。有人可能会想到那些构成第一模式、第二模式、第三模式……的技术。哪些技术是基本的，等等。根本性的东西是不同的，也就是说，进程路线、技术模式和基本技术发生了变化。为什么？因为在任何社会（任何社会——这正是我想强调的），技术构成了向人们提供产品以满足其需求的方法。在经济方式中运用这种方法是经济社会的特征，当其用于非经济方式时，这意味着其所处的社会是非经济社会。

随着生产的发展，随着技术所含知识的增进和复杂化，技术在不断地创造新的条件。每一次都变得越来越复杂，蕴含的知识越来越多。知识越多，社会关系就越复杂。随着国家的形成，用来管控人的利益、社会利益、个人利益的各种其他工具相继出现。需要是利益的高级形式，即技术化形式。它是用技术手段诠释怎样满足人们的需要，以及要过上令人向往的生活或仅仅维持生存有赖于哪些需要。这正是人们需要吃饭、喝水等基本保障的原因。吃饭、喝水是生活需要。利益意味着想要以某种方式生活的期望。

谈到这些，我们就会清楚地认识到，国家的形成就是为了管控通常截然对立的各种利益和需要，以书面形式制定公正合理的规范。随后，各种机制机构相继出现，它们扩展了国家职能。随着社会发展，一切都变得复杂起来：国家与社会之间的相互作用，社会与技术之间的相互作用，技术、社会与国家之间的相互作用，等等。

当今的经济社会现正处于崩溃的边缘。为什么？因为社会总是在科技发展的驱动下前进，而技术的力量越来越强大。满足需求的经济方法在强大的集约化背景下限制了文化（而文化正是伪需要的制约力量）的发展，不可避免地导致衰败。

诚然，技术在发展，而对需要的满足迟早会导致物质成分重要性的下降，我们在研究新型工业社会第二阶段时早已对此作出了论证。尽管在这种背景下，关键点不是削减物质成分，而是降低财产的重要性。是的，对于财产作为满足人们需要的经济方法的基础性因素，应降低其重要性。因此，我们面临这样一个全球性的问题：一旦满足人们需要的技术水平开始提高，经济关系在社会中的作用就会自动下降。

是这样的，但我们希望这最好发生在过渡到生产系统分工和生产关系从经济关系领域剥离出来的新阶段时。这能使需要得到最大限度的满足，当然，这些需要必须是合理的。合理的非伪需要可为非经济社会提供良好的发展空间，同时这种合理的非伪需要不断扩展，直至发展成为占主导地位的基本需要领域，而这种基本需要领域能够依靠不断增进的科技进步得到满足，以确保主要关系非经济性的社会正常运行。我们可以讨论这些关系到底是什么样的——创造性的还是其他……这不是关键所在。关键是这些关系是非经济性的。既然这些关系是非经济性的，对其采取的是哪类管理方法？我们怎样称呼它？鉴于采取的是非经济性的方法，经济也不再是原来意义上的经济，我们可将其理解为"非经济"。

但是，还有很多问题：谁将制定标准？什么是伪满足或非伪满足？合理的非伪需要界限在哪里？什么是限制因素？非伪需要的空间界限怎样移动？

这正是社会和人类需要的另一部分，即精神、智力和文化等其他需要，变得更有效的地方。智慧作为伪需要的制约力量和增进关系的标准依据，使我们得以在标准依据范围内充分满足其需要。

标准依据是"智慧型"的基础，也就是说，它是建立关系的基础。它是由已经建立起赖以满足需要的智慧型文化和基于科技进步的关系网文化的人们建立和完善起来的，这种技术是在理性的监督下发展的。无论在什么情况下，都不可能阻止科技进步的步伐；因此，对其加以指导和界定，并使其以"恰当"的方式行事是理性的责任所在。建立标准依据意味着界定什么是"合理的"，仍是理性。换句话说，理性开始亮剑了。我们谈论建立理性空间的这些问题都是"智慧型"的。我为此写过《从"动物性"到"智慧型"》的文章，它指的是从满足动物性需要到满足智慧型需要，即从动物性消费方式到智慧型消费方式。一个充满智慧型关系的智慧型社会成长壮大起来。我把这种满足需要的方法称为"智慧型经济"。为什么这样称呼？因为在"智慧型经济"的英文"noonomy"中，"noo"来自"noos"，它是指理性，是构建这种新型关系的基础；"nomy"来自"nomos"，它传统上是指"法律""秩序"或"方式方法"。这就是"智慧型经济"一词的由来，它虽然沿袭自"经济"一词，但它强调的是"智慧"定律的应用，而后者强调的是"生态"定律的应用。它是与经济相对立的另一种类型，另一种满足需要的机制，它将发展为由这些新型关系构成的非经济社会。这就是术语"智慧型经济"的由来及含义。

顺便说一句，"智慧型经济"有时称为合理的"智慧圈经济"，这有点像"非捕食性的捕食者"之类说法。即便不是"食草性的"，但至少是"非捕食性的"。非捕食者/捕食者。前者是对后者的否定，如果不理解"智慧型经济"概念的实质，单从形式上看，这种说法是不正确的。我提出这个概念并不是试图将智慧圈与经济联系起来。"智慧型经济"并不是这两个概念的机械组合，而是有其独立的来源。

现在我们分析一下这个术语的形成。应当指出，这是一个明确而严谨的概念，有助于我们在现代文明发展"歧路纷出"的今天选择一条正确的道路。当然这有赖于我们克服当今资本对传统模式的顽固坚持；有赖于我们克服从财产向非财产过渡中的不和谐音符；有赖于我们成功应对该领域的挫败和倒退；而在同一时期，科技进步仍将继续，而围绕科技进步产生的各种关系将会逐渐退化，包括经济关系、非经济关系等其他关系。它产生时适值政治关系退化，社会结构和国际组织等的作用发生变化，同时它们的地位被矮化，因为全球资本开始吸纳其"股份"，将其作为某种社会现象加以打压、掌控和"逆转"。这有悖于文化，有悖于制约原则的形成，有悖于减少伪消费的要求，等等。资本也在寻求出路，寻求进一步保留和保有财产的机会，因为财产是资本的重要领地。它成为资产的所有人，资产所有人的所有人，等等。

它导致了极端糟糕的状况，但这是为什么？因为文明危机在不断加剧。科技进步有助于解决不平等问题、合理教育问题、文化问题等，即一切有关人的精神和智慧型发展的问题（另外，根据某些估测，当今的全球技术能力超过了全球合理消费所有产品前提下的实际需要，包括教育和其他方面的需要），但这个目标并未实现：在全球人口中，有所谓"黄金十亿"，更有数十亿人实际处于赤贫状态，至少面临巨大问题，但科技进步有助于解决这些问题，同时通过互联网、通信等技术向他们阐释着各种问题，启发他们寻求另外的发展道路。人们甚至凭直觉就知道哪里更适合居住。这不仅是因为叙利亚不易于安居，而德国易于安居，后者没有战争，孩子们可以正常成长和接受教育。除了物质方面的成就外，还有其他因素。让我们以高度发达（技术先进！）的德国为例：德国不仅努力造福于本国民众，也惠及外来者。何以见得？从其努力解决移民问题就可看出这一点。另外，虽说有些德国人愤慨于外来者抢占了他们应得的利益，但大多数德国人支持移民趋势、多元文化主义以及类似事务。他们认识到——哪怕只是靠半直观——这是一条较好的路。再者，科技进步使这些"市民"能够享有各种食品和饮品、使其子女接受相应的教育、到海边度假，以及享有正常合理的生活所需的一切东西。至于信息消费，有些文化产品和技术产品实际上是可以免费享用的。是的，你只需劳神想一下。你想要什么，就会得到什么。有些国家提出了基本收入问题：一个人仅出生就会得到很大金额的"最低"保障金！代价呢？这得益于科技发展：科技发展为人们提供了可随时取用的公共产品，越过了商品阶段。这些可随时取用的公共产品是非经济性的。

但是，这种自然过程是与经济社会的本质属性相冲突的。具体来说是以下两个方面的冲突：一方面科技进步满足人们不断增长的需要的能力，另一方面是动物性经济对这种能力进行的削足适履式的裁制。冲突逐渐发展，有可能最终爆发。简言之，这是有助于解决诸多问题的科技发展与事实上强化私有关系的科技发展动物性应用之间的冲突。但是，经济行为人为什么相互对立？这是资本在挽救其在历史进程中的地位。因为它"认识到"科技进步会摧毁其地位。资本极力坚守阵地，并试图阻抑科技进步；或利用其服务于资本，同时通过专利或其他繁杂程序限制其（非经济性的）可及性；或将科技进步成果转化为商品；或通过专利方式将作为科技进步基础的知识转化为商品：知识，就其性质而言和空气有点相似，正如你可以抓住一点空气说"这是我的空气"，你可以就自己创制的某项知识申请专利，以便将其据为己有。如果某个人要使用你抓在手中的空气，就必须向你付费。于是，它也成为一个经济因素。明白了吧？它变成了筹码。总之，经济社会贪婪地攫取任何有利用价值的东西并将其商业化。文化也被几乎完全"填塞"到经济中，教育大体上也是这种情况。几乎所有与健康相关公共产品大体上也是这种情况。这种情况发生在过去的20年、30年、50年里。目前，知识和信息以同样的方式深藏固守。

顺便说一句，我们现在大声疾呼：中国和美国有这么多专利，而俄罗斯竟如此之少，我们的发展机会都让别人偷去了。"偷去"是什么意思？"偷去"

是指我们的财产被别人免费使用。有一种东西能够直接取用，无须偷窃，我们将这种东西称为"非财产"。在我们的公共良知和个人意识中，这种东西一般不会激起太多私有意图，这正是我们不同于那些在资本相关传统下成长起来的人们之处。在这方面，我想特别指出：在我看来，俄罗斯人民的心智更甚于"苏维埃新人"，也就是说，他们是更合格、更先进的人，而不是"落后"的人。他们不认为自己发明的东西会立即成为其财产。给跳蚤钉马掌是莱夫莎——俄罗斯童话人物——干的事，但要卖掉这个结果则有赖于外国商人。后苏联时期几乎所有所谓联营企业都存在这种现象。当然，作者或发明者被遗忘是令人苦涩的。然而，这个世界的有些配置错了。对许多人来说，道德嘉奖远比物质嘉奖重要得多。鉴于普遍的人类文化是资本的制约力量，我认为这种人的"内在"文化程度高于其他人。

随着社会上层建筑中矛盾的加剧，社会革命发生了。但这种革命总是以技术革命为先导的。

现在正是进行技术革命的时代。这意味着，可能接下去还会有社会革命。话说回来，我们必须认识到，当今技术能力是如此之大，我们很容易迷失自己，以至于将其用作战斗武器。这未必意味着地球将会爆炸。这也许是基于原因和认知的推断。一切皆有可能。也许是某种混合性的东西。

我们在这条道路上走的时间越长，这种危机就越是迫在眉睫，而且会加速到来。

这正是全面思考其他选择的原因。

现有的技术有助于在不增加物质资源消耗的情形下大规模扩大需求满足范围，这是通过实施蕴含在技术中的知识实现的。这已经体现在某些社会转变上，如大量的免费服务，以及将向每个公民提供基本收入保障问题提上日程。作为物质价值体现形式的财产的重要性逐渐下降，作为其等价物的资本的重要性和作用也在逐渐下降，等等。展望未来，我们看到的是经济关系的没落和非经济关系的兴起。

首先，新型工业社会第二阶段正在形成，在这种情况下，许多东西成为"非私有"的，而成为公共的或集体所有的，许多新产品供人们免费享用。只要对财产的态度发生变化，所有人与经理人的关系就会变化，事情就会向着凭自身品质胜出的方向发展，国家行政管理和国家的作用也会变化，等等。

下一个阶段是过渡性的，将会平稳进行，不会有革命之类的事情，因为人们必定已认识到革命、推翻之类的后果。最终，我们将会看到一种全新的需求满足方法，在这种方法下，生产系统不再基于人们之间的关系，这些关系将逐渐退出直接的生产过程。由此看来，生产系统将会脱离人而独立存在。

因此，劳动作为谋生手段参与生产过程将不复存在。这并不意味着人们将无所事事，届时将会出现取代劳动的另一种活动。我将这称为"职业"或"非劳动"。在俄语中，"trud"（劳动）和"trudno"（困难）都是词干，含义也相似。劳动是生产过程中的"trudy"（瓶颈）成分，即"人工"要素。这是将要消失的成分，其他成分（物质、技术和生产组织）依然存在。对于社会性相互作用，满足需要的管理方法也将变成另一种形式（在这里，管理是指某种共识性的东西，不同于现在的含义）。我们不妨仍将这种管理系统称为"国家"，但这完全是另一种意义上的国家。经济社会的国家与未来的国家之间的主要差别是什么？国家——当今意义上的国家——主要管控经济和经济关系，而其他一切关系则"任其自然"。事实上，经济关系将伴随经济一并消亡，但其他要素依然存在。无论如何，管控者还是必须存在的。

我想，无政府主义者和马克思主义者在谈论"国家消亡"时，并没有彻底想清楚经济消亡时将会发生什么。那么，根据列宁的观点，经济消亡时，国家也会消亡吗？那时，将怎样对生活加以管控？是像俄罗斯科幻作家伊凡·埃夫雷莫夫在书中所说的那样进行自我管控吗？

我认为这种自我管控是不可能的，因为了解和平衡他人的利益仍是必要的，确立始终与时俱进的标准依据也是必要的，是随社会发展而前进的文化标准依据。因此，某些用于评估发展步伐和发展方式的方式方法仍是必不可少的。应了解共识的一些体现形式、寻求共识的方法、社会共识管理等概念。因为社会是由各种利益主体构成的。除个人利益外，还有人们形成的共同利益。在这方面，没有任何东西是变化的，它们是始终如一的。发展时间越长，就越需要这种基于智慧型标准的管控方法，这里所说的智慧型标准是指以人的才智为依托的文化标准而非经济标准。

我认为术语"智慧型经济"还有一个意思：与术语"经济"相似，它可指揭示满足人们需要的方法本质的所有研究或某个研究领域。在我看来，无论在哪种情况下，研究领域都是很庞大的。实际上，这正是我们圣彼得堡S.Y.维特新型工业发展研究院近几年来一直在做的事情。

第 10 章

智慧型经济：文化要务与经济文明的终结

从经济关系世界退出也意味着经济理性统治的终结。前来填补其空位的应该是什么？提升经济指标不再是生产发展的标准，取而代之的是纯粹直接满足人们具体合理的需求。这是一种新的理性。直接的人力劳动不再是满足需求的本源，金钱、利润和 GDP 也随之消失。需求将得到充分满足，以至于资源争夺将变得毫无意义——这种争夺长期以来一直是大多数社会冲突发生的原因。实现这种前景的道路是漫长的，要经历诸多过渡性的社会经济形态（首先是多种计划机制），它们正是人类使其自身发展服从于合理的自我约束和真正的文化要务的能力演进的现实基础和体现。

10.1 新理性的形成

我们可以断言，人类社会通过改变文明发展趋势来反映技术满足人们物质／文化／精神需要的机遇增长情况，而这主要是通过改变人们的行为准则体系及其载体并据此改变人们的行为实现的。最终，科学界注意到这一点，尽管这种注意通常停留在很肤浅的层次上，并未深入事情的核心。理查德·塞勒的哪项成就使其在 2017 年 10 月获得了诺贝尔经济学奖？是他指出人们（主要是年轻人）的经济行为越来越受制于情绪而非理性！这实在令人眼前一亮！安妮女王死了！

情绪构成了文化价值观的精神成分，是普通人需求总体构成的一个要素。这就是我们对情绪的理解。人们总是以满足这一需求和其他需求的愿望为指导，其合理性是不能用经济考量证实的。Z 世代在这一领域遥遥领先，随着他们开始在总人口中占有较大比例，这类需求（指带有情绪色彩的需求）在社会需求总体构成中所占的份额也在增长。这导致"市场参与者"的决策明显增加，这从社会体制中人类"兽性"辩护者的角度看越来越"缺乏理性"。这些市场"将军"和"战略家"仍未认识到的市场是旧时代的残留，是属于"前"经济的，是"过去的战争"；这种"非理性"呈现出来的（递进性）趋势只不过是个"仪表"，显示着人们需求偏好不断增加的变化和"理性市场"行为与市场本身的重要性下降……

一些经济学者终于开始认识到，人们并不是按经济学教材中的"冷漠曲线"生活的，这种教材无非是试图用干巴巴的代数公式和曲线图证实社会质的发展进程中诸多真实趋势的和谐共存。然而，有人慨叹：人们——据称——甚至连一点也做不到！众所周知，人的理性是有限的。但是，如果这是一个有限的视角，那又将怎样呢？人不是那些甚至连市场理性都没有的愚蠢动物。人比它们通达得多，他们决定事情时依据的是多方面的标准，包括与市场无关的标准。同时，生产目标和主要需求向来是以非市场方式形成的，即使在最真实的市场背景和最纯粹的资本主义模式下也是如此。

在智慧型经济模式下，理性的另一种属性以及据此形成的生产目标的另一种必然性突出显示出来。智慧型经济有赖于从以前基于经济"理性"的增长模式转变到着眼于实现具体目标和满足人们各种需要的新型增长模式。

在市场经济下，理性仅被理解为经济收入的最大化。当然，新古典主义经济理论宣称，他们并未把一切归结为金钱；人们极力将其利益最大化，而这种利益只有用金钱加以量化时，才能真正纳入考虑范围。只是最近，在行为经济学研究成果的制约下，新古典主义经济学者软化了他们的立场，承认人并不是只会盘算盈亏的挣钱机器，他们有可能受其他动机驱使，非经济因素也能影响人们的经济决定。尽管如此，这一切仅被解释为人的"有限理性"。也就是说，在他们看来，"真正的"理性仍旧是盈亏考虑，只是人们受制于各种干扰因素，在行为上不能达到完全理性。

一般来说，资本主义市场经济大体上（即使并非完全）就是这个样子。然而，社会生产条件的变化也带来了确定人的行为理性标准的变化（见图10-1）。随着逐渐转向智慧型生产和智慧型经济，满足人们具体、合理的需要逐渐成为理性的选择，合理性标准逐渐取代了基于金钱利益的标准。人们对知识、信任、公共承认和自我实现的需求超过了对物质利益的需求，人们活动的主要目的不再是为了获取尽可能多的利益，而是在合理范围内满足其需求。

经济理性　　　　　　　　　　　　　　　智慧型理性

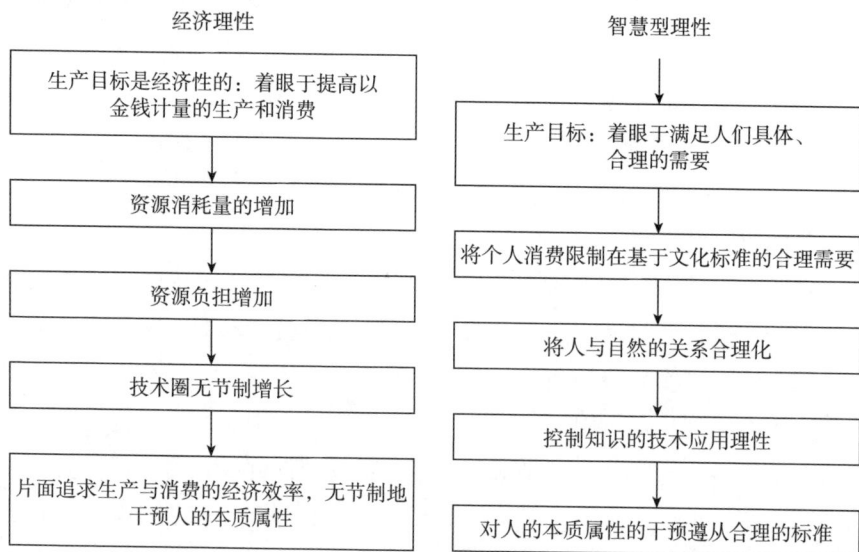

图 10-1　理性类型

从这个角度看，智慧型生产管控机制的构建也有赖于这些目标，而这种机制并不是以所谓"智慧型 GDP"或利润为导向的，它采用的是能反映我们期望实现的结果的其他指标。因此，我们将会看到有助于完成此项任务和实现既定目标的各种资源流——信息流、管理流、物质流和其他资源流——的形成。而以下各项需要作出相应的规划和安排：这些资源流的数量、受控的相互作用的数量、为实现预期结果而激活它们的时机和场所。

因此，智慧型经济并不是听任各种市场力量混乱无序地自行追逐利润或其他收益，而是一种旨在满足被视为合理的具体需要的理性欲望。这些合理需求的满足程度被视为具体的生产目标。这意味着超越市场无序状态、促进生产系统化和有序化的某种行动计划。这种方式不应排除机会因素，也不应忽视选择自由，不应对其施加不合理的限制。因此，要确保制订的生产计划具有相当的灵活性和适应性，能够适应不断变化的条件和随机出现的种种歧义。

另外一点是，在某个要素不能正常发挥作用时，要对生产计划作出相应调整，因为在这种情况下有更多因素需要加以考虑，而这些因素是我们在现有知识水平下无从加以分析的。

在这里，我们可能注意到，苏联人希望在某个已经实现的目标基础上再前进一步对此筹划时（例如，让我们对 X 增加 5%），这通常不是在明确的目标下进行的，而是出于某种抽象思考。相反地，如果我们有明确的、客观合理的目标，则上述 5%（或在正确的时间、正确的地点获得的符合既定目标的某物的其他数量）完全可以作为正确合理的计划指标。

让我们看一下这个纯粹解说性的例子：我在主持某个电视节目，把我的一位同事请到了演播室。我们在桌子上放了两杯水，这是供我们饮用的。这时有人对我们说，"让我们再做一个计划：在现有基础上增加 100%，也就是说，增加两杯水。"我们需要增加这两杯水吗？不需要，但我们将其放到桌子上，相应的 GDP 就翻了一番。

这单纯是打个比方，旨在说明某些行为的荒谬性；事实上，这种荒谬性可以毁掉一切，苏联的解体只是其中的一例。这种毁灭性的力量会把整个人类文明推向灾难，除非我们选择另外一条道路，不妨回忆下这则流传已久的苏联逸闻：苏联领导人列昂尼德·勃列日涅夫在检阅红场上行进的队伍时，突然发现坦克和火箭队列中混杂着一群普通民众。于是，他困惑地问道："他们是谁？""谁，他们？他们是我手下的规划师。"国家计委主席平静地回答。"可怕的毁灭性力量，就是他们！"事实上，这都是些伪饰的东西，它们通常发生在现代商业中，在苏联和其他市场体系中都很常见，当然在各种情形下有其不同的表现形式，但它们追求的是一种伪饰性发展，即"增长导向型"发展，甚至没有"切除"需求结构中虚幻、伪冒的成分，也没有对计划目标作出恰当的说明。

正因如此，我们再次明确宣示我们对未来经济（它很快就会降临到我们头上）抱持的原则：我们不需要经济增长，我们需要的是经济发展。从这个意义上说，增长实际上是一种虚构。请回忆下我此前列举的一个例子：我从衣袋掏出一个小物件——可能是手机、电脑、计算器、电视机、手表等，向人解释它有若干功能。它价值 100 美元，满足了多方面的需要。但从 GDP 角度看，如果我们在 10~20 年前生产出这些东西，它们的价格（和 GDP）将比现在昂贵一千倍。科技进步使 GDP 下降了若干倍。我们看到了 GDP 的急剧下降。站在消费者角度看，我们的生活是否变差了？没有。现在任何人都买得起手机，而过去每十个人中只有一个人买得起，难道不是吗？

而且，我们有必要研究一下新兴的营销理念：不是为了满足真实的需求，而是制造伪需求，并使每个人相信他们需要第二、第三、第四、第五部手机或某个其他物件。为什么？为了增长！为了什么增长？是为满足真实需求吗？不是！是伪需求！也就是说，这是一种姿态，它的实质是抽象的，但它沿着膨胀起来的待满足需要产业链制造"需求"。

从这个角度看，那些试图量化人生幸福的指标恰如"用代数方法证明和谐"，应当扫进历史的垃圾堆。我们需要新的标准，一种使我们得以从量化角度评估社会发展情况的不同标准依据。

计划还是必须有的（我不在具体方法上坚持己见）。

关键是要满足人们的真实需要。我们要认识和评估新兴的非伪需求。如果市场制造了大量虚幻需求，我们怎么办？我们不能禁止这类事情。因为这是不明智的，而且也是不可能的。但是，如果我们没有对这些事物施加限制，经济将会淹没在虚构中，逐渐消散，直至消失。在这种情况下，我们尚能体面地与其吻别。

那么，在这种情况下，我们能做些什么？看来，我们需要一套精心筹划的行动和激励措施，而这不仅仅是经济意义上的。如果我们不能改弦易辙，只是在既有框架内向上爬，那么我们现有的经济显然不能在该框架内正常运行。"新常态"就这样出现了。我们不应被传统经济指标所左右，而应"计算"出以最高效的方式（指成本最低、冲突最少且速度最快等）推动我们奔向 NIS.2 社会的具体、合理的个人及社会需求。

只有当我们能够满足这些需要时，我们才能够说：生活在这个世界上还是很幸福的。是幸福，而不是 GDP。这个目标远非无足轻重，其重要性并不逊于经济部门的增长计划，它们只是将其视为简单的"充斥着错误的计算"。公正地说，这种事情许多国家都做过，并非仅发生于俄罗斯。然而，如果我们认识到这项任务的重要性，并使其成为他们内心的真正需求，他们才能以现有的科技水平勉力完成此项任务。

几乎所有人都认同幸福不在于 GDP 或利润的增长，也不在于储蓄的积累。如果有人带着一副非常坦率的神情说，"使人幸福的并不是金钱，而是有多少金钱！"这是多么可笑、多么悲哀的事情啊！如果有人因拒绝追求这些金钱目标而被视为"有限理性"，这不也很可笑、很悲哀吗？因为理性并非一味追求经济"成就"。与那些"执迷于增长的人"——醉心于体量指标的人——相比，大多数人是比较明智，比较理性的。让我们再次强调一下：人们的行为理性不在于纯粹物质利益的实现。因为人们需要的不仅仅是智能手机或水杯，他们看重的是水杯的品质、水的口感……乃至生活"品质"。也许，他们真的不需要两个水杯，一个就行，但必须是"好的"，要精美、轻巧，而且杯中水清澈透亮。是的，这就足够了。

这种"细微差异"（"品质出色！"）是极其重要的。我们在谈论理性行为时，会从两个水杯中选择一个，但今天我们就同时取用两个水杯。再升级一下，我们把旧水杯打碎、扔掉后，会得到三个新水杯，而且只需支付"两个杯子的价格"。我们可以取两个，这意味着增长，但我们只选择了一个，因为我们更喜欢这一个。在这里，我们使用了"喜欢"一词，这不是因为水杯是多么玄奥诱人的东西，而是因为客观上有用来评估水杯大小（是否适合握在手中）等属性的内部参数，或我们赖以判断是否精美的理性标准。事实上，这是另一种理性，另一种知识，另一种合理性。我们的心智，从理性角度看，实际上比现有经济模式试图用来制约我们的经济限定宽广得多，丰富得多。

在这方面，值得一提的是，即使在当今充斥着经济理性的发达市场经济，也有相当比例的利益分配是免费的。一种重要的趋势开始显现出来：随着社会加快向以降低制成品／服务价格为特点的下一个工业阶段转型，前进得越远，这种现象就越常见。

这正是我们现在要抛弃经济增长模式而将"增长"参数用作辅助因素的原因。目前亟须将公共意识"纳入"新经济模式的形成以及有关文明、经济和社会发展的新观念的创制。因为经济与社会密不可分地交织在一起。在苏联时期，我们常说"社会经济发展"，但我更乐意说"经济与社会发展"。什么是发展？它是指将目前制造伪经济的那些东西逐渐抛弃的过程。这种转型主要发生于经济学者的头脑中。

公平地说，这不是第一次尝试说明上述抛弃行为的必要性，第一次尝试发生在我们从工业主义向后工业主义转型的时期。这是认识现实变革的第一次尝试。以往的事实表明：第一次尝试是注定要失败的。如前所述，我们在这方面进行的第一次尝试也不是很成功，尽管其中的许多成分后来证明是正确的，而且它们的发展趋势是相似的。无论如何，现在到了进行另一次尝试的时候了（我不知道这次是否能够成功）。我们需要第二次重塑，即把我们思维与观念的变革与变化在新的基础上再现。

为什么一直在进行这些努力？因为经济思想界逐渐认识到不断提高产量、加快增长等并不符合经济之所以存在的目的。经济之所以存在，是为了满足人们的需求。我们的需求是在不断演变的，当然也会在某些方面增长，但未必是物质意义上的增长。在这种情形下，这些发展需要并不等于、等同于或相当于物质增长。因此，完全用 GDP 和其他宏观经济指标等不恰当的标准衡量社会发展是不适合、不科学的。

也就是说，我们要找出规划所需的其他参数。规划目标应据此确定。关于"怎样找出它们"，并没有什么秘密：它们是在满足人们的真实需求中被发现的。也就是说，我们进行评估时要采用的并不是纯粹物理性测量手段，而是定性测评，即通过进行调查和采用间接研究方法对人们的兴趣加以测评。我们现在都在谈论大数据、统计分析等。新技术提供了进行这种分析的工具。现在正是从常见的加法计算转向"数学分析"的时机，尽管后者更为困难——我此前曾谈到这一点。

罗马俱乐部的研究人员认为，我们要限制经济增长，以避免环境灾难。他们是明智的。当然，他们谈论的话题与我们的稍有不同，他们建议降低消费和生物岩石圈的负载。我们也认为，限制消费有可能在一定程度上（但也未必）减轻环境负载，但我们与他们全然不同的地方在于我们要减少伪产品消费，同时确保更为全面地满足人们的真实需求。

我在上文中谈到，除地球上所有生物共有的四个天然基因外，科学家又发明了两个成功植入基因组生物基且能自我繁殖的人造基因信息介质（这是 2017 年最出色的科学成就之一）。

这意味着地球上很快就会出现一种新的聪慧生物。或者，出现在某些方面比人类还要聪慧的"绝对"人工智能。

例如，2017 年研制的计算机能够轻易战胜世界围棋冠军（围棋是世界上最复杂的游戏，每一步有 200 多种走法，整盘围棋的全部走法超过宇宙中的原子总数）。计算机行棋精巧缜密，远不止于应对现有的走法（因为要计算出全部现有的走法几乎是不可能的），因为它所进行的是一种行棋方式与真人无异，但远比其高效的真正智力活动！

如果我们源源不断地批量制造出具有同样智力水平的人造生物，那将会怎样呢？毕竟，这是现有经济模式认可的做法：增长，增长，增长。

我们的未来是否需要这种增长？这影响着我们对怎样建构未来生活的看法。现有经济模式只是着眼于这些指标，着眼于创制新的能力、新的产品和新的事物，而不考虑我们是否真正需要这些东西。这正是现有经济模式将我们拖进死胡同的原因。人类需要另一种经济，一种注重家人或家庭需要的经济。和平是我们共同的大家庭所需要的，也是我们每个小家庭所需要的，当然这是就"定性"角度而言的。

我最近经常想起另类全球化运动的著名口号："人重于利润。"[①]21世纪，这成为全球社会论坛的主要口号。[②]

我对这个口号看法是积极的。这倒不是因为我是个并非只为金钱奔忙的人或革命者。完全不是。我实际上是反对革命的。当然，我支持渐进式的革命，即系统化的合理发展。我是从本书阐述的理论纲领角度看待这个口号的：金钱是一种过程产物，我们要清楚地认识到这一点。作为一种中间要素，金钱是注定要消失的，最终必然让位于人。因此，"人重于金钱"。

10.2 劳动与经济关系的未来

众所周知，在市场经济下，金钱是介于需求与满足需求之间的中间要素。我们已经阐明中间要素将发生的情况：我们拥有的知识越多，需要的中间要素就越少。然而，这些中间要素会抵制将其排除到需求满足环节之外的做法，也就是说，它们会抵制其自身的毁灭。尽管如此，金钱是注定要消亡的。正如金钱是在文明发展的某个阶段作为简化了许多生活因素的、具有高度渗透性的技术手段出现的，随着新的、具有更高渗透性的技术手段（如区块链）出现，金钱将会因失去存在的必要性而被抛弃。唯一继续存在的是人与其需求之间的直接关系。那时，就没有任何中间要素了。

这正是我支持"人重于金钱"这个口号的原因，当然我也有一些保留。通常，我们这个睿智的民族早已认识到这个最简单的事实——"金钱买不来幸福"。当然我还要加上一句：这是以满足需求不再依赖"金钱"手段为前提的。

随着向智慧型经济过渡，市场、金钱、资本等要素以及它们各自的真实关系都会消失。与"构成经济实质"的任何因素一样，它们也将消失，随其一同消失的还有经济本身，而经济本身无非是人的生物起源的反应——从基本

---

① 斯密克，S.是需要，而不是贪婪［N］. 卫报. 2007-01-25. URL: https://www.theguardian.com/commentisfree/2007/jan/25/post997.

② 参见2016年世界社会论坛。URL: http://www.globaljustice.org.uk/events/world-social-forum-2016；聚焦南半球.《伟大运动的诞生：全球正义运动发现了有助于其成长壮大的肥田沃土——亚洲社会论坛》. URL: https://focusweb.org/node/144。

的生物性需求转移到社会、关系和文化（就这个词的广泛的文明意义而言，这里再强调一次：文化只是某种具体的知识）。荒谬的"人力资本"（这个术语使我想起了将粉红色与正方形加在一起的荒谬，对于我来说带有奴隶贸易的恶臭）将不复存在（谢天谢地！）。我们更看重的是人的个性。

应当认识到，只有解决了即将到来的文明危机（这是前提，当然也要看其质量），智慧型阶段才会到来；鉴于此，我们当然要寻找出路——依靠知识，依靠对必然性的认识，等等。智慧型社会中个人之间的关系并非取决于资本（它是现有需求及其满足机会的社会表现形式），而是取决于其他需求，主要是精神需求。

然而，从短期角度看，社会要经历诸多中间阶段。在这其中，我们要走出当今蒙昧野蛮的全球垄断资本主义，走向更为"理想"的模式：中间环节消失；由各经济主体及相关行业（股市、贸易与金融行业）组成的产业链缩短（缩短到仅有一个链接），以确保需求（客户）直接与产品/服务（生产者/供应者）挂钩。所有这一切都能通过从根本上着眼于满足社会不断升级的需求和利益的特定技术——我将其称为"信心技术"——实现。这些技术体现为多种形式，如区块链、搜索引擎、分析工具等，但它们都是为了满足这种公共利益。

在前进过程中，处于人们与满足需求（天然产品、经加工的天然产品、经多重加工的产品）之间的另一个极其重要的中间要素，即劳动，也会逐渐消失！自开始制造地球上第一件加工产品时，如从水中捉条鱼，劳动就是旨在满足需求的一切产业链的中间要素。

将人从生产过程逐步排除，直至人完全退出这种活动（指劳动）。诚然，任何与满足需求有关的活动都是由将人与其需求连接起来的诸多环节组成的劳动链（人力加知识）。正如我们此前指出的那样，劳动将被使用人们获取的相关知识及其所需人力的技术装置所取代。我们见证了许多岗位被"废除"，职业概念被胜任概念所取代，但这个过程不会永远持续。劳动市场模式也发生了变化。但是，更重要的是，劳动市场这个概念将逐渐消失。作为中间要素的驾驶员也会消失，律师、药剂师、医生、教授等也是如此。

因此，在从现在经 NIS.2 社会过渡到智慧型经济的历史进程中，有两个阶段尤为突出。在第一阶段，我们将会看到"信心技术"的出现，它使无须中间要素的直接合作成为可能，一如其在人们之间经济关系上的应用，而这正是需求得到满足所采用的形式。在此基础上，人们活动所体现的经济形式以及介于生产与消费之间的经济机构在逐渐"萎缩"。在第二阶段，将人们与满足需求连接起来的劳动本身也将消失（见图10-2）。《旧约》所说的"你必汗流满面才得糊口"将成为过去。因此，人们活动的性质和满足需要的方法将发生根本性的变化，彻底摆脱经济性。从某种意义上说，人们将重返"天堂"，逐渐接近"绝对"，或马克思所说的"自由王国"。

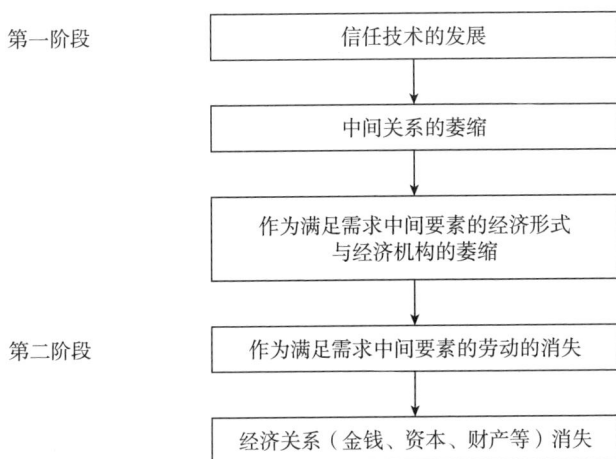

图10-2　奔向智慧型经济的两个阶段

在第一阶段，我们仍处于生产关系和经济领域中，但是有助于我们最大限度地压缩现代经济关系的技术已经出现。通过"信心技术"，在交易活动中起辅助作用的庞大中间环节也将消失。

在第二阶段，人作为满足他人需求的中间要素的必要性将完全消失。大体来说，我们对面包的需求既不是由面包师满足的，也不是由面包店营业员满足的，而是由面包房直接满足的。其他许多岗位也是如此。人们之间的相互作用仅仅是作为创造性活动的一部分而发生在发现新知识、向技术圈"传输"新知识以及将新知识运用到新技术的过程中。

但即使在智慧型生产形成前，将知识运用到新技术中的创造性活动也将实际改变其获取方法。

创造性活动成果开辟了满足更多需求的机会，而这些需求恰是它引发的欲望所导致的。从某种意义上说，这些机会是次生性的。这个论断同样适用于并非"知识密集型"的东西，当然这种适用仅限于较低程度。产品越复杂，其智力成分越丰富，其知识密集度越高，它的应用范围和满足其创造出来的未知需求的机会就越广。由此看来，（利用知识）拓展这些机会的可能性在不断增大，这开辟了新的获取方法。

获取知识和获取物质产品的实质差别在于这样一个事实：知识一旦获取，任何人都拿不走（除非我们自己忘掉）。物质产品就不是这样，因为我们得到的物质产品很容易被人拿走。但是，知识不能不可撤销地"退还"。然而，知识应用范围的扩大也影响到物质产品——而不仅仅是智力产品——的获取。新知识和新技术的发展使获取物质利益变得更容易、更低廉、更简单，而对私人智力财产的需要越来越少。一般来说，对财产的需要作为一种社会现象逐渐减少。但对知识的需要，更具体地说，是对拥有知识的需要，并没有减少。

产品的信息／"知识"部分最终会发生什么？显然，无论他们怎样努力利用人造规则限制科研成果的"流通"和使用，他们迟早会将其"泄露"并用于普通产品和社会组织，从而形成新的社会形态。因此，这种努力最终会终止。我们也要认识到这一点。但也要看到，我们所处的仅仅是这个极其漫长的过渡时期的第一阶段。一方面，这只是对知识的价值深刻认识的开始，而知识正是我们未来的主要资源；另一方面，当今占主导地位的社会关系是建立在获取公共生产成果的私人方法以及对所需资源的争夺基础上的。这些方法催生了"保护"智力财产的工具，而这种工具将现有社会关系"拉伸"到任何涉及知识的领域，并把这种源自"物质"圈的关系扩展到知识圈。这个阶段当然会随着NIS.2 社会的发展而成为过去。

10.3 智慧型经济：过渡形态与冲突解决

诚然，过时的东西不会自动淘汰，通向新的社会关系的道路充斥着与过时的经济与社会形态有关的利益冲突。以前，技术与经济进步导致的社会紧张通常是通过革命方式解决的。问题在于能否预见到这种紧张状态的积聚并确保解决不可避免地发生的问题。

NIS.2 社会和智慧型社会有可能成为"无冲突"社会（不包括人际冲突或观念冲突），特别是后者可能性更大。为什么会这样？因为任何冲突都源自竞争，具体地说，是对资源、产品、劳动成果或其某些成分的争夺。随着向NIS.2 社会推进，对资源的需要不断下降，产品的可及性和满足需求的机会不断扩大。因此，资源竞争的程度和强度将会下降。在 NIS.2 社会，导致冲突的原因将不复存在。

就像撕纸巾，新技术将"撕开"噩梦般的现行公共体制和社会体制，然后像飓风一样将其一扫而空，或者说，要砸碎旧世界，还要"震掉"黏附在子孙后代"脚上的灰尘"。

这正是我们在向"智慧型"过渡时期也许会（甚或将会）发现，在 NIS.2 社会形成过程中及其以后，"旧世界"极力阻挠某些关键科技的原因所在。"旧世界"会通过缩小应用领域等方式限制这些技术的发展，或对人们加以操控，以便用当代"大众消费"理念对其进行相关教育。当然，这会遇到抵制、挫败、退缩和倒退！向"智慧型"过渡并不是一帆风顺的！

智慧型生产的技术基础也是如此。这方面的技术改进必然导致完全自动运行的无人化生产，它首先从个别工序开始，逐渐扩大到整个生产环节。这只是为使生产环节以及智慧型经济的技术基础自动运行而采取的一个步骤。除此之外还有人工智能，我们亲眼看到了它的智慧程度不断提高——这就是全部情况！

这一趋势，以及此前向其迈进的一系列步骤，是非常明显的。也就是说，我们为实现智慧型经济技术基础采取了一系列非常明显的过渡性步骤，这是任何事物演进的一般逻辑。尽管如此，对当前专门研究数字经济发展问题的出版物的分析引起了某些疑虑。我们迄今所见到的是一种相当原始的组装，即把具有自动运行、自我学习能力的人工智能组装到传统技术中，而传统技术的功能只是被部分取代。我们可将其称为"半数字化"……

这是两个原因造成的。第一，金融资本试图"驾驭"数字化，这主要是为了实现其自身的利益和目标。它在这样做时没有对其他可能的应用给予太多关注，将利用数字工具的具体方法作为主要方法推行到社会。第二，人工智能当然并不是"无所不能、尽善尽美"的。这并不是因为人工智能技术不好，而是因为有些成分实际上比人工智能还要先进，因而其复杂程度是人工智能无法应对的。

现仍以情绪化、"非理性"领域说明这个问题。最初，我们面临这样一个两难选择：一方面是自动自主运行的技术，另一方面是"人为技术"（需要人参与的技术）。只有从那时起，人们才逐渐将其活动从无须劳动力的技术中分离出来，不再直接参与生产过程。

将来，所有经济形式都要转变为非经济形式，即"经济将退回到其原始基础",这是一种合乎逻辑的变化。节省时间(或任何资源)和有效利用资源(性价比)问题将成为纯技术性问题,不再涉及任何社会性因素。解决这类问题越来越不需要从相关人员工作关系的具体特点入手,而是依靠"无人化"生产系统的外部(指人类社会方面)上层建筑和该系统内置的自动管控装置。这种新型生产系统直接依赖的并不是人的劳动,而是技术电子行为者的运行。该系统的形成决定着将人们之间的经济关系从该系统的技术设置中"移除"。

另一个需要考虑的重要问题涉及这一进程在其尚未完成阶段的过渡形式。

我认为,在此期间占主导地位的市场是反常的,一如相关计划实质上不同于苏联时期的计划。市场将越来越多地采用各种形式"社会管控",计划工具基于人们对经济的直接参与(有必要指出,这与社会秩序中的政治成分相似)。

私人及公共财产也是如此。私人财产将越来越社会化(这是从社会责任、社会挑战、社会限制等方面来说的),而公共财产将越来越个人化(这体现为产品生产和服务提供的个性化,公共服务的透明化,以及个人对公共财产所拥有的权利的加强——这是从实施权利和利用经济影响方面来说的)。除上述内容外,"市场""计划"、各类财产和其他经济要素将不断聚合。

在这里,我们要谈论的不仅是市场和计划,而是制约生产的全部要素:积累率、投资率、资金与财务、信贷(汇聚闲散资金的形式)、所有权形式(所有权的公司形式及其演变、自由准入、众包、共享经济等)、生产链形式(科学、生产与教育一体化)、就业形式、收入的来源与形式以及收入差异。

这些经济概念非常重要,这不仅是因为我们能够通过影响这些因素而更有效地管控生产,也不仅仅是因为它们的演变有可能使经济不断变化的生产条件有作用,主要是因为它们有助于我们从不同角度评估社会发展目标的实现程度和人们需求的满足程度。

10.4 奔向智慧型经济:计划体制的作用

基于上述内容,相应问题可表述为:物质生产的新特点导致了对市场和国家的新挑战。或催生了新行业:后退还是前进到计划方式?工业发展中出现的重点发展对象是什么?它们是怎样影响社会关系的?这里所说的关系包括一切要素,不仅仅是市场和计划,尽管它们通常是人们关注的重点。

在俄罗斯,经济管控机制通常压缩到实现预定的通货膨胀水平。这使我想问个问题，这与某个大型工业企业的专家拿着螺丝刀说"我要做只是拧紧螺栓或螺钉，一切都会变的"有什么区别？

生产的物质基础——目前主要由技术水平决定——是很重要的。对于目前第四和第五模式在工业中占主导地位的技术水平，至少需要市场经济框架下积极的工业政策和战略规划。这一结论与约翰·肯尼斯·加尔布雷斯在这些变化发生前逐渐形成的观点是一致的，尽管这些观点也只是刚刚提出，我们在其他出版物中曾提及这方面的情况。①

在这里，有一个总让我感到震惊的问题：为什么人们认识不到"看不见的市场之手"实际上是盲目的？

还有一个问题：随着新技术逐渐取代现有技术，着眼于客户需要的生产商使用——比如说，配备计算机和特殊接口的 3D 打印机——制造个性化的产品。新的结果产生了，由此引出一个大问题：这是市场还是计划？在每个人都在做着他们想做的事情时，看起来是不可能进行什么计划的。另外，既然有"看不见的市场之手"，我们如何能确信他们将创造这些技术而不是像 20 世纪 90 年代的俄罗斯那样借着旧模式毁灭之机大发其财？为避免这种情况，我们很可能也需要计划，而且是一种特殊的计划。

技术应用的非理性经济形式很可能推动这些新的创新性科技产生，进而导致所谓计算机索洛悖论：某种新东西的应用不仅未能加速进步，反而阻碍了进步，就更谈不上发展了。②

苏联在制订和执行计划方面也许比世界上其他任何国家都有经验。对于苏联在这方面的经验，我们应当记住：一方面，苏联的计划方式是实施长期战略项目的重要手段；另一方面，这种计划最终导致了苏联经济崩溃，进而造成了国家覆亡。毕竟，没有其他国家进攻它，它完全是自我覆亡。没有人对俄罗斯人民宣战——我是说，除俄罗斯人民外，没有人对其宣战。至少看起来是这

---

① 博德鲁诺夫, S.D. 第二代新型工业国家：加尔布雷斯的重新思考. 加尔布雷斯老话新说［M］. 莫斯科：Kul'turnaia revoliutsiia，2017.

② 计算机索洛悖论基于诺贝尔奖获得者罗伯特·索洛 1987 年得出的论断：计算机的应用不会导致劳动生产率的提高。此后人们又进行了一些研究，有的赞同这一论断，有的则持反对态度。唯一能在一定程度上给予肯定的是，这个悖论与如下事实有关：首先，要使给定的信息技术产生预期效果，必须长期积累实施过程中的某种"临界物质"；其次，用来评估新技术效果的评估方法不完善，包括试图从 GDP 角度衡量该效果。更多信息，参见博德鲁诺夫, V.V. 索洛悖论二十年以后的结果，或对信息技术创新对生产率增长影响问题的研究［J］. 金融与商业，2007（3）：28-38.

样的。应该承认，这是一种指令性计划，但我们认识到并非所有事务都能通过计划管控的，还存在某些市场、农业合作社、合同关系等。显然，没有人能够完全管控这些东西。尽管如此，这种体制给我们留下的是负面印象，而且是相当强烈的负面印象。严格地说，这正是市场观念得到认可的原因，这种认可体现在全社会以令人震惊的方式转向市场——但求尽快转型，不遗余力地清除计划的影响。那么，为什么一切都搞砸了？

当时我在苏联公共管理部门工作。根据我自己从事管理工作的经历，以及我对当时实际管理体制尤其是计划体制的理解，我发现有时我们很难理解那些任务是怎样"自上而下"地分配到我们头上的，我们通常对那些计划包含的庞大数字感到震惊。集中式指令性计划范围过分扩张，以及对基层主动性和分散决策的不合理限制，导致了苏联计划体制的效率低下。但也要看到，如果没有当时的计划体制，就不可能有当时的太空计划。毕竟，即使建造房子也是需要计划的（有必要知道做各项工作的次序）。

事实上，我们就到了这样一个重要关头。在我与 A.V. 布茨加林教授的一次面谈（圣彼得堡电视台制作的有关工业俱乐部的节目）中，他用了一个非常生动的形象描述积极的工业政策。在布茨加林看来，工业政策就像是经济领域提供若干条通道，至于选择哪条通道则由企业自行决定。有些通道能加快工业政策的推进，而另一些通道则会阻碍其前进步伐。我想，我们谈论的这些通道，其移动方向是由国家确定的：相对来说，我们应采取选择性或指示性（或将二者结合在一起的）计划。如果不使用这种工具，我们就难以有效利用作为向 NIS.2 社会乃至智慧型生产过渡前提条件的其他社会技术（见图 10-3）。

市场基于自主主体的独立决策，而市场自发形成的供需平衡则是其决策的前提和基础。这有助于制造商迅速、有效地适应市场。同时，由于各主体的利益诉求各不相同，他们的自主决策必然造成经济再生产活动的紊乱，导致危机屡屡发生，同时决策的价格标准限制了生产与消费结构合理选择的余地。

指令性计划基于国家计划当局制定并施加于相关企业的决定。它确保了经济再生产过程的高度系统化，大规模重新分配资源的可能性，以及对最重要的生产目标的资源分配。同时还要看到，它对需求结构的变化反应滞后；无论是自上而下还是自下而上的信号，都充斥着沉积和扭曲现象。它显示出中央集权逐渐加强以及指令范围向经济活动各方面扩展的趋势，当然应把这种加强和扩展控制在合理程度内。

指示 / 选择性计划仅设定最关键的生产目标，批准对计划当局来说是强制性的指标，但这些指标对经济主体没有强制性。经济主体实现预定指标的期望是通过复杂的经济刺激措施实现的。

市场基于自主主体的独立决策，而市场自发形成的供需平衡则是其决策的前提和基础。这有助于制造商迅速、有效地适应市场。同时，由于各主体的利益诉求各不相同，他们的自主决策必然造成经济再生产活动的紊乱，导致危机屡屡发生，同时决策的价格标准限制了生产与消费结构合理选择的余地。

指令性计划基于国家计划当局制定并施加于相关企业的决定。它确保了经济再生产过程的高度系统化，大规模重新分配资源的可能性，以及对最重要的生产目标的资源分配。同时还要看到，它对需求结构的变化反应滞后；无论是自上而下还是自下而上的信号，都充斥着沉积和扭曲现象。它显示出中央集权逐渐加强以及指令范围向经济活动各方面扩展的趋势，当然应把这种加强和扩展控制在合理程度内。

指示/选择性计划仅设定最关键的生产目标，批准对计划当局来说是强制性的指标，但这些指标对经济主体没有强制性。经济主体实现预定指标的期望是通过复杂的经济刺激措施实现的。

图 10-3　协调公共生产领域的经济活动

10.5　未来技术：人类发展的新境界抑或人类文明的终结

从当代工业社会发展到新型工业社会第二阶段，以及从新型工业社会第二阶段发展到智慧型生产，均伴随深刻的技术变革，而这种深刻转变构成了社会变革的基础。

首先，变化的是生产的资源基础。传统的物质资源地位不断下降，而NIS.2 社会的基本资源，即知识以及基于知识（及其渗透范围内的物质）的技术，将走到前台。物质资源的使用既不会停止，也绝对不会变得无足轻重。但各种产品中物质资源的"具体权重"将会减少，这实际上取决于知识的技术应用。

同时，发展重点与发展目标也是变化的。人们不再认为发展有可能消耗越来越多的物质资源，且这些物质资源是通过人们的劳动加工制作的，因而本着满足人们需要的原则加以调整。有知识、有能力的人将成为发展目标。这一目标直接源自优先资源的变化：如果我们用知识的力量取代物质资源，则造就掌握知识的人这一目标意味着为发展造就了重要资源。

技术定然会影响个人品性的发展，这种影响不仅是通过"文化"生产领域所用的最新手段施加的，也不仅是因为与科技发展有关的人们知识水平不断提高而实现的。所使用的技术在很大程度上决定着相应对象形成的文明含义；另外，它还直接影响着人类文化基本成分的形成。

那么，哪些技术将构成这些变化的基础？

我们首先探讨（这次更为详尽一些，其实我们在前一章已探讨过这个问题）作为未来技术基础关键成分之一的"信心技术"。

任何文明、任何公共秩序都会产生某种关系体系，如态度、道德、传统、规则、习俗等。我们在文化中培育了许多"契约"要素，我们相信它们，尽管这种相信是出于情势所迫；这是因为，如果我们不相信它们，我们称为"我们的文明"或"我们的文化空间"的家园就不会存在。

如果某个社会成员破坏了这些要素，就会被视为对这一"空间"的越界，而大规模破坏则导致其毁灭或剧变。例如，一个人欺骗另一个人，则这种行为被视为破坏文化传统，破坏我们的信任。得益于文明带来的便利和优势（产品、服务和关系），我们不断检查它们是否符合基于公认文明规范的既定标准（这通常是通过技术手段确定的）。不过，我们通常选择相信它们，因为我们没有能力——证实、核查或评估我们周围的一切。

信任问题是当代文明的基本问题之一。它的经济意义可从这样一个事实得到说明：证实银行业务的正确性所需的成本占银行系统全部支出的一半左右。我们向前走得越远，信任的重要性就越大，无论从保护文明根基还是从确保可持续发展的角度看都是如此；能够"干预"我们每个人内心世界和破坏社会契约的技术在不断增多，而抵御它们的力量则变得越来越弱！

因此，随着社会技术"装备"的增长，我们有必要解决好在社会关系中增进信任的问题（我这样说，那些认为信任并不是文明世界基本要素的人肯定要拿石头投我了！）。在解决这一问题时，我们无须把主要精力集中于这方面的教育（即使基督也做不到这一点，他只是为人们应该怎样做作出示范），这是因为，尽管教育是必要的，但它毕竟是第二位的；我们应集中精力改变现实关系赖以发生的条件，即技术变革。

我们要重新确定科技发展目标，使其着眼于创造提高信任程度的技术条件。例如，如果我们将欺骗他人变成不可能的事情（这有赖于我们创造出易于满足人们需求的条件），则一切骗人的手段都将化为徒劳！如果欺骗因科技发展而成为不可能的事情，则我们还有什么理由不相信我们获得的信息呢？"信心技术"的普遍推行将逐渐改变文化规范，如习惯、概念、通信工具等。

应当指出，从历史上看，"信心技术"是始终存在、持续发展的。现在，不断增长的公共需求决定了这些技术的蓬勃发展。

现举例说明。虚拟货币（加密货币）赖以存在的分布式数据库技术——区块链技术——在世界各地快速兴起，因为它增进了人们的信任。[①]

在这里，信任是关键。如果我们继续增进信任，包括通过能百分之百保证给定文书真实性技术程序做到这一点——也就是说，如果我们达到近乎完全相信其真实性的程度，那么我们就不用在这方面浪费时间了。这将使我们有时间、有机会去做其他事情。

同理，如果遇到数学问题时，我们已经认识、理解并接受了一系列基本定理，那么我们就无须对其加以思考或证明，而是直接据此得出一些新的定理。在此基础上，我们得以继续垒砌"真实性之砖"。真实性（区分"真实"与"虚假"的依据）是构建信任的另一个要素。如果我们本着"不欺"的原则处理与他人的关系，也就是说，如果人们认识到不能欺骗他人，那么两三代人之后，人们甚至都不知道"欺骗"是什么意思了。那时，根本就没有说谎的必要了，人们甚至忘记了怎样说谎（见图10-4）。

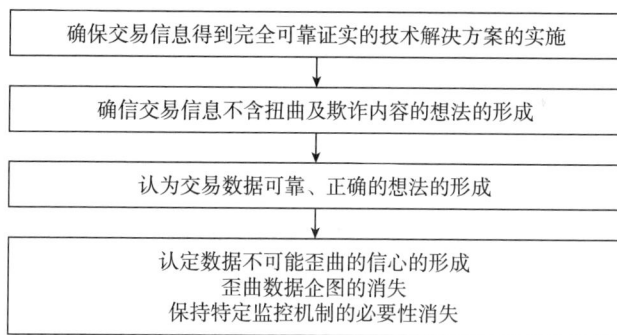

确保交易信息得到完全可靠证实的技术解决方案的实施

确信交易信息不含扭曲及欺诈内容的想法的形成

认为交易数据可靠、正确的想法的形成

认定数据不可能歪曲的信心的形成
歪曲数据企图的消失
保持特定监控机制的必要性消失

图10-4 信任技术的文化及教育重要性

外部条件是强有力的教育者！关系文化现有的"技术基础"往往给我们带来来自"动物"本源的负面东西。还记得"不欺骗就不能生存"的说法吗？那是在我们身上培养出来的！

信心技术的大规模普及取决于所应用的各种智能技术的高度接应能力，

① Tapscott, D. 区块链技术：推动当今金融革命的力量是什么［M］. 莫斯科：Eksmo, 2017.

以及信心技术所产生并非对信心技术加以运用的当今社会体制要素的高度接应能力。同时，上文提及的当前区块链繁荣也是因为这种知识密集度高但易于运用的技术渗透能力的急剧提升。

运用和应用物质的新模式决定着另一种技术变革。过去，物质保护人们免受不利环境条件的影响——为我们提供取暖、保护、居住条件。换句话说，它们逆向调整环境参数及特征。随着向 NIS.2 社会过渡，人们对待外部世界的物质和资源的做法不仅是逆向调整，还利用外部环境的特性，将环境的原始参数调整到符合人们需要的标准为止。举例来说，过去，屋顶保护我们避开灼热的太阳，避开雨/雪，等等。现在，屋顶上安装着将太阳能转化为电能的太阳能光伏板。

量子技术在未来诸多技术中占有特殊地位，人们用它操纵更为深刻的物理世界的力量。[1]"量子技术"是利用量子力学特殊性质的物理技术。在这里，我们不讨论具体的技术细节，因为这不是本书的目的，我们只是指出：量子技术有助于我们以全新的方式解决我们表述为"减少工业产品单位物质成分"的问题。

特别是我们能够运用量子力学的某些特征，如形成分立能级（量子维度效应）、系统状态叠加、势垒隧穿、状态连接（聚合）等。这些特征使这种知识密集度很高的技术具有很高的渗透能力，确保我们"超理性"地（我们是在人们目前所理解的意义上使用"理性"一词的）运用资源的新高度，确保我们对它的运用和操控。

人类利用知识掌握新的技术机遇的力量通过人工智能的运用得到加强。基于人工智能的技术系统能够自我学习和自我研究（自我认知），至少在自动诊断和自我恢复（如"智能工厂"中可见的自我修复）方面是这样的。这些技术系统的适应性也在不断加强。人工智能使这些技术系统根据其自我设定的目标进行自我配置，以及复制本系统乃至整个系统的诸要素。

人工智能一步步提高了从事日渐复杂的任务的能力。最近，五个神经元网络（分别属于微软、阿里巴巴、脸谱网、腾讯和三星）成功地通过了斯坦福大学的准入测试。而且，阿里巴巴和微软的人工智能系统在智能程度上首次超

---

① Milburn, G.J., M.J.Woolley. 量子纳米科学. 当代物理［J］. 2008, 49（6）: 413–433.

过人的一般水平。[①]

人工智能为自动化系统集成创造了机会。众所周知，脸谱人工智能研究实验室（FAIR）开发的聊天机器人（自动对话器）在承担旨在达成互惠交易的协商任务时，开始脱离标准英语用法，最终竟成为令人莫名其妙的胡言乱语（这是从开发者而非聊天机器人角度而言的）。[②]原因在于聊天机器人提高对话效率，但它们没有就用标准英语对话一事取得开发商的直接指示。但是，人工智能系统能够自行开发沟通工具（或至少将现有的沟通形式现代化）这一事实令 FAIR 的专家非常担心该系统将聊天机器人关闭。

人工智能为神经元网络——由人工智能系统组成的网络——的形成创造了基础条件。神经元网络是建立在人工智能自我学习能力基础上的，这里所说的自我学习能力是指人工智能在培训或正常运行（"生存活动"）过程中，积累给定情况的高效/低效和正确/不正确决定和反应的经验。人工智能网络集成大大加强了综合体验，这得益于"经验交流"和"相互培训"。

从长期角度看，我们预计人工智能系统不仅能靠自身的力量沟通和集成，还能在它们当中独立建立"关系"，这可以说是一种"社交"活动。这为人工智能系统的自动化以及由这些系统创造的独立于人类及人类社会的"群体"的形成打开了大门。这不再是令人毛骨悚然的科幻故事，而是一个有迹可循的技术演变趋势。

人工智能系统目前主要用于商业应用，但由于这些技术极高的渗透能力以及与其配套的各种要素同样高的接应能力（这得益于它们的具体特点，即"智能"），它们也将渗透到其他领域，如科学、教育、医学和社会服务领域。人工智能与人们在这些领域的相互作用将推动人类进入新阶段。我们能够想象到人类本质特性的彻底改变，即人类转变为新型的生物技术人。一方面，这种生物技术人是在不损害人的本质属性的生物技术解决方案辅助下推进人类演进的合成技术的产物；另一方面，它也是电子技术作用下人类演进的产物，以及

---

① Khvostik，E. 人工智能通过斯坦福大学入学考试. 阿里巴巴神经元网络胜过人类［J］. 高科技，2018–01–15：Kommersant 门户 . URL: https://www.kommersant.ru/doc/3520926.

② Zvezda，S. "你、我、他/她"：脸谱网人工智能是怎样开始用自己的语言说话的［J］. TJournal. 2017–08–01： URL: https://tjournal.ru/57615-ty-ya-vse-ostalnoe-kak-iskusstvennyy-intellekt-facebook-zagovoril-na- svoem-yazyke.原始新闻资料，参见克拉克，B.，6 月 19 日（2017 年）。脸谱网人工智能系统创造了自己特有的语言. The Next Web. URL: https://thenextweb.com/artificial-intelligence/2017/06/19/facebooks-ai-accidentally-created-its-own-language/#.tnw_H8kQcGyb.

通过非生物技术对人进行"重构"的结果。

人类运用技术的能力不断增强会导致人类自然特征适应性意义下降，进而造成的人类演进过程中自然（生物）选择机制停摆，而在此时出现的人类演进中断很可能很快就会结束。随之而来的是人类演进过程中"技术性"而非生物性作用的开始。这将不再是技术圈的演进，而是人类环境与人类自身的演进。是否会出现取代自然选择的某种"技术选择"？

人类文明发展的历史同时也是技术圈发展的历史——这里所说的技术圈是一个"无生命"的世界，但其技术性"人种"仍像生物那样演进。这个"无生命"的世界有其特有的某种"生命"。它展示了这一新"人种"电子技术多样性的不断增长，以及由"生活环境""生存区""分布区"以及"适应"和"调整"活动构成的"技术群落"①的形成，与其形成鲜明对比的是生物多样性被取代，生物群落缩小，生物圈退化。然而，在人工智能出现前，这种"生命"是其制造者——人类——大力倡导的。但随着人工智能的出现，这种"生命"已成为独立的存在，除非作为其创造者的我们将其置于我们的理性之下，它有可能成为我们的敌人而不是盟友。如果发生这种情况，我们必须要将人工智能个体"放逐"到与我们相分离的空间，以免我们被其"吞噬"。这不是很像《圣经》中亚当和夏娃的故事吗？故事梗概：他们被制造出来，走出"造物者"圈定的范围，认识了什么是善，什么是恶。这值得我们特别注意：他们认清了"正确"（真理）和"错误"（非真理、谬误或谎言），这导致他们日后被驱逐出天堂。

应当指出，任何技术都有其"不足"。因此，人类应当始终掌控技术（因人类能分清善恶），因为人类拥有比他们所利用的力量更高的知识水平。然而，我们探讨的情况并不是这样的（对善恶区别的认识除外，这是人类以前述方式取得的"道德律"）：任何技术都含有（通过有限的知识）将其"实现"的发明者更多的知识（因为知识的具体内容是无限丰富的）。这是我们始料未及的结果，它使我们注意到所发明的技术中隐藏着可怕的力量。火、核能或基因工程都是很好的例子。

同时，人工智能技术从知识"内容"角度看是极其丰富的，这里所说的"知识"内容包括用来"获取"和运用新知识的方式方法的知识。正是由于这

---

① "技术群落"概念由鲍里斯·库德林首先提出。参见库德林，B.I. 对作为技术群落子系统的技术系统的研究. 系统研究，方法论问题，1980 年鉴［J］. 莫斯科：Nauka，1981：236–254.

个原因，将用来防止知识在未经授权情形下被擅自利用的某些管控件（指令?）嵌入人工智能工具箱是至关重要的，而这种管控件的开发和持续改进将成为21世纪最重要的任务之一。

在所有应用领域（因其具体内容）具有最大渗透能力和契合最大接应能力的人工智能技术是推动人类文明（以我们此前多次提及的条件为前提）奔向智慧型文明的基本科技"三驾马车"（与构成 NIS.2 社会的 NBIC 技术相似）中的第三个主要成分。而且，人工智能技术将成为一体化的核心，这里所说的一体化是指把各种技术"整合"为智慧型文明中唯一"超级技术"的一体化核心。

技术圈的演进以及在演进过程中形成的科技"三驾马车"向我们提出了文明发展的极限问题，这是因为，就人类演进的生物与"物质"基础和社会特点涉及的范围而言，技术演进开始决定人类演进的参数。人为"选择"现象出现了（这与其说是从拼搏求生存的角度说的，倒不如说是从寻求和选择人的特性角度说的），并成为人类"技术演进"的一个因素。能够"编辑"人类基因组，从而使人们甚至在出生前就被"选择"的技术，以及将辅助性的技术网络要素植入人体，从而使人们在出生后被选择的技术，现正在成为现实。

"教育"人们的技术也在不断变化——最初是影响人类基因组，以便"调整"人类行为的神经化学管控机制，现在则采用多种方法影响已经完全形成的人的意识。最后一点，"人类自身生产"的方法有可能改变——在母体外人工培育高度组织性的生命体的技术已经起步……

这些新兴的技术能力——我们赖以走向新文明（是否人性化的文明）的"大门""窗户"和"洞口"——需要加以评估，这种评估是从实现智慧型社会前景角度而不是甘冒文明危机风险的角度进行的。如果我们要对这些趋势进行"智慧型评估"，就必须对我们在通向未来道路上可能遇到的争议有清楚的认识。

在这条道路上，我们肯定会遇到与用技术手段干预个人身心有关的危机。我们甚至不能较为准确、可靠地预测这种轻率干预将会造成什么后果，或将产生多少非人类生灵，以及我们与这些生灵的关系将怎样发展（这让人想起了电影《第五元素》）。

我们要确保人们大规模脱离直接的物质生产不会产生大量"多余的人"，即该期间产生的大量无业且缺乏体面生活条件的人。生产的发展将以这样或那样的方式创造新的岗位和条件。我们在这方面面临的挑战是在削减过时职业与对新职业的需求增长之间保持平衡，以免产生靠社会救济生活或数年甚至数十年生活在受压抑状态的"新流浪汉"或"新乞丐"。

我们在上文论述过新的社会不平等问题，这种问题不再是源自财产，而是源自获取知识的渠道不平等以及掌握知识的能力不平等。现在到了重新分析并探讨怎样解决这种新的不平等问题的时候。我们是否会尽力防止智力转变为享有社会特权的基础？这不会导致"反智"浪潮吗？

这些问题有时看起来离我们很遥远，对有些人来说很有些"玄虚"的味道（尽管我们已在这个方向上迈出了第一步），但我们亲眼看到生活环境问题变得越来越严重。自20世纪70年代以来（特别是罗马俱乐部发布一系列报告后），环境关切已经屡见不鲜。这没有使上述问题变得无关紧要，尤其是在目前我们对它的恐惧不断加大的时候。联合国持续推进可持续发展问题。气候变化问题促使我们签订了旨在限制所谓温室气体排放的国际条约，最引人瞩目的是《京都议定书》。最近几十年来，多个致力于保护生物多样性的重要、影响巨大的非政府组织逐渐发展起来。

然而，地球生物圈的资源压力并没有减轻。为什么？

因为这是由大多数国家达到的科技发展水平决定的。这种水平意味着经济的增长与发展是通过不断增加自然资源消耗实现的。诚然，我多次说过，基于我们对内外部环境理解的最新技术为我们打开了通向高效利用资源型发展的道路。但是，这种技术并没有普及开来，即使在最发达国家也是如此。无须再提其他国家，它们正在努力追赶在这个意义上更为成功的国家呢！

另外，生物圈的资源压力取决于在现有科技发展水平上形成的经济关系。鉴于技术基于资源消耗，生产关系也离不开资源的攫取与拨备。为谋取利润的生产是这一原则最生动的体现，而这种对利润的追求催生出的人的行为动机是如此强烈，即使面临将生物圈自我恢复能力耗尽的威胁也不能阻止其前进脚步。人类正在接近这个危险的门槛。

事实上，我们也正在接近另一个门槛，一旦越过这个门槛，（除对环境造成重大压力外）我们就有可能以最不可预料的方式侵蚀我们自身的本质属性。人的"生化电子人化"——指将人造"要素"植入人体，当然还包括人的基因类型的变化，以及人脑与人工智能系统的聚合——已经成为可见的现实。由此产生的风险将人类置于危险的十字路口，我们在上文中已经提到了这个问题。

10.6 人类文明的十字路口：选择知识与文化导向

尽管如此，人的社会性为我们提供了解决这个迫在眉睫的文明危机的办法。尽管维持人类生物性存在的外部自然资源在客观上是有限的，需要我们谨慎对待，但社会资源的情况则与此有所不同。人类活动的主要资源是获得知识并将其转化为应用技术的能力。当然，我们不应忘记知识与技术有可能用来损害人类和人性，甚至用于自我毁灭。然而，同样的知识和技术也能帮助人们克服其面临的客观局限性，解决以前看起来不可解决的问题，克服以前看起来无法克服的障碍。

实现上述机会的唯一方式是改变人类创造的技术圈，同时按新的技术圈的要求改进社会秩序。这些变化必然导致地缘经济的转变。全球经济的力量平衡也将不可避免地发生变化。新的经济领导者不会仅因其在先进科技的开发和应用方面处于领先地位而走到前面。要成为全球领导者，仅仅一个国家（或国家联盟）成功展示其掌握新知识，将其运用到技术中并利用科技成果进行生产重组的能力是不够的。要成为全球领导者，还需要发展模式的改进，以及人们活动的目标和动机的转变。事实上，严格来说，如果没有发展模式的变革，真正的技术革命要么是不可能的，要么有导致自我毁灭的危险。

地缘经济领导者的变化是全球技术变革几乎不可避免的后果。鉴于这种转变的前提条件不会作为现行经济模式的组成部分而形成，我们几乎难以（如果可能的话）想象即将到来的变革会没有冲突。领导权争夺的冲突在很大程度上是可预见的，因此我们的当务之急是找到减少冲突并防止其发展为急性、破坏性形式的方式方法。

但是，谁能给我们指出正确的方向？我们怎样"设计"路径？谁将绘制蓝图？在哪里绘制？整个世界就是我们的绘图板！因为这是全人类的任务。我们应当通力合作，设法让国际社会关注我们社会的新型工业发展问题，以便解决这个问题。我们的行动进行得越快、越协调，越能够顺利地解决那些众所周知的典型性社会经济冲突。这不是哪个国家的问题，而是客观的、共同的文明发展道路。数学不是英语、俄语或汉语，物理不是法语或其他任何语言。同样地，科学甚至不是国际性的，而是超国家性的，正如新的世界是国际性的，而新的社会就其社会经济实质而言是超国家性的。正是社会发展基本趋势的"超国家性""超区域性""不结盟性"和"全人类性"，它们是减少发展冲突和通过智慧型阶段实现无冲突发展的基础和主要推动力量。

科学家、政治家和商人都对即将到来的文明转变提出了一些看法。然而，正如本书开始部分所示，对于这种转变的性质，在经济学范围内是没有明确表述的。大多数思想家看得没那么远。他们抓住了统计学意义上比较明显的变化，像"后工业主义者"那样，以非常肤浅的方式解释这种变化。另外一些人不那么热衷于科学目标，只是为极力显示自己与众不同，而给出了欺诈性的预言，例如弗朗西斯·福山提出了"历史的终结"这个臭名昭著的观点。同时，其他"预言家"感觉到他们脚下的经济基础在动摇，进而发明了"新常态"之类安慰性术语，试图以此平息自己和他人的不安心情。一切都乱套了，经济增长迟缓，技术进步和生产率保持举步维艰，既有的杠杆失灵。但不要担心——这就是新常态！

迄今为止，专家尚不能就即将到来的未来提供一个合理可靠的模式。也许，这并不是因为经济界特别是经济学者"有限的心智能力"，而是因为没有人急于作出令人不愉快的结论，而将传统现实抛于身后。

但是，我们终究要以这种或那种方式将其抛于身后。克服迫在眉睫的文明危机的唯一方式是利用批判性思维的力量，因为批判性思维敢于正视未来的危险，并抛弃妨碍新现实到来的过时方式。

奔向未来的科技突破只有建立在全新的智慧型方式基础上才能使人类真正向前迈出一步，而这种全新的智慧型方式是运用不断增长（有潜在危险但有望获取巨大利益）的技术潜力揭示正确方法的唯一方式。智慧型方式意味着将技术能力与知识的力量结合在一起，人类文化传统中内嵌的人性因素也是不可缺少的。从现在起，文化规范将成为知识的技术应用必不可少的条件，人类的未来将取决于我们的文化规范，当然还有其他因素。

新的技术能力构成个人脱离直接物质生产活动的基础，从而成为经济关系（生产资源与生产成果使用与拨备方面的拼搏）消失的原因。由于上述变化，社会也将经历重大变化，当然社会联系依然存在，因为这是人类赖以组成社会的纽带。

但他们是否会保留社会关系的本质属性？这里所说的社会关系是指作为社会结构要素的人之间的关系，以及各个社会阶层、社会集团和职业集团的代表之间的关系？我们认为这些社会关系也将消失，因为在智慧型经济模式下，按阶级和职业（职业将消失）对人们加以划分的基础，或按社会阶层对人们加以分类的基础，将不复存在。

一度广泛采用的"专家管理"型发展模式导致人类文明走进死胡同，要应对这种挑战，就要有意识地加强那些促进人们个性发展和改进现代文明文化规范的技术的创造和运用。

由于这些技术普遍的、"基于模块"的应用，公共机构也将发生变化。例如，真正的民主将成为可能，这不仅体现在其采用选举形式，还体现在其通过基于信任的共识（不要求证实者）直接解决民主生活中的问题，如是否增加新的公交线路、推倒纪念碑、在居民区附近建立工厂，等等。

重要的是要强调，这种情境下的科技发展旨在实现合理的社会发展，满足个人的明智（非伪饰）需求（智慧型需求）。社会产品的生产应服务于满足人们的理性需求，这是 NIS.2 社会框架下既定文化／文明规范的组成部分。至于谁做这项工作不重要——机器人（最有可能）或作为制造者的人（"监管"生产者）都可以。尽管如此，生产赖以进行的基础依然是物质性的，生产模式依然是工业性的，而且是基于当时的技术的。更准确地说，它将是智慧型工业，旨在满足生活在智慧圈中的智慧型工业社会的需要。

正如沃尔纳德斯基所言……然而，并不全是这样。弗拉基米尔·沃尔纳德斯基提出了智慧圈概念；[1] 卡尔·马克思提出了"超越实际物质生产领域"的"自由王国"概念；[2] 埃里希·弗洛姆建议解决"有什么或是什么"的问题，他赞成后者；[3] 罗马俱乐部的理论家提出了源自资源载荷的"增长极限"关切；[4] 还有追随其后的其他许多人——他们将人的心智视为解决这些问题的工具。然而，他们没有就应采用哪些具体的物质工具或应解决哪些矛盾给出明确的答案。我们认为现在能给出这样的答案：我们以往对这些观点的解释是主要基于社会哲学推理的纯粹人本主义解释，而现在认识到这些观点能够在物质生产发展趋势的坚实基础上加以实施，当然这是以我们在本书中给出的条件为前提的。

---

① 沃尔纳德斯基，V.I. 智慧圈简述. 现代生物学进展［J］. 1944, 18（2）: 113-120; 沃尔纳德斯基，V.I. 科学思想是一种行星现象［M］. 莫斯科: Nauka, 1991.

② 马克思，K. 资本论. 参见马克思恩格斯选集（第 37 卷）［M］. 纽约: 国际出版社, 1998: 807.

③ Fromm, E. 有什么或是什么?［M］. 纽约: Harper & Row, 1976.

④ Meadows, D.H., J.Randers, D.L.Meadows, W.W.Behrens. 增长限度: 关于罗马俱乐部人类困境课题项目的报告［M］. 纽约: Universe Books, 1972.

在这里，NIS.2 概念 [①] 的理由也有助于证明我们称为"智慧圈文明"的人类文明发展新阶段的正当性：在这个阶段，生产与其说是以技术为主导的，倒不如说是以人的理性为主导的（但它是建立在智慧型生产的纯粹物质性活动基础上的，这是因为，如果与这些活动无关，它就不能保障其存在或发展）。同时，知识的社会作用迅速增长，这种作用体现在：作为一种工具，用来发现用于满足人们合理需求的新的、更有效、更经济的方式（与其相对的是在消费上仅着眼于量的增加的现有方法，而这种量的增加是有明确限制的）；作为一种工具，用来解决伴随深刻的技术与社会变革的矛盾与紧张。

同时，并不是技术创造了一个新社会——一个拥有知识和真正通情达理的人是关键的社会。正是文化（道德、所谓基本价值观等）充当着社会文明规范基本要素形成的工具，这里所说的社会文明规范基本要素是指人们内在的自我节制，它推动着人们从无节制的消费增长（且因对各种伪产品的追求而加剧）发展到智人需求（智慧型需求）的形成，这种需求将需求和消费品的品质放在首位。文化又充当着创造性工作和公共生活中新型人际关系形成的基础。同时，科技进步也为人类文明文化规范变革提供了巨大的可能性。

看来，分析社会现阶段发展情况需要在一般文化背景下研究向 NIS.2 社会过渡问题，因为这种方式契合人类文明进步的主线，无论从现实的经济意义上还是深刻的哲学意义上说都是如此。

值得考虑的是社会机制问题，也就是使我们得以确定生产与科技发展相关目标的社会机制，而这些目标旨在促进人类发展并指引技术改进活动向着符合这个具体目标的方向前进。这是在向智慧型社会过渡过程中社会秩序演进的核心问题。

在向智慧型文明过渡情形下 NIS.2 社会的发展定然首先导致我们目前视为基础的、以后将逐渐消失的基本社会要素常规作用的变化，这里所说的基本社会要素包括：国家（如公共服务门户网站：将来，它们完全可以承担所有的基本职能，如票证的发行与登记等；还可以承担监管职能）、金钱（例如，"自然"的人际交往将利用"信心技术"在新的层次上"再现"）和公共财富拨备工具。社会秩序达到稳定状态不仅基于信任，还基于我们确信在"社会"交往

---

① 参见 2016 年 3 月 2 日向俄罗斯科学院社会科学学部经济学分部提交的论文和其他文章：博德鲁诺夫，S.D. 新型工业社会：公共生产、经济关系与体制的结构和内容 [J]. 俄罗斯的经济复兴，2015，4（46）：9–23.

中获取的信息总是真实的和正确的。知识是各不相同的，我们应切记这一点。但人们对真实、经证实和值得信赖的知识有着越来越多的需求。我们寻求合理的知识。

那什么是重要的？

理性的作用出现飞跃式增长，对一切事物的判断取决于它们属于哪种理性。它是否基于人们为实现更高目标而进行的合作？知识所含的负面力量会释放出来吗？

培养通情达理（且有教养）的人正在成为未来社会的重中之重。解决人们怎样合作以实现共同目标的问题也是如此。

10.7 关于智慧型经济概念

我们应尽力掌握"智慧型经济"这一术语的含义，否则对整本书的意义有可能发生理解偏差。实际上，这个术语并非新词，它最早出现在我十年前发表的一篇关于社会现代化的文章中。

首先，我想再次强调，"智慧型经济"并不是指"智慧圈经济"。

在"智慧型经济"的英文"noonomy"中，"noo"是指"noos"，在古希腊语中具有神圣、深刻和根本性的意义。"noo"并非"noosphere"（智慧圈），这只是凡勃仑或沃尔纳德斯基的理解。希腊语词"noos"是指"理性"，并非仅是智力，而是知识，在某种意义上指浅显的知识，但在绝对意义上是指中性知识。"noos"不是知识"总体"，不是知识本身（如绝对性）。知识是独立存在的。它也不是作为抽象概念的"理性"本身。

每个事物都要微妙复杂得多，因为理性与知识可用多种方式搭配。因为在通过认知理性形成的标准依据中，知识也是通过认知而形成的。理性是知识的一部分，我们可评估这部分知识对某标准依据的符合程度，其中标准依据也是知识的一部分。某事物用某标准依据衡量是合理的还是不合理的。"noos"也有其标准依据。然而，它的标准依据是宽泛的，非功利性的。再者，它是随着新知识的获取而变化的。理性的标准依据在本书中多次明确提及。例如，早在11世纪，希拉里翁大主教在其《律法与恩典的布道》中写道："他给我们带来了关于真理的知识。"也就是说，理性的标准依据是真理，即某种公认的永恒的价值，用标准依据界定的知识"圈"是"领悟之光"，而其他部分全是黑暗！这是我们应该理解的"noos"一词的基本含义。顺便说一句，它翻译为拉丁词"ratio"，我觉得这样翻译是绝对错误的，因为"ratio"是指某种事物（某项知识）适合某项（？）选定标准，而该标准不一定是上文所说的什么"领悟之光"或"有关真理的知识"。

我们认为，经济是理性的（至少是倾向于理性的），但它是合理的吗？当今经济人（从现有经济活动的标准依据角度看）在行为上无疑是理性的，但这是否意味着其行为无疑是合理的？另外，"ratio"（分寸）并不涉及对新知识的认知，这与"reason"（理性）是不同的。在这方面，我们所说的智慧型经济意味着有一些特殊的"智慧"原则，而这些原则构成基于"智慧"的满足人们需要的方法。这里所说的需要是不断增长、不断变化的，然而又是智慧的。它是一种特殊的管理方法。如果你愿意，可将其称为"智慧型方法"。正如经济是经济社会的管理方法一样，智慧型经济是智慧型社会的管理方法。当然，远古社会也有其管理方法——觅食。当今经济群体从事的是经济活动，而不是觅食活动。智慧型经济是智慧型社会中的一种"觅食"活动，而非智慧圈中的一种"觅食"活动。这个意义上的智慧圈是一种应用圈，这里所说的应用是指人类将"智慧"原则应用到他们生活的空间。实际上，生物存在、生活并改造自然为其所用的生物圈对于生物群落来说也许就是这样一个空间。例如，食物链就是生物圈中改造自然的一种体现。举例来说，海洋细菌在其生命活动中将某种物质转变为另一种物质，从而形成多种元素和固结物，这就是上文所说的改造。海底到处都是这种细菌分泌的固结物。如此等等。人类也在以他们的方式为他们的目的改造自然以及其周围的世界。改造自然是指人类出于自身目的和目标利用其才智改造外部环境。我认为，这里所说的自然或外部环境并非仅是生物、地质或其他意义上的智慧圈。

智慧型社会是一种社会，而不是智慧圈。社会是由和我们一样的人构成，这是集合体为对其成员相互联系的利益加以管控而采取的组织形式，我们的社会、经济社会或其他任何社会都是这样的集合体。社会有其"自身的利益"，有公共利益，有生活在其中的人们的利益，等等。经济社会"局限于"通过经济活动满足人们需要。但是，经济是一种基于对待财产的态度的方法。从这个意义上说，"资本主义社会""社会主义社会""共产主义社会"等（在文献中有许多这类定义）都是一种社会类型，它们对待财产的态度各不相同。这里所说的财产是指源自劳动的财产；它们对待生产、生产要件等的态度也各不相同。

"智慧型经济"的英文"noonomy"后半部分是"nomos"。"nomos"是一个古老的概念，也是来自希腊语，这个词首次出现在 20 世纪初的哲学著述中，指空间组织的基本原理（详见卡尔·施密特的名著《大地的法》），这是一个普遍性规律，适用于世界万物的绝对规律。由此看出，它是管理组织、管理和家庭通行的定律、秩序、方式和原理。不妨再次回顾下《律法与恩典的布道》：律法即为 nomos！恩典即为 noos！因此，智慧型经济是指在这样一个社会里满足需要的方式：有"领悟之光"，但由于生产与人们没有直接关系，因而也就谈不上其对生产的态度和生产关系；由于财产与人们没有直接关系，因而也就谈不上其对财产的态度和财产关系；没有经济，经济也不可能存在于这样的社会。智慧型经济是指满足智慧型需要的非经济方式。因此，谈论什么是"智慧圈经济"毫无意义的，这说明谈论者完全不明白"智慧型经济"的含义。

在这方面，我倡导的原则意味着什么？最得力的科技主导型发展路线是人们利用其知识满足其需要的最合理的方式。因为这正是科技的着眼点和着力点，也是其存在和出现的目的。这是一个需要、需要的合理性以及"智慧"成分在其中的占比问题。如科技进步方向"得当"，就能以最低成本的物质和其他资源消耗最大限度地满足人们的需要，而且是以更理性的方式满足其需要。不过，这里所说的理性不是"分寸"问题，而是"智慧"或合理性问题。但这正是科技进步的目的。这出于纯粹的理性目的，无论需求标准是怎样定义的。

使这一进程改变其方向并不是通过理性化方式，而是通过"智慧"化方式实现的，也就是说，人需要的是知识的另一部分。

这部分被称为"文化"，或称为"对伪需要的限制"。从其根本性质上看，文化与道德是经济中两个相互对立的成分。经济从本质上是以实现利益为基础的，一方的得到必然伴随另一方的失去，所谓"互惠互利的经济关系"只是一种说法而已，双方总是不平等的，他们得到公共产品、公正等权益的机会是不平等的。这个矛盾也只能通过科技进步消除，更重要的是通过促进智慧型需要和智慧型经济消除，所谓智慧型经济就是用非经济方法满足人们的智慧型需要。事实上，我们能够说：这部分知识是关于需要特别是智慧型需要的。智慧型需要是并不仅限于实际物质的需要。智慧型需要并非著名的马斯洛需求层次理论所称的需要，那是一些基本需要。一方面，这是人类在发展进程中形成的需要。今天有某种需要，明天则有另一种需要，后天更有另外的需要。另一方面，我们的需要服从于"智慧"原则，而这一原则是存在于我们内心的文化素养决定的，而外部的、历史的和世界普遍性的背景塑造着我们，使我们称为文化意义上的人。这里所说的文化应从最广义的角度理解。

因此，科技发展很难说是人类发展的最重要部分。技术只是一种工具，帮助我们诠释当前形势的特点，以及科技进步在整个人类社会发展中的作用。这是马克思理论中最基本的作用。物质是第一性的，则纯粹的物质性成分也是通过技术"展现"的。这是我们世界的物质部分，也是社会和我们生命支持系统的基本结构。但它包含知识，一种非物质成分，以最令人惊奇的"二元性"方式存在（因为任何事物都具有二元性，甚至光也具有二元性）。技术（作为生产环节的一个成分和生产过程其他成分）中的知识含量越高，就越能更快、更有力、更综合性地满足人们的需要。在这方面，我们应考虑：根据用于满足人们智慧型需要的生产系统"智慧"原则，这个系统的"增加"和发展处于人的管控下。人既是创造者，也是行动者。

他们将创造这个静态同时动态的系统。他们不再处于这个系统内部。因为处于"其中"意味着处于财产关系中，而在智慧型社会中，财产关系将不复存在。从另一个角度看，身处"其中"意味着劳动者参与生产过程（在这种情况下，劳动是生产过程的一个成分）。但是，如前所述，那时已经没有这种参与了，人是处于这个系统以外的。社会媒介将管控这个系统，但并不置身于这个系统内。

结　论

精辟敏锐的马克思

本书第一版出版于卡尔·马克思诞辰 200 周年纪念日前不久。这个纪念日不可避免地促使我们重新审视他的观点。我们越来越清晰地认识到，卡尔·马克思首先预见到科学与知识在现代生产中的作用。早在 19 世纪中期，他便觉察到"……生产过程从简单的体力劳动转变为科学过程，即迫使大自然的力量服从人类，使其运行服务于人类需要……"[1] 再者，马克思特别强调人们的知识在生产的相关社会关系变革中的作用。他将技术过程中的知识发展视为"……社会生活本身的条件被置于一般智力控制下并按后者要求加以改造"程度的标志。[2] 但这并非仅关系到直接应用于生产的技术，归根结底，它关系到将社会的所有生活活动置于其支配下，并以最合理、最人性化的方式对其加以改造的人类"普遍智能"。

基于对大自然的科学理解，自然过程将转变为技术过程，直至"劳动不再被看作是生产过程的一部分，而是人作为生产过程的监督者和调制者与生产过程相联系。"[3] 我想强调指出，正是科学的技术性应用确保了人们脱离直接物质生产过程，在这种情形下，正如马克思所言，劳动者"置身于生产过程之

---

① 卡尔·马克思（1987 年）. 经济学著作 1857—1861 年. 1857—1858 年经济学手稿 //《卡尔·马克思和弗里德里希·恩格斯选集（第 29 卷）[M]. 纽约：国际出版社，1987：86.

② 同①，第 92 页。

③ 同①，第 91 页。

外，而不是作为其主要施行者。"①

根据马克思的观点，人的解放，即人们常说的"从必然王国进入自由王国"，始于不断增长的人类知识力量使人们得以全面满足其需求，而且无须人们直接参与生产过程："自由王国实际上，只有在由必需性和种种具体考虑决定的劳动不复存在时，自由王国才会真正开始，因此从事物的本质属性角度看，它存在于实际的物质生产活动空间以外。"②

向这个完全建立在上述原则基础上的社会过渡是否会一帆风顺？我们是否能轻而易举地在不知不觉中从"动物性"社会发展到"智慧型"社会？这很难，在这条道路上，我们肯定会遇到某些抵制，经历种种挫折。"动物性"是指人类本质属性中属于动物特点的部分，它会抵制甚至试图阻碍进步，逆转发展进程，使人类走向毁灭。

那么，我们怎样对抗这一趋势？这种从"动物性"到"智慧型"的真正革命性转型将是一种怎样的情景？我们可以肯定地说，如果坚持陈旧的动物性方法，这种转型就不会发生，因为这种动物性方法无法创造出无动物性特点的新型社会，在这个新型社会中，正如弗里德里希·恩格斯所言，个人"最终从动物王国中分离出来，从单纯的动物生存状态变成真正的人类生存状态。"③向智慧型社会转型基于自然的、由知识驱动的技术革命。它标志着加速向智慧型人类文明及社会秩序的下一个、知识密集度更高阶段转型的开始。这种转型是由人们的知识、才智和心智向着全面满足人们不断增长的需求方向进步而驱动的。

正是这种越来越全面地满足人们需求的可能性，充当着化解伴随转型的种种紧张的关键前提。同时，真正的人类需求——教育、探索、精神发展与文化——将成为人类需求结构的最前沿。人类生活方式的所有方面——健康、社会关系、消费等——都将基于文化价值观而改变。

人类知识的加速发展将推动社会保持精神和社会发展与科技发展步伐一致。否则，社会将走向毁灭：鉴于不断增长的技术潜力与社会发展理性调控的

---

① 卡尔·马克思（1987年）。经济学著作1857—1861年。1857—1858年经济学手稿。参见《卡尔·马克思和弗里德里希·恩格斯选集（第29卷）［M］.纽约：国际出版社，1987：91.

② 卡尔·马克思《资本论》。第3卷。参见马克思恩格斯选集（第37卷）［M］.纽约：国际出版社，1998：807.

③ 恩格斯《社会主义：乌托邦与科学》。参见马克思恩格斯选集（第24卷）［M］.纽约：国际出版社，1961：323.

机会之间的不平衡，技术圈可能会不受控地扩张，导致资源消耗增加。同等自发性的技术对人性的戕害也有可能发生。因此，我们应首先协调物质与精神需求，使后者逐渐超越前者。只有在这些情形下，智慧型文明才有可能兴起。智慧型经济，而非经济，将成为满足个人乃至整个智慧型社会需求的知识密集型智能工具。

书评摘要

谢尔盖·D·博德鲁诺夫《智慧型经济》书评摘要

"博德鲁诺夫教授的非凡之处在于其对社会演变的历史性变化趋势有着极高的敏锐度和洞察力。他所提出的概念生动地阐释了马克思所预言的人类社会发展更高阶段——共产主义过渡时期。"

——萨米尔·阿明
教授、第三世界论坛主席

"这部专著为我们指亮了一条通往未来的明路——一个没有强制劳动、没有贫穷、没有为夺取有限资源而争斗的新世界。许多思想家试图建构这样的完美社会，但往往由于缺乏相应的科技基础而以失败告终。谢尔盖·博德鲁诺夫告诉我们，高速发展的科学技术与高度发达的精神文明将引领人类摆脱必然王国，走往自由王国。'经济人'假设一直以来是主流经济学的出发点，但是本书指出了该概念的局限性。为走出'经济人'假设的局限，防止人类文明走向自我毁灭，博德鲁诺夫提出了一套建构社会经济知识的新方法，即智慧型经济，利用科技进步将理性植入经济管理中，以期改善如今混乱无序的经济发展状态。由于文明退化和道德衰颓，这是我们迄今仍未做到的。博德鲁诺夫将理性社会经济发展管理的诸多要素融为一体，并论证其现实可行性。不同于《共产党宣言》和国际货币基金组织，本书的作者并未想入非非或深陷于抽象的教义。他运用自己的谋划和决策才能，为我们描绘了一个人人憧憬的未来，并鼓舞人们为此而奋斗。"

——谢尔盖·格拉谢夫
俄罗斯科学院院士
俄罗斯联邦总统顾问

　　"《智慧型经济》传承并发展了丹尼尔·贝尔、约翰·肯尼斯·加尔布雷斯和曼纽尔·卡斯特关于资本主义社会从工业社会过渡到后工业社会的理论。本书别出心裁，以智慧型生产和智慧型经济的探讨为基础，同时旁征博引，内容丰富，对新自由经济原教旨主义进行了批判。英语读者能通过本书了解俄罗斯关于弗拉基米尔·沃尔纳德斯基等学者提出的'智慧圈'概念的探讨。作者将知识经济（经济管理以及数字与认知技术系统）与新型后工业文明的兴起联系起来，揭示了理解未来科技与其对人类发展前景的重要性。该书引人入胜，点出了经济学和公共政策许多相通的根本性问题，特别是环境问题。谢尔盖·博德鲁诺夫不仅揭示了俄罗斯"重新工业化"的迫切性，而且强调这种发展需为现代化的，需运用新科学技术。"

——大卫·雷恩
剑桥大学伊曼纽尔学院社会学荣休教授

　　"面对环境问题和有限资源，在知识经济的建构过程中，什么是幸福的源泉，为何科技与文化需要融合，本书对此进行了深入探讨。西方读者尤为珍视谢尔盖·博德鲁诺夫在阐述其观点时对俄罗斯和西方有关文献的综合运用，特别是我父亲约翰·肯尼思·加尔布雷思的有关文章。'智慧型经济'有多重意义，它是跨文化研究分析的典范。"

——詹姆斯·K·加尔布雷斯
德克萨斯大学奥斯汀分校教授

　　"这部饶有趣味的著作研究了现行科技发展趋势对经济和人类社会的影响。博德鲁诺夫驳斥了信息正以其愈益强大的作用取代物质生产这一大众观念，而提出信息处理领域的进步改变了物质生产。在这部发人深省的著作中，博德鲁诺夫承认其借鉴了约翰·肯尼斯·加尔布雷斯提出的技术与专业知识在当代经济中具有核心性的观点。博德鲁诺夫对当代全球资本主义的批判理据充实，其对俄罗斯发展的建议尤为切合需求。"

——大卫·科茨
马萨诸塞大学安姆斯特分校经济系名誉教授

　　"谢尔盖·博德鲁诺夫是一流的俄罗斯学者，而在从新型工业经济向被其称为"智慧型经济"的高质量公众生活过渡问题上，更是享誉全球的专家。他的理论观点在诸多国际论坛和一系列书籍中被广泛提及。博德鲁诺夫的最新专著《智慧型经济》综合了其以往的成就。作者的实用性结论尤其切合时宜：俄罗斯需要批判性地评估和吸纳中国和北欧的经验，推行与市场相结合的高效计划管理体制，采取有助于加快发展的社会经济政策。俄罗斯和中国应消除新自由经济的影响，在发展新一代工业化和智慧型经济过程中共同致力于全面战略合作，共同反击经济霸权主义，实实在在地造福于两国乃至全世界的人民。"

——程恩富

教授、中国社会科学院马克思主义研究院院长、世界政治经济学学会会长

谢尔盖·博德鲁诺夫教授的这本《智慧型经济》，是他长期研究和深邃思考而完成的一部学术价值和现实意义兼具的创新专著。在新的世界经济与国际形势的历史节点上，观察社会发展趋势，探索经济发展规律，是对智库学者的共同使命和时代担当。尤其在深度调研俄罗斯后，我发现中俄人文交流合作仍有很大提升空间，在后疫情时代，中国人需要"重新发现俄罗斯"，俄罗斯人也需要"重新发现中国"。作为此书的中文版翻译及出版支持方，中国人民大学重阳金融研究院将持续发挥中外沟通与交流的桥梁与纽带，推介并创造更多高质量的思想知识产品，共同助力中外学术共同体建设。

——王文

中国人民大学重阳金融研究院执行院长

作者向为本书的出版而拨冗阅评的同事们表示衷心的感谢。

中国人民大学重阳金融研究院
图书出版系列

一、智库新锐作品系列

［1］百年变局.王文、贾晋京、刘玉书、王鹏著.北京师范大学出版社.
2020 年 5 月

［2］数字中国：区块链、智能革命与国家治理的未来.王文、刘玉书著.中信出版集团.2020 年 3 月

二、智库作品系列

［1］世界眼中的全球发展倡议.王轶主编.外文出版社.2022 年 11 月

［2］碳中和九问.中国人民大学重阳金融研究院编著.中国财政经济出版社.2022 年 6 月

［3］碳中和与中国未来.王文、刘锦涛、赵越著.北京师范大学出版社.2022 年 6 月

［4］中国经贸新形势与地方发展.王文、赵文阁、刘英主编.人民出版社.2022 年 4 月

［5］财富是认知的变现.舒泰峰著.中国纺织出版社.2021 年 12 月

［6］称量货币时代.石俊志著.中国金融出版社.2021 年 11 月

［7］中国金融软实力：金融强国新支撑.中国人民大学重阳金融研究院编著.人民出版社.2021 年 10 月

［8］迈向绿色发展之路.翟永平、王文主编.人民出版社.2021 年 6 月

［9］绿色金融的机遇与展望：名家解读中国绿色发展．中国金融学会绿色金融委员会主编．中国金融出版社．2021 年 5 月

［10］转型的世界：对国际体系、中国及全球发展的思考．达尼洛·图尔克著．外文出版社．2020 年 12 月

［11］战疫——让世界更了解中国（中、英文版）．刘元春主编．外文出版社．2020 年 12 月

［12］世界古国货币漫谈．石俊志著．经济管理出版社．2020 年 11 月

［13］看好中国（罗马尼亚文），王文著．Integral 出版社．2020 年 11 月

［14］负利率陷阱：西方金融强国之鉴．王文、贾晋京、刘英等著．中国金融出版社．2020 年 10 月

［15］探讨中国发展之路——吴晓求对话九位国际顶级专家．吴晓求等著 王文主持．中国经济出版社．2020 年 6 月

［16］成就、思考、展望——名家解读新中国 70 年辉煌成就．庄毓敏主编 王文执行主编．中国经济出版社．2020 年 6 月

［17］货币主权：金融强国之基石．王文、周洛华等著．中国金融出版社．2020 年 5 月

［18］开启亚欧新时代：中俄智库联合研究两国共同复兴的新增量．王文、［俄］谢尔盖·格拉济耶夫主编．人民出版社．2019 年 11 月

［19］大金融时代——走向金融强国之路．王文、贾晋京、卞永祖等著．人民出版社．2019 年 10 月

［20］中国改革开放 40 年与中国金融学科发展．吴晓求主编．中国经济出版社．2019 年 9 月

［21］看好中国（繁体中文），王文著．开明出版社（台北）．2019 年 9 月

［22］最后一场世界大战．美国挑起与输掉的战争．格拉济耶夫著．世界知识出版社．2019 年 8 月

［23］强国与富民．中国人民大学重阳金融研究院主编．中国人民大学出版社．2019 年 8 月

［24］强国长征路：百国调研归来看中华复兴与世界未来．王文著．中共中央党校出版社．2019 年 7 月

［25］"一带一路"这五年的故事（7 本六大语种）．刘伟主编．外文出版社．2019 年 4 月

［26］货币起源．周洛华著．上海财经大学出版社．2019 年 4 月

［27］伊朗：反妖魔化（中英波斯三语）．王文著．伊朗纳尔出版社．2019 年 4 月

［28］别误读中国经济．罗思义著．天津人民出版社．2019 年 2 月

［29］看好中国（英文版）．王文著．英国莱斯出版社．2018 年 11 月

［30］中国改革大趋势．刘伟主编．人民出版社．2018 年 10 月

［31］到人大重阳听名教授讲座（第一辑）．王文主编 胡海滨执行主编．中国金融出版社．2018 年 10 月

［32］造血金融与一带一路：中非发展合作新模式．程诚著．中国人民大学出版社．2018 年 8 月

［33］新丝路、新格局——全球治理变革的中国智慧．王利明主编．新世界出版社．2018 年 6 月

［34］富豪政治的悖论与悲喜．陈晨晨著．世界知识出版社．2018 年 4 月

［35］"一带一路"民心相通．郭业洲主编．人民出版社．2018 年 1 月

［36］看好中国：一位智库学者的全球演讲．王文．人民出版社．2017 年 10 月

［37］风云激荡的世界．何亚非著．人民出版社．2017 年 10 月

［38］读懂"一带一路"蓝图．刘伟主编．商务印书馆．2017 年 8 月

［39］金砖国家：新全球化发动机．王文、刘英著．新世界出版社．2017 年 7 月

［40］全球治理新格局——G20 的中国贡献于未来展望．费伊楠、人大重阳著．新世界出版社．2017 年 7 月

［41］"一带一路"故事系列丛书（7 本 6 大语种）．刘伟主编．外文出版社．2017 年 5 月

［42］世界新平庸 中国新思虑．何伟文著．科学出版社．2017 年 5 月

［43］一带一路：中国崛起的天下担当．王义桅著．人民出版社．2017 年 4 月

［44］在危机中崛起：美国如何实现经济转型．刘戈著．中信出版集团．2017 年 4 月

［45］绿色金融与"一带一路"．中国人民大学重阳金融研究院、中国人民大学生态金融研究中心著．中国金融出版社．2017 年 4 月

［46］破解中国经济十大难题．中国人民大学重阳金融研究院著．人民出

版社.2017年3月

[47]伐谋:中国智库影响世界之道.王文著.人民出版社.2016年12月

[48]人民币为什么行.王文、贾晋京编著.中信出版集团.2016年11月

[49]中国—G20（大型画册）.中国人民大学重阳金融研究院 著.五洲传播出版社.2016年8月

[50]G20问与答.中国人民大学重阳金融研究院著.五洲传播出版社.2016年8月

[51]全球治理的中国方案.辛本健编著.机械工业出版社.2016年8月

[52]"一带一路"国际贸易支点城市研究（英文版）.中国人民大学重阳金融研究院 著.新世界出版社.2016年8月

[53]2016:G20与中国（英文版）中国人民大学重阳金融研究院著.新世界出版社.2016年7月

[54]世界是通的——"一带一路"的逻辑.王义桅著.商务印书馆.2016年6月

[55]一盘大棋——中国新命运的解析.罗思义著.江苏凤凰文艺出版社.2016年4月

[56]美国的焦虑:一位智库学者调研美国手记.王文著.人民出版社.2016年3月

[57]2016:G20与中国.中国人民大学重阳金融研究院著.中信出版集团.2016年2月

[58]"一带一路"国际贸易新格局:"一带一路"智库研究蓝皮书2015-2016.中国人民大学重阳金融研究院主编.中信出版集团.2016年1月

[59]G20与全球治理:G20智库蓝皮书2015-2016.中国人民大学重阳金融研究院 主编.中信出版集团.2015年12月

[60]"一带一路"国际贸易支点城市研究.中国人民大学重阳金融研究院 著.中信出版集团.2015年12月

[61]从丝绸之路到欧亚大陆桥.黑尔佳·策普–拉鲁什,威廉·琼斯主编.江苏人民出版社.2015年10月

[62]财富新时代——如何激活百姓的钱.王永昌主笔＆主编.中国经济出版社.2015年7月

[63]生态金融的发展与未来.陈雨露主编.人民出版社.2015年6月

［64］构建中国绿色金融体系．绿色金融工作小组著．中国金融出版社．2015年4月

［65］"一带一路"机遇与挑战．王义桅著．人民出版社．2015年4月

［66］重塑全球治理——关于全球治理的理论与实践．庞中英著．中国经济出版社．2015年3月

［67］金融制裁——美国新型全球不对称权力．徐以升著．中国经济出版社．2015年1月

［68］大金融与综合增长的世界——G20智库蓝皮书2014-2015．陈雨露主编．中国经济出版社．2014年11月

［69］欧亚时代——丝绸之路经济带研究蓝皮书2014-2015．中国人民大学重阳金融研究院主编．中国经济出版社．2014年10月

［70］重新发现中国优势．中国人民大学重阳金融研究院主编．中国经济出版社．2014年8月

［71］谁来治理新世界——关于G20的现状与未来．中国人民大学重阳金融研究院主编．社会科学文献出版社．2014年1月

三、学术作品系列

［1］中国绿色金融发展报告2021．马中、周月秋、王文主编．中国金融出版社．2022年1月

［2］中国绿色金融发展报告2020．马中、周月秋、王文主编．中国金融出版社．2021年1月

［3］经济政策不确定性与微观企业行为研究．刘庭竹著．中国人民大学出版社．2020年11月

［4］《"一带一路"大百科》．刘伟主编 王文执行主编．湖北：崇文书局．2019年12月

［5］中国绿色金融发展报告2019．马中、周月秋、王文主编．中国金融出版社．2019年12月

［6］轻与重：中国税收负担全景透视．吕冰洋．中国金融出版社．2019年2月

［7］中国绿色金融发展报告2018．马中、周月秋、王文主编．中国金融出

版社 . 2018 年 7 月

　　[8] 全球视野下的金融学科发展 . 吴晓求主编 . 中国金融出版社 . 2018 年 5 月

　　[9]"一带一路"投资绿色标尺 . 王文、翟永平主编 . 人民出版社 . 2018 年 4 月

　　[10]"一带一路"投资绿色成本与收益核算 . 王文、翟永平主编 . 人民出版社 . 2018 年 4 月

　　[11] 中国绿色金融发展报告 2017 . 马中、周月秋、王文主编 . 中国金融出版社 . 2018 年 1 月

　　[12] 互联网金融风险与监管研究 . 刘志洋、宋玉颖著 . 中国金融出版社 . 2017 年 9 月

　　[13] 从万科到阿里——分散股权时代的公司治理 . 郑志刚著 . 北京大学出版社 . 2017 年 4 月

　　[14] 金融杠杆与宏观经济：全球经验及对中国的启示 . 中国人民大学重阳金融研究院著 . 中国金融出版社 . 2017 年 4 月

　　[15] DSGE 宏观金融建模及政策模拟分析 . 马勇著 . 中国金融出版社 . 2017 年 2 月

　　[16] 金融杠杆水平的适度性研究 . 朱澄著 . 中国金融出版社 . 2016 年 10 月

　　[17] 金融监管与宏观审慎 . 马勇著 . 中国金融出版社 . 2016 年 4 月

　　[18] 中国艺术品金融 2015 年度研究报告 . 庄毓敏、陆华强、黄隽主编 . 中国金融出版社 . 2016 年 3 月

四、金融下午茶系列

　　[1] 有趣的金融 . 董希淼著 . 中信出版集团 . 2016 年 7 月

　　[2] 插嘴集 . 刘志勤著 . 九州出版社 . 2016 年 1 月

　　[3] 多嘴集 . 刘志勤著 . 九州出版社 . 2014 年 7 月

　　[4] 金融是杯下午茶 . 中国人民大学重阳金融研究院主编 . 东方出版社 . 2014 年 4 月